创新创业实务

主　编　康桂花　姚　松　罗剑波
副主编　程学良　林　敏
参　编　者吉莲　朱先银　王堰琦
　　　　高鹏飞　沈洪科　杜　丽
　　　　李翀辉　王　鹏

中国林业出版社

内容提要

本书从大学生创业实务过程中所需基本知识、基本技能、经营意识与技能入手,以提升学生创业基本能力素养为目标,主要内容包括:创业评估、创业过程中涉及的主要法律问题、新创企业组织与人力资源管理、新创企业营销实务、新创企业基本财务管理、新创企业发展管理、大学生创业相关扶持政策等。本书充分结合大学生创办企业及运营过程中的普遍性需要,注重对学生自我评估认知、法律意识、经营管理意识和基本技能、政策利用意识的培养。本书结合课程内容引入了大量的案例,可读性强。

本书适合高等院校创新创业通识教育使用,若商科专业使用建议将课程提前,作为创业导引类课程使用,本书也适用于创新创业教育者及管理人员。

图书在版编目(CIP)数据

创新创业实务/康桂花主编. -- 北京:中国林业出版社,2020.1(2020.12 重印)
ISBN 978-7-5219-0465-9

Ⅰ.①创… Ⅱ.①康… Ⅲ.①大学生—创业 Ⅳ.①G647.38

中国版本图书馆CIP数据核字(2020)第015747号

中国林业出版社

策划编辑:周 喜
责任编辑:张 佳 孙源璞
电 话:(010)83143561

出版发行	中国林业出版社(100009 北京市西城区德内大街刘海胡同7号)
	E-mail:thewaysedu@163.com 电话:(010)83143500
网 址	edu.cfph.net
经 销	新华书店
印 刷	河北京平诚乾印刷有限公司
版 次	2020年1月第1版
印 次	2020年12月第2次印刷
开 本	787mm×1092mm 1/16
印 张	13.5
字 数	290千字
定 价	45.20元

未经许可,不得以任何方式复制或抄袭本书之部分或全部内容。

版权所有 侵权必究

前　言

"大众创业、万众创新"已经成为这个时代的潮流,全国从上到下都非常重视创新创业工作及创新创业教育,从中央到地方,一系列的措施逐步出台,为促进我国的创新创业教育提供了有力的支撑。各高校也在积极推进创新创业教育工作,然而,创新创业教育的目的是什么?创新创业教育应当是精英教育还是普及教育?如果是普及教育,那么我们应当把重点放在什么地方?目前高校的创新创业教育是否有明确而正确的创新创业目标?高校在创新创业教育过程中会遇到哪些问题?这些问题都值得我们深思。

大学生是创新创业教育的主体对象,然而大学生对创新创业如何理解呢?我的一组学生对全国243所高校近万份问卷进行统计分析,其中部分结论是:对于创新创业的概念十分了解的学生只有7.75%;对国家和当地创业政策十分了解的只有8.5%;所在学校创业氛围浓厚的只有33.55%;认为个人创业方面的素质能力足够的占7.24%(调查者分别为:黄思梦,成都东软学院2014级信息管理与信息系统专业;代新隆,成都东软学院2015级财务管理专业;徐诗意,成都东软学院2015级财务管理专业;许湉雨,成都东软学院2015级财务管理专业)。从以上简单的结论中我们可以看到,我们的创新创业教育工作从整体方面来看还有很多工作要做。那么,我们的创新创业教育的最核心的目的是什么呢?我们认为,全面提升学生的创新思维、创新意识、创新创业精神、创新创业能力等多方面的综合素质才是创新创业教育的基础和根本,一旦这个基础和根本做好,创新创业教育的成果自然而然就会出现。所以创新创业教育应该重视长远的基础工作,当然成果转化也是必不可少的。

本书为《创新创业实务》,是创新创业系列教材的第二本,以创业过程中的评估、法律、经营、政策等方面的基本实务为内容,本书的目标并不是让我们的学生全面掌握商科的知识和技能,而是使我们的学生通过学习充分认识到创业过程中所涉及的相关评估、法律、经营、政策支撑的重要性,能从整体上大概了解商业经营的基本过程,知道企业经营管理中的重要业务及其重要作用。在同学们整个创业经营的过程中,我们的学生需要对自我、资源、市场、商业模式、项目等进行一个全面的评估;需要了解一些与经营相关基本的法律知识并在经营过程中具备法律意识;需要理解组织与人力资源管理的重要性并掌握一些基本的组织与人力资源管理的知识技能;需要理解市场营销的重要性并具有勇于开拓市场的观念;需要理解一些基本的财务管理知识,能够基本看懂一些相关财务表格;需要理解并能够充分利用国家和地方当前对创新创业的扶持政策。

本书一共分为7个章节,第一章是创业评估;第二章是创业过程中涉及的主要法律问题;第三章是新创企业组织与人力资源管理;第四章是新创企业营销实务;第五章是新创企业基本财务管理;第六章是新创企业发展管理;第七章是大学生创业相关扶持政策。本书采取模块化设计,每章分别有导入案例、学习目标、理论内容、本章要点、拓展阅读及思考作业。本书在理论内容中也引入了很多案例,还加入了我们在创新创业教育工作中的一些思考。

本书的特色主要体现在以下几方面:

(1)教材定位。本书为创新创业系列教材的第二本,建议放在大二第二学期开课时使用,使得学生在已经学习一定专业的基础上对创业进行基本的理解和认知,充分理解创业过程中可能遇到的问题、可能要重点关注的经营管理业务。当然非创业学生经过学习,对一些基本运营知识进行了解后,对后期工作业务也会有所帮助。

(2)内容特色。本书编者多数具有相关专业的企业工作经验及经历,在叙述创业实务相关业务理论的同时,也融入了编者们在实践过程中获得的经验和感悟,适合学生进行创业准备或学习企业运营相关知识。

(3)编写形式特色。本书在编写过程中尽量引入各种案例,除了内容叙述中需要的地方引入案例外,各章节开篇采用导入案例,结尾还编写了拓展阅读,供同学们在思考中成长。

我们也希望我们的学生在日常学习尤其是创新创业的学习过程中,坚持有高追求而不自命不凡、学习认真而不失去灵活、理论深刻而不脱离实际、见解独立而不固执己见、坦陈意见而不否定他人、尊重师长而不一味盲从、团结同学而不随波逐流、勇于创新而不标新立异,最终提升自己的职业素养和创业素养。

本书由成都东软学院康桂花、姚松、罗剑波、程学良、林敏、者吉莲、朱先银、王堰琦、高鹏飞、沈洪科、杜丽、李翀辉、王鹏等老师负责编写,全书由康桂花负责拟定提纲和定稿,姚松负责统稿。创新创业教育系列课程的思路得到了很多兄弟院校的认可,课程内容设置也得到了学生的认可。由于时间仓促,纰漏之处在所难免,敬请广大读者批评指正,我们力争再版时详细修改,争取出版一系列让老师满意、学生满意、创业者满意的创新创业教育通识教材。

康桂花　姚　松

2018年1月于成都东软学院

目　　录

第一章　创业评估 ··· 1
　　第一节　自我评估 ··· 2
　　第二节　资源评估 ··· 9
　　第三节　市场评估 ·· 12
　　第四节　商业模式评估 ··· 18
　　第五节　项目评估 ·· 24

第二章　创业过程中涉及的主要法律问题 ································ 30
　　第一节　开办新企业涉及的法律问题 ····································· 31
　　第二节　企业内部管理涉及的主要法律问题 ··························· 40
　　第三节　企业对外经营活动涉及的合同法 ······························ 52

第三章　新创企业组织与人力资源管理 ···································· 69
　　第一节　工作分析与工作设计 ·· 70
　　第二节　组织结构 ·· 77
　　第三节　人员招聘甄选 ··· 83
　　第四节　员工培训 ·· 87
　　第五节　绩效管理 ·· 90
　　第六节　薪酬管理 ·· 93
　　第七节　大学生创业企业人力资源管理常见问题 ····················· 97

第四章　新创企业营销管理实务 ·· 104
　　第一节　新创企业营销的内涵与过程 ··································· 106
　　第二节　新创企业营销市场及产品定位 ································ 109
　　第三节　新创企业产品策略 ·· 113
　　第四节　新创企业定价策略 ·· 122
　　第五节　新创企业市场销售渠道与方式选择 ························· 125
　　第六节　新创企业沟通促销策略 ··· 128
　　第七节　新创企业客户管理 ·· 130
　　第八节　新创企业不同阶段的营销组合策略 ························· 135

第五章　新创企业基本财务管理 ……………………………………………… 146
第一节　创业资金预测 ………………………………………………… 147
第二节　创业企业常见财务管理问题 ………………………………… 154

第六章　创业型企业可持续发展 …………………………………………… 161
第一节　创业型企业的品牌建设 ……………………………………… 163
第二节　创业型企业的扩张 …………………………………………… 166
第三节　创业型企业的国际化 ………………………………………… 169
第四节　创业型企业的文化建设 ……………………………………… 173
第五节　企业发展风险防范与控制 …………………………………… 178

第七章　大学生创新创业相关扶持政策 …………………………………… 189
第一节　国家相关鼓励政策 …………………………………………… 190
第二节　地方相关鼓励政策 …………………………………………… 193

参考文献 ……………………………………………………………………… 206

第一章 创业评估

学习目标

(1)了解创业评估的意义与作用。
(2)理解自我评估的方式方法。
(3)理解资源评估的意义与方法。
(4)了解市场评估的意义。
(5)理解市场调查对市场评估的重要作用。
(6)理解市场评估各方面指标对创业项目的影响。
(7)了解商业模式评估的定义。
(8)理解商业模式选择的意义。
(9)理解项目评估的意义与方法。

导入案例

一位口腔科医生跟一群医学院学生座谈,有学生问:老师,我适合出去创业吗?

医生想了想回答道:我以自己的专业为题给你们举个例子好了,小明从小就是学霸,去北大八年制读完了口腔医学的博士,留在了北京一家大医院。后来在海外结束了博士后研究工作,凭借丰富的理论知识,加上高平台,他很快成为一位名医。病人蜂拥而至,一号难求。开个学习班,年轻医生纷纷交出三五千的学费来学习。这时,年近四十的小明觉得,该响应国家号召,创业了。然后他向已经创业成功的同行咨询了行情,获得了同行的意见建议;又向卫计委的领导表达了意向,获得领导的支持;最后,他揣着已经积累到手的启动资金,开办了自己的口腔医院。

小刚就没这么幸运了。他在一所不知名院校读了个口腔医学专业,打了五年的英雄联盟,专业上什么也不会。年近三十了,因为迟迟拿不到执业医师执照,始终找不到一个稳定的工作。这时,小刚想到了他贫困的父母,尚有三五万棺材本。于是他连哄带骗,跟父母要来了积蓄,决定自己开一个口腔诊所。小刚也不向其他人咨询:"我的情况,可以出去开办口腔诊所吗?"创业根本不是走投无路时用来绝地翻盘的大招,而是将你的知识、人脉等储备变现的手段。我见过很多创业成功人士。有的是长辈本身就是大商人，有着雄厚的资金和完美的技术指导；有的是高校教师，出去与人合作，依靠丰富的知识和广阔的人脉做大企业；有的是技术创业，靠自己双手发家，再凭着过硬的管理能力和情商带领团队走向辉煌。

他们成功的原因各异，但他们都有一个特点——即使不创业，他们拥有的资源也足够他们过好人生。这些资源是极稀缺的，与之相比，连现在人人推崇的文凭都不值一提。我知道，你们能找到无数个反例，说明有人就是能从零创业。

这种纯靠个人品质、个人智商情商就能创下一片江山的人，当然有，但您扪心自问，您有这个能力吗？

思考：

(1)你拥有创业所需的资源吗？你认为这些资源应包括哪些内容？

(2)你拥有创业所需的品质吗？你认为这些品质应包括哪些内容？

一个人不管是为了创业还是为了在未来的职业道路上取得好的成绩，首先要对自己进行思考，需要思考我是谁、为了谁、依靠谁、想成为谁、怎样成为谁。一个人，如果想在一个领域内持之以恒地取得好的成就，如果想在创业的路上持续前行，首先要找到自己内心的驱动力，这个驱动力可以是对美好事物的追求，可以是一种责任，可以是一种职业化的生活态度。当内心驱动力确定以后，接下来一个重要问题就是认识自己，但一个人要认识自己是相当困难的，尤其是正视自己内心深处的自我，勇于承担责任，勇于追求进步。在创业前，他需要对自我、资源、市场、项目、商业模式等多个方面进行评估，才能在后面的创业路上知己，然后努力知彼，最后方能不殆。

第一节 自 我 评 估

在现实生活中，很多大学生创业者未能够很好地认识自己，凭着一时的冲动和简单想法就去创业，忽略了创业过程中的困难和艰辛，这是很不可取的。创业，说小是为生存，说大即为自己开创事业，是一场持久的战争，只有"知己知彼"，才能"百战不殆"。因此，创业前，需要先对自己的能力进行评估。

一、自我评估渠道

1. 通过他人评价认识自我

心理学家指出，别人对自己的态度是一面认识自己的"镜子"。通过与他人相处，从他人对自己的态度中可看到自己的形象。当然，他人的态度与自我评价并非都是一致的，别人的态度可能由于偏爱或成见，难免会有歪曲和夸张。此时，别人的评价可作为认识自己的参考。如果是父母、教师、上级、要好的朋友或自己所尊敬的人所给出的评价，即使与自我评价不一致，仍然值得注意和重视，好的方面要继续发扬，不好的则要修正。只要我们能多听听别人的意见,就很容易看到自己的缺点,加以改正后,才能更好地完善自己。

2. 通过类比分析认识自我。

除了听取别人对自己的评价,还可以通过和自己地位、条件相类似的人相比较来认识自己,并以别人的行为作为参照物。例如,别人热情乐观、善于交流,你是否也是这样?别人在解决某一个问题时,他的思考方式是怎样,要是换作你,你会怎样做、有哪些做不到?或者有哪些地方你还可以做得更好?这样一类比,在看到别人的长处和短处时,你就会发现自己的短处和长处。常常把自己与周围的同事、朋友相比,不是生活的攀比,而是学习别人的优点,改善自己的缺点,不仅有助于认识自己,也有助于提高自己。

3. 从实践中认识自我

一个人在想象的时候,会把优点和缺点想得过大或过小,因此会有自负和自卑这两种形态出现。这种想象中的对自己的认识是不准确的,只有通过实践才能认清真实的自我。例如,社团组织交给你的任务能否出色完成?在兼职和实践过程中,公司交给你的任务,你是否完成出色;与同学或同事共同完成一件事情时,你是否想出的办法多?同学或同事是否对你有所不满和抱怨?面对陌生人时你是否能自如地交谈?一个小产品你能否有办法把它卖出去?一个人只有在实践活动中,才能更准确地了解自己的真实水平。

二、自我评估内容

1. 身体素质评估

健康的身体是创业者的首要条件,创业的艰辛要求创业者要有一个健康的身体,因此,对于自己的身体健康状况要有全面的了解,然后再根据自己的身体状况来选择合适的创业项目。

2. 个人整体能力评估

创业不是想当然,也不是喊几句励志的口号就行,而是有许多具体的环节和事情需要完成,如果不具备一定的综合能力,条件达不到,是暂时不适合创业的。以下是创业者需要具备的几个常见的能力素质,包括但不限于对环境的适应能力、抗压能力、观察能力、人际交往能力、受挫折后的自我治疗能力、学习能力、经济能力等。

(1)对环境的适应能力。选择了创业,就意味着进入了一个新的起点,你原有的生活环境和社会环境都有可能被打破,难免会出现许多问题,这时候,就要看你是否仍能适应新的生活状态。创业者们可以问自己几个问题,你适应紧张的生活吗?你适应创业所在地的气候环境吗?你适应技术的急剧变革吗?你适应经济环境的变化吗?如果你的创业项目需要经常出差,你能适应经常出差的节奏吗?如果你的市场在严寒地带,你适应那里的气候吗?你适应每天早晨3、4点就要起床吗?你适应和各种人打交道吗?对环境的适应能力是创业者最基本的能力之一,需要创业者们认真思考。

(2)抗压能力。创业过程中会有许多意想不到的困难发生,甚至有的困难长时间解决不了,这时面临的精神压力是很大的,这种压力会一直伴随创业的过程长期存在,因此,需要有很好的抗压能力,有较强的心理承受能力。如果创业者不能坦然面对并积极想办法克服,遇到困难时扛不住,便会轻易放弃。实际上,现实中的这类创业者太多太多。很多人在创业之前将一切想得很美好,只等着项目一做就数钱。但真正开始项目时,便发现与预期相差很大,遇到困难找不到办法心里又承受不了打击,于是很快泄气,之后便找各种理由放弃。

(3)观察能力。除了对自己的情绪、思维、个性特点及行为要有所感知和察觉,对商业活动中的一些细小的变化也要有感知和察觉。也就是常说的,你要有一定的悟性。正确的观察能力,不但能提升自己的能力,还会提高你对商业的敏锐度,发现更多的商机。具有强大观察能力的人会发现很多别人发现不了的商机,很多在别人眼里不是商机的机会对他来说都可能变成商机。

(4)人际交往能力。从事商业活动,要具有基本的人际交往能力,具备基本的语言表达能力。在未来的商业行为中,创业者需要和不同的人进行沟通交流,包括创业合伙人、投资人、供应商、竞争者、客户、潜在客户、潜在竞争者等。具有较好沟通与表达能力的人,往往在解决问题的时候事半功倍。

(5)受挫折后的自我治疗能力。这里的自我治疗能力包括失败后的自我反省提升和保持足够的信心。有一些创业者一旦遭遇创业挫折,便一蹶不振,好像全天下都欠他的,严重影响后期经营、判断、决策;有的创业者则能够很快走出阴影,自我反省总结,自我提升,以积极的心态面对各种挑战。

(6)学习的能力。创业的过程本身也是一个不断学习、不断实践、不断成长的过程,学习能力是创业者必须具备的重要能力之一。很多创业者懒于学习,只关注项目。学习包括书本知识学习、实践中的学习、向别人学习、向自己学习、向成功学习、向失败学习。抱着学习的心态,做一个有心人,随时学习,这样才有助于创业者能力的提高。

(7)经济能力。创业是需要具备一定的启动资金的,根据不同的项目,资金多少各有不同。白手起家、空手套白狼,这种创业我们平常的普通人能做到的不多。一是能力达不到,二是人脉圈子达不到,三是智慧达不到。当然,有一种情况的白手起家创业可以是这样:在身无分文的情况下,可以凭自己的劳动或者一技之长获得一定的资金报酬后,再用滚雪球的方式来创业。但就是这种方式的创业,普通的创业者中也很少有人做到。因此,想要创业,必需的资金是要具备的。就是你要做一个摆地摊的小生意,也需要有几百元或者几千元的启动资金,至于你要开店、开商场什么的,就需要更多资金了。

很多时候,创业者在创业之前把资金的问题考虑得并不是很周全,总是在资金很紧促的情况下就匆匆开始创业了,总想着一旦我的店开起来了,就能赚钱,资金自然就有了。但在实际经营中,并不是朝这样好的方向发展。因为开业初期生意并没有想象中那样好,所以收入很少,甚至一开始没有收入,连基本开支都不够,不但没有钱赚,反而需要有更多的资金来支撑。有好多创业者,就是没有资金的支撑,创业死于萌芽状态,有的更是胎死腹中。最常见的一些情况是:看到某个技术学习费用只需要2000元,于是用仅有的2000元学了技术,之后就再也没有钱来开始项目了。这种事情在许多创业者身上屡屡发生。所以说,要想创业,不具备一定的资金能力是不行的,如果你自己资金不够,那么就需要通过融资等不同的渠道获取资金。

以上的能力,如果你能全部具备,那么不管你是创业还是从事其他工作,至少打下了一个坚实的基础,增加了成功的概率。如果你具备了一大部分,你可以在创业活动中不断完善,成功同样会等着你。如果你只有少部分能达到,那么不要着急,也不必灰心,可以暂时将创业的想法放一放,通过不断的学习积累,总有一天你会实现创业的梦想。如果你要从事开办公司、具有法人性质的创业,除以上能力外,你还需要具备营销、管理与领导能力;具有相关的从业经验,具有一定的社会资源等。

没有人天生完美,能具备所有的能力,这些能力是需要在创业实践中渐渐积累的,需要在自我不断成长中一点点积少成多的。但是,有一点,我们不要忘记:在开始创业实践之前,一定要有多大的能力做多大的事。当你不具备基本创业能力时,不妨就安心积累,其实上班或者替人打工也是一种创业能力的积累。我们上班时该做的分内工作,怎么和同事相处,怎么去发展自己想要的人脉圈子,怎么去获得更多经验和创业资源。当然,如果你不具备这些能力,你拥有资源,也可以选择和拥有这些能力的人的合作!当然,还有很多其他能力需要我们逐步地提升和成长。

三、自我测评

我们通过自我测评也可以对自己有个基本认识,创办你的企业(Start Your Business, SYB)培训教材上有一套自我测评的表,可供大家测评参考,具体见表1-1和表1-2。

表1-1 自我测评表

1. 创办企业的动机

A栏	B栏
我有一份工作。	我没有工作。
我从自己干过的每一份工作中都学到了一些东西,我发现工作很有意思。	我认为工作只是为了挣钱。工作没有什么乐趣,我对工作兴趣不大。
我想让我的企业成为我的终身事业。	我想创业,是因为没有其他选择。
我想拥有一家企业,这样我能够为我的未来提供更好的生活方式。	我想创办企业是因为我想取得成功。富人都有自己的企业。
我坚信,我能否成功更多地取决于我自己的努力。	一个人不论做什么,要想成功,都需要其他人的大量帮助。
计分	计分

（续表）

2. 主动性

A栏	B栏
我不惧怕问题，因为问题是生活的组成部分。我会想办法解决每个问题。	我发现处理问题很难。我担心这些问题，或者干脆不想这些问题。
当我遇到困难时，我尽全力去克服。困难是对我的挑战，我喜欢挑战。	如果我有困难，我试图忘掉这些困难，或者等待困难自行消失。
我不是等待事情的发生，而是努力促使事情发生。	我喜欢顺其自然并等待好事降临。
我总是尝试做一些与众不同的事情。	我喜欢做我擅长的事情。
我认为所有的想法都会有所帮助，我寻求尽可能多的想法，看看这些想法是否行得通。	人都有很多想法，但是你不可能做所有的事情。我愿意坚持自己的想法。
计分	计分

3. 对企业的承诺

A栏	B栏
我在压力之下工作得很好。我喜欢挑战。	我在压力之下工作得不好。我喜欢平静和轻松。
我喜欢每天工作很长时间，不介意利用业余时间工作。	我认为工作以外的时间很重要，一个人不应该工作得太久。
一旦需要做出决定，我常常能够尽快决定做什么。	我不愿意为了我的企业而减少与家人及朋友在一起的时间。
如果必要的话，我可以把社会义务、休闲娱乐和业余爱好放在一边。	我认为在社交活动、业余爱好以及休息上多花时间是很重要的。
我愿意非常努力地工作。	我愿意工作并做必须要做的事情。
计分	计分

4. 坚忍不拔和应对危机的能力

A栏	B栏
即使面对极大的困难，我也不会轻易放弃。	如果存在很多困难，真的不值得为某些事去奋斗。
我不会为挫折和失败沮丧太久。	挫折和失败对我的影响很大。
我相信自己有能力扭转局势。	一个人能够独立做的事情只有那么多，命运和运气起很大的作用。
如果有人对我说不，我会泰然处之，我会尽最大努力改变他们的看法。	如果有人对我说不，我通常会感觉很糟并会选择放弃这件事。
遇到危机时，能够保持冷静并找出最佳的应对办法。	遇到危机时，我会感到慌乱和紧张。
计分	计分

（续表）

5. 风险承担能力

A 栏	B 栏
我坚信,要在生活中前进我必须冒风险。	我不喜欢冒风险,即便是有机会得到很大的回报也是这样。
我认为风险中也蕴含机会。	如果可以选择,我愿意以最稳妥的方式做事。
我只有在权衡了利弊之后才会冒风险。	如果我喜欢一个想法,我会不计利弊就去冒风险。
即使投资全部亏掉了,我也愿意接受这样的现实。	我很难接受投资全部亏掉的现实。
我清楚不是所有的事情都能够完全控制,哪怕我具有掌控权。	我喜欢完全控制自己做的事情。
计分	计分

6. 决策能力

A 栏	B 栏
我喜欢做决定,而且能够轻松地做出决定。	我发现做决定很难。
我能自己做出艰难的决定。	在我做出艰难的决定之前,我会征求很多人的建议。
一旦需要做出决定,我常常能够尽快地决定做什么。	我尽可能长地推迟做决定的时间。
在做决定之前,我会认真思考所有可能的选择。	我凭感觉和直觉做出决定,我只知道眼下要做什么。
我不怕犯错误,因为我可以从错误中吸取教训。	我经常担心会犯错误。
计分	计分

7. 适应企业需要的能力

A 栏	B 栏
我只提供顾客需要的产品或服务。	我只提供我喜欢的产品或服务。
如果我的顾客想要更便宜的产品或服务,我将想办法满足他们的需求。	如果我的顾客想要更便宜的产品或服务,他们就得找其他企业。
如果我的顾客想赊购,我要想办法用最低的风险为他们提供赊购服务。	我不会向任何人赊销我的产品或服务。
如果将企业迁到其他地方能够获得更多的生意,我准备这样做。	我不愿意重新选择企业地点。
我将研究市场趋势,力图改变我的工作态度和方法,以便跟上时代的发展。	最好按照我已经知道的方法去工作,跟上世界的变化太难了。
计分	计分

（续表）

8. 沟通和谈判能力

A 栏	B 栏
我喜欢谈判，并且经常在谈判中达到目的。	我不喜欢谈判，按照其他人的建议去做更容易。
我与其他人沟通得很好。	我与其他人的沟通有一些困难。
我喜欢倾听其他人的观点和建议。	我对其他人的观点和建议一般不感兴趣。
在谈判过程中我常常愿意表达自己的观点。	如果我参加谈判，我更愿意做一个听众，旁观事态的发展。
我认为，在谈判中达到目的的最好方法是，努力寻找一个使双方都受益的方法。	这是我的企业，因此我的意见最重要。谈判中总有人会输。
计分	计分

9. 协调家庭、文化和企业的能力

A 栏	B 栏
在企业能够负担的范围之内，我从企业拿出钱来供我和家人使用。	我的家人需要多少钱，我就从企业拿多少钱。
如果我的朋友或家人有经济困难，我会拿预留给我个人的钱来帮助他们，而不会从企业拿钱。	如果我的朋友或家人有经济困难，我将帮助他们，即便这样可能会损害我的企业。
我不能把大量的工作时间花在家人和社会义务上而忽略我的企业。	家人和社会义务高于企业。
我的家人和朋友将与其他顾客一样为购买我的产品、服务或使用企业的资产付钱。	我的家人和朋友将在我的企业得到特殊的待遇。
我不会因为他们是我的家人或朋友就允许他们赊账。	我会常常允许我的家人和朋友赊账。
计分	计分

10. 获得家庭支持的能力

A 栏	B 栏
如果企业的决定将对家人产生影响，我会让家人参与决定。	我不会让家人参与对他们有影响的企业决定。
因为对企业全心地投入使我没有很多时间和家人在一起，我的家人会理解。	因为对企业全心投入使我没有时间和家人在一起，他们会感到不快。
如果我的企业在开始时不是很成功，并且给家里人带来经济上的困难，我的家人愿意忍受。	在创业之初，如果我的企业不是很成功，并且给家里人带来困难，我的家人会十分生气。
我的家人愿意帮助我克服企业遇到的困难。	我的家人可能不愿意或没有能力帮助我克服企业遇到的困难。
我的家人认为，我创办企业是个好主意。	我的家人对我创办企业感到担心。
计分	计分

表1-2 自我测评结果分析表

个人素质/能力	A	6~10分 强	0~4分 不太强	B	0~4分 有点弱	6~10分 弱
1. 创办企业的动机						
2. 主动性						
3. 对企业的承诺						
4. 坚韧不拔和应对危机的能力						
5. 风险承担能力						
6. 决策能力						
7. 适应企业需要的能力						
8. 沟通和谈判能力						
9. 协调家庭、文化和企业的能力						
10. 获得家庭支持的能力						
总分						

表1-1中每一栏每勾选一个选项记作1分,将每部分的统计分数填入表1-2,然后计算总分,每部分分数代表你在这方面的能力素质水平,总分体现整体的在创业方面的能力素质。

- 如果你在A栏的分数是6~10分,说明你在这方面的能力和素质是你的强项。在"强"下面画"√"。
- 如果你在A栏的分数是0~4分,说明你在这方面的能力不太强。在"不太强"下面画"√"。
- 如果你在B栏的分数是0~4分,说明你在这方面的素质或能力有弱点。在"有点弱"下面画"×"。
- 如果你在B栏的分数是6~10分,说明你在这方面的素质或能力是弱项。在"弱"下面画"×"。
- 如果你在A栏的总分达到50分或更高,说明你具有一个好企业主所应具备的各项个人素质。
- 如果你在B栏的总分达到50分或更高,说明你需要对你的弱项加以改进,将弱项转变为强项。

第二节 资源评估

在创业过程中,除了创业者自身的种种品质,创业者本身拥有的各种资源也是创业成功的保障,这就需要创业者评估自己所拥有的创业资源。

创业资源包括的范围极其广泛,如创业者拥有的有形资产、无形资产、技能、知识、社会关系等等,还包括对这些有形和无形资源的整合。只要唤起强烈的创业愿景,点燃头脑中的创业火炬,就会发现"商机满地跑,只要你肯找""身上一根草,创业是个宝"。因此,创业者要从创业资源角度对自身重新认识、分析和整合。请利用表1-3对自身资源进行评估。

表1-3　创业资源评估表

说明：从自主创业的角度，重新评估自己的创业资源。
我的有形资产资源是：
我的有形资产的优势是：
我的有形资产的劣势是：
针对创业我拟采取的对策是：
我的无形资产资源是：
我的无形资产的优势是：
我的无形资产的劣势是：
针对创业我拟采取的对策是：
我的社会关系资源是：
我的社会关系的优势是：
我的社会关系的劣势是：
针对创业我拟采取的对策是：
我的人际交往资源是：
我的人际交往的优势是：
我的人际交往的劣势是：
针对创业我拟采取的对策是：
我的体力资源是：
我的体力资源的优势是：
我的体力资源的劣势是：
针对创业我拟采取的对策是：

（续表）

我的脑力资源是：

我的脑力资源的优势是：

我的脑力资源的劣势是：

针对创业我拟采取的对策是：

我的技术资源是：

我的技术资源的优势是：

我的技术资源的劣势是：

针对创业我拟采取的对策是：

我的知识资源是：

我的知识资源的优势是：

我的知识资源的劣势是：

针对创业我拟采取的对策是：

我的学习资源是（能学什么）：

我的学习资源的优势是：

我的学习资源的劣势是：

针对创业我拟采取的对策是：

我的兴趣资源是：

我的兴趣资源的优势是：

我的兴趣资源的劣势是：

针对创业我拟采取的对策是：

（续表）

我的经历资源是：

我的经历资源的优势是：

我的经历资源的劣势是：

针对创业我拟采取的对策是：

我的经验资源是：

我的经验资源的优势是：

我的经验资源的劣势是：

针对创业我拟采取的对策是：

我的其他资源是：

我的优势是：

我的劣势是：

按重要性排序，我的优势资源是：
1. 经验   2. 经历
3. 技术   4. 知识
5. 体力   6. 兴趣

按重要性排序，我的劣势资源是：
1. 有形资产   2. 无形资产
3. 脑力资源   4. 社会关系
5. 人际交往   6. 学习资源

扬长避短，整合自己的创业资源，并转化为创业核心竞争力的战略：

第三节 市场评估

创业者在创业初期必须对自己的产品市场有清晰、明确的认知，对市场的评估将根据市场定位、市场结构、市场规模、市场份额、市场渗透率等方面综合进行，这些评估最根本的来源是你的市场调查，在进行评估之前，你需要调查你的服务区域在哪里？服务区域有多少人口?这些人口中有哪些会成为你的顾客?他们的收入状况及消费水平如何?他们对产品或服务的要求是什么?他们如果有不同的服务和要求,是否可以对存在共性的潜在客户进行分类?他们消费的次数、人数、时间、频率是怎样的?他们能够接受的价格怎样?他们消费的习惯和规律有哪些?他们的消费心理动机是什么?他们在消费中的角色和重要性是怎样的?

一、市场调查

市场调查是指用科学的方法,有目的、系统地搜集、记录、整理和分析市场情况,了解市场的现状及其发展趋势,为企业的决策者制定政策、进行市场预测、做出经营决策、制订计划提供客观、正确的依据。市场调查是企业产品投放市场前的重要评估,为产品定位、价格、渠道、促销等打下基础。

常见的市场调查有消费者调查、市场观察、产品调查、广告研究、客户满意度调查等,企业在进行市场评估时,重点要进行消费者调查。市场调查的内容涉及市场营销活动的整个过程,主要包括:

1. 市场环境调查

市场环境调查主要包括经济环境、政治环境、社会文化环境、科学环境和自然地理环境等。具体的调查内容可以是市场的购买力水平、经济结构、国家的方针、政策和法律法规、风俗习惯、科学发展动态、气候等各种影响市场营销的因素。

2. 市场需求调查

市场需求调查主要包括消费者需求量调查、消费者收入调查、消费结构调查、消费者行为调查,包括消费者为什么购买、购买什么、购买数量、购买频率、购买时间、购买方式、购买习惯、购买偏好和购买后的评价等。

3. 市场供给调查

市场供给调查主要包括产品生产能力调查、产品实体调查等。具体为某一产品市场可以提供的产品数量、质量、功能、型号、品牌,以及生产供应企业的情况等。

4. 市场营销因素调查

市场营销因素调查主要包括产品、价格、渠道和促销的调查。产品的调查主要有了解市场上新产品开发的情况、设计的情况、消费者使用的情况、消费者的评价、产品生命周期阶段、产品的组合情况等;产品的价格调查主要有了解消费者对价格的接受情况、对价格策略的反应等;渠道调查主要包括了解渠道的结构、中间商的情况、消费者对中间商的满意情况等;促销活动调查主要包括各种促销活动的效果,如广告实施的效果、人员推销的效果、营业推广的效果和对外宣传的市场反应等。

5. 市场竞争情况调查

市场竞争情况调查主要包括对竞争企业的调查和分析,了解同类企业的产品、价格,他们采取了什么竞争手段和策略等方面的情况,做到知己知彼,通过调查帮助企业确定企业的竞争策略。

二、市场调查的流程

科学的市场调查必须按照一定的步骤进行,保证市场调查的顺利进行和达到预期的目的。市场调查要合理确定调查任务,科学设计调查方案,认真组织调查实施。市场调查的步骤一般分为七个阶段。

1. 调研准备

调研的前期准备主要是指根据项目的特点确定调研的相关工作,列出调研的动作计划与时间安排表。内容包括:调研目的、调研范围、调研重点、调研提纲、需要客户提供的成文资料、访谈目标与考察目的地、调研的时间与人员安排(包括需要客户提供的人员配合)等,具体内容根据不同调查具体确定。

2. 组建调研团队,进行人员分工

在调研实施之前,需要对人员承担的任务重点及注意事项给予说明并进行相关专业培训,否则调查过程容易偏离轨道,导致结果失真。对调查人员进行培训的内容包括:思想教育、知识准备、方法训练等,可以通过集中讲授、阅读和讨论、示范和模拟、现场实习等来对调查者进行培训。在调查人员的使用上,需要进行合理分工,要注意扬长避短、合理搭配、优化组合;要明确职责和权力,任务落实到具体责任人;团队管理要分层管理、细化任务安排;对成员要严格要求并进行检查监督。

3. 调研实施

在市场调查实施阶段,最关键的就是调研信息的准确性,这就要求每个调查人员按照统一要求,顺利完成搜集资料的任务。在整个市场调查工作中,调查搜集资料是取得市场第一手资料的关键,因此组织者要集中精力做好内外部协调工作,需要对调查过程进行监控管理,力求获得最准确的市场数据。市场调查信息资料必须真实准确、全面系统,否则前面的工作就成了无用功,甚至影响最终的决策。

4. 调研资料的整理分析

这一阶段主要将一线的数据资料进行鉴别及整理分析,得出欲知的调研信息。鉴别资料就是对取得的市场资料进行审核,消除存在虚假的、错误的、短缺的信息资料,确保资料分析有效。整理资料是对鉴别后资料进行加工,使调查资料系统化、条理化,以简明的方式反映市场现象总体的特征,同时对资料要进行准确分类。对资料进行统计分析,就是运用统计学相关原理方法,研究市场现象总体的数量特征和数量关系。通过统计分析可以揭示市场现象的发展规模、水平,总体的结构和比例,市场现象的发展趋势,等等。

经统计整理和分析得到的数据是对市场现象准确而系统的反映,是对市场现象进行定量分析和定量预测的基础,为进一步开展对市场问题的定性研究或市场评估提供了准确系统的数据资料。因此,调查信息的统计分析需要分析人员有较强的分析能力及对行业的理解,否则分析数据用处将大打折扣。

5. 补充调研

通过前期调研数据分析，如果发现有需要再次确认的信息，或者有些重点内容需要深入调查，就需要进行补充调研。补充调研就不需要全面，只是针对特定的信息需要进行调研，可以简单，也可以通过大量的访谈作为支撑。

6. 撰写《市场调研报告书》

有了数据分析的基础，接下来就是撰写市场调查报告，将调研数据资料整理成详细的文字，出具调研成果。这既是对调查工作的总结，也是对调查结果的评估。调查报告是市场调查研究成果的集中体现，是对市场调查工作最集中的总结。评估调查结果主要包括学术成果和应用成果两方面（对创业者来说，主要是应用成果），目的是总结市场调查所取得的成果价值，因此，认真做好总结工作非常重要，同时，为了将来更好地进行市场调查，还应对调查工作的经验教训加以总结。

7. 《市场调研报告书》的应用

有了市场调研，我们就可以充分的了解信息，创业者们也就可以对自己产品或服务的未来市场进行评估了。通过市场调查，我们可以进而明确自己的市场定位，对未来的市场规模、竞争对手的市场规模、未来的市场渗透率、未来可能占据的市场份额都可以进行预测，最终确定这个市场是否可以进入。

三、市场定位

市场定位是指企业根据竞争者现有产品在市场上所处的位置，针对消费者或用户对该种产品的某种特征、属性和核心利益的重视程度，强有力地塑造出本企业产品与众不同的、给人印象深刻的、鲜明的个性或形象，并通过一套特定的市场营销组合把这种形象迅速、准确而又生动地传递给顾客，影响顾客对该产品的总体感觉。

其实在企业市场定位过程中，各个企业经营的产品不同，面对的顾客也不同，所处的竞争环境也不同，因而市场定位所依据的原则也不同。总的来讲，市场定位所依据的原则有以下四点：

1. 根据具体的产品特点定位

构成产品内在特色的许多因素都可以作为市场定位所依据的原则。如所含成分、材料、质量、价格等。"七喜"汽水的定位是"非可乐"，强调它是不含咖啡因的饮料，与可乐类饮料不同。"泰宁诺"止痛药的定位是"非阿司匹林的止痛药"，显示药物成分与以往的止痛药有本质的差异。一件仿皮皮衣与一件真正的水貂皮衣的市场定位自然不会一样，同样，不锈钢餐具若与纯银餐具定位相同，也是令人难以置信的。

2. 根据特定的使用场合及用途定位

为老产品找到一种新用途，是为该产品创造新的市场定位的好方法。小苏打曾一度被广泛地用作家庭的刷牙剂、除臭剂和烘焙配料，已有不少的新产品代替了小苏打的上述一些功能。小苏打可以定位为冰箱除臭剂，另外还有家公司把它当作了调味汁和肉卤的配料，更有一家公司发现它可以作为冬季流行性感冒患者的饮料。我国曾有一家生产"曲奇饼干"的厂家最初将其产品定位为家庭休闲食品,后来发现不少顾客购买是为了馈赠,又将之定位为礼品。

3. 根据顾客得到的利益定位

产品提供给顾客的利益是顾客最能切实体验到的,也可以用作定位的依据。例如,1975年,美国米勒啤酒公司推出了一种低热量的"Lite"牌啤酒,将其定位为"喝了不会发胖的啤酒",迎合了那些经常饮用啤酒而又担心发胖的人的需要。

4. 根据使用者类型定位

企业常常试图将其产品指向某一类特定的使用者,以便根据这些顾客的看法塑造恰当的形象。例如,美国米勒啤酒公司曾将其原来唯一的品牌"高生"啤酒定位为"啤酒中的香槟",吸引了许多不常饮用啤酒的高收入妇女。后来发现,占30%的狂饮者大约消费了啤酒销量的80%,于是,该公司在广告中展示石油工人钻井成功后狂欢的镜头,还有年轻人在沙滩上冲刺后开怀畅饮的镜头,塑造了一个"精力充沛的形象"。在广告中提出"有空就喝米勒",从而成功占领啤酒狂饮者市场达10年之久。

事实上,许多企业进行市场定位依据的原则往往不止一个,而是多个原则同时使用。因为要体现企业及其产品的形象,市场定位必须是多维度、多侧面的。例如:

(1)区域定位。区域定位是指企业在制定营销策略时,应当为产品确立要进入的市场区域,即确定该产品是进入国际市场、全国市场,还是在某市场、某地等。只有找准了自己的市场,才会使企业的营销计划获取成功。

(2)阶层定位。每个社会都包含有许多社会阶层,不同的阶层有不同的消费特点和消费需求,企业的产品究竟面向什么阶层,是企业在选择目标市场时应考虑的问题。根据不同的标准,可以对社会上的人进行不同的阶层划分,如按知识分,就有高知阶层、中知阶层和低知阶层。进行阶层定位,就是要牢牢把握住某一阶层的需求特点,从营销的各个层面上满足他们的需求。

(3)职业定位。职业定位是指企业在制定营销策略时要考虑将产品或劳务销售给什么职业的人。将饲料销售给农民及养殖户、将文具销售给学生,这是非常明显的,而真正能产生营销效益的往往是那些不明显的、不易被察觉的定位。在进行市场定位时要有一双善于发现的眼睛,及时发现竞争者的视觉盲点,这样可以在定位领域内获得巨大的收获。

(4)个性定位。个性定位是考虑把企业的产品如何销售给那些具有特殊个性的人。这时,选择一部分具有相同个性的人作为自己的定位目标,针对他们的爱好实施营销策略,可以取得最佳的营销效果。

(5)年龄定位。在制定营销策略时,企业还要考虑销售对象的年龄问题。不同年龄段的人,有自己不同的需求特点,只有充分考虑到这些特点,满足不同消费者需求,才能够赢得消费者。如对于婴儿用品,营销策略应针对母亲而制定,因为婴儿用品多是由母亲来实施购买的。

四、市场结构

市场结构是构成一定系统的诸要素之间的内在联系方式及其特征。在产业组织理论中,产业的市场结构是指企业市场关系(交易关系、竞争关系、合作关系)的特征和形式。作为市场构成主体的买卖双方相互间发生市场关系的情形包括四种情况:卖方(企业)之间的关系;买方(企业或消费者)之间的关系;买卖双方相互间的关系;市场内已有的买方和卖方与正在进入或可能进入市场的买方、卖方之间的关系。上述关系在现实市场中的综合反映就是市场的竞争和垄断关系。市场结构就是一个反映市场竞争和垄断关系的概念。市场结构是决定市场的价格形成方式,从而决定产业组织的竞争性质的基本因素。

划分一个行业属于什么类型的市场结构,主要依据以下三个方面:

(1)本行业内部的生产者数目或企业数目。如果本行业就一家企业,那就可以划分为完全垄断市场;如果只有少数几家大企业,那就属于寡头垄断市场;如果企业数目很多,则可以划入完全竞争市场或垄断竞争市场。一个行业内企业数目越多,其竞争程度就越激烈;反之,一个行业内企业数目越少,其垄断程度就越高。

(2)本行业内各企业生产者的产品差别程度。这是区分垄断竞争市场和完全竞争市场的主要方式。

(3)进入障碍的大小。所谓进入障碍,是指一个新地企业要进入某一行业所遇到的阻力,也可以说是资源流动的难易程度。一个行业的进入障碍越小,其竞争程度越高;反之,一个行业的进入障碍越大,其垄断程度就越高。

根据这三个方面因素的不同特点,将市场划分为完全竞争市场、垄断竞争市场、寡头垄断市场和完全垄断市场四种市场类型。

四种市场结构中,完全竞争市场竞争最为充分,完全垄断市场不存在竞争,垄断竞争和寡头垄断具有竞争但竞争又不充分。

五、市场规模、份额及渗透率

市场规模,即市场容量,市场规模主要是研究目标产品或行业的整体规模,可能包括目标产品或行业在指定时间内的产量、产值等,具体根据人口数量、人们的需求、年龄分布、地区的贫富度调查所得的结果。市场规模大小与竞争性可能直接决定了对新产品设计开发的投资规模。在对市场进行评估时,市场规模是一个重要的指标。

市场份额又称市场占有率,它在很大程度上反映了企业的竞争地位和盈利能力,是企业非常重视的一个指标。市场份额具有两个方面的特性:数量和质量。提起市场份额,多数人首先想到的是市场份额的大小。但事实上,市场份额的大小只是市场份额在数量方面的特征,是市场份额在宽广度方面的体现。市场份额数量也就是市场份额的大小。一般有两类表示方法:一类是用企业销售占总体市场销售的百分比表示,另一类是用企业销售占竞争者销售的百分比表示。市场份额还有另外一个质量方面的特征,这就是市场份额的质量,它是对市场份额优劣的反映。市场份额质量是指市场份额的含金量,是市场份额能够给企业带来的利益总和。这种利益除了现金收入之外,也包括了无形资产增值所形成的收入。衡量市场份额质量的标准主要有两个:一个是顾客满意率,另一个是顾客忠诚率。顾客满意率和顾客忠诚率越高,市场份额质量也就越好,反之,市场份额质量就越差。

企业较少关注市场份额质量的原因有两个:第一个是很多企业还没有树立以顾客为中心的现代营销理念;第二个是提高市场份额质量所带来的收益不确切,企业对提高市场份额质量心存疑虑。要提高市场份额质量,企业就必须从顾客的满意率入手做更深入细致的工作,需要花费大量的人力、财力和物力,并且需要较长时间。这种投资由于数量大、要求高、时间长,且投资效果无法准确地测算,显得风险较大,使得不少企业最终放弃了提高市场份额质量的打算。大学生初创企业很难说自己有多大的市场规模与份额,需要更多的关注下未来竞争对手的市场规模和份额。

市场渗透是企业发展战略的一种,进行市场评估时,也可以作为参考。市场渗透率是市场上当前需求和潜在市场需求的一种比较,是预期目标的产品或服务与当时市场可能拥有的产品或服务的比例。计算公式为预期市场需求/潜在的市场需求。部分市场评估的内容我们将在第四章新创企业营销实务中讲解。

第四节　商业模式评估

在整个创业过程中,除了要对市场这样的外部因素进行评估,我们同样要对我们的内部因素进行评估,如我们需要选择怎样的商业模式才能适合我们的发展。

一、成功商业模式的特点

我们在进行商业模式评估时,经常用几个观测点。例如,善于利用、整合存量有效资源,控制关键资源能力;业务系统轻资产(轻资产,举重若轻,化重为轻);初始投资少,库存低,应收账款少,有息负债少;分享合作、多点赢利;运营效率高,资本消耗少,运营资本少,自由现金流为正;投入资本收益高;成长速度快、可预期,成长价值和价值实现效率高;轻松赚钱,平均水平的人力资源可以产生更高的绩效。

长期从事商业模式研究和咨询的公司认为,成功的商业模式具有三个特征:

(1)能提供独特价值。有时候这个独特的价值可能是新的思想,而更多的时候,它往往是产品和服务独特性的组合。这种组合要么可以向客户提供额外的价值;要么使得客户能用更低的价格获得同样的利益,或者用同样的价格获得更多的利益。

(2)难以模仿。企业通过确立自己的与众不同,如对客户的悉心照顾、无与伦比的实施能力等,来提高行业的进入门槛,从而保证利润来源不受侵犯。例如,直销模式(仅凭"直销"一点,还不能称其为一个商业模式),人人都知道其如何运作,也都知道戴尔公司是直销的标杆,但很难复制戴尔的模式,原因在于"直销"的背后,是一整套完整的、极难复制的资源和生产流程。

(3)脚踏实地。企业要做到量入为出、收支平衡。这个看似不言而喻的道理,要想年复一年、日复一日地做到,却并不容易。现实当中的很多企业,不管是传统企业还是新型企业,对于自己的钱从何处赚来、为什么客户看中自己企业的产品和服务,乃至有多少客户实际上不能为企业带来利润反而在侵蚀企业的收入等关键问题,都不甚了解。

当然我们不可能因为商业模式全部符合这些观测点才能创业,这需要创业者根据这些指标进行自我衡量,也许具备其中的一部分就可以付诸实施了。

二、商业模式评估

根据商业模式相关理论内涵,商业模式评估要重点考虑以企业是否具备持续竞争优势为核心,按照客户价值、赢利模型、战略控制等几个方面评估企业商业模式是否具备合理性、可操作性和持续成长性。评估的核心是从价值创造的逻辑层面分析和判断商业模式的实施是否能够真正为客户创造价值,是否能够使企业自身获取合理的战略性价值回报。

我们通过一个商业模式评估表(表1-4)来了解自己构思的商业模式是否适合。

表1-4　商业模式评估表

1. 您的产品或服务是否具有独特性,无法或难以复制?是否创造性地满足了目标客户群体特定的消费需求?是否有清晰、独特、简明的价值主张?是否有吸引客户的性价比?

2. 您的财务数据及财务预测是否能有较好的财务业绩,毛利及净利是否都超过同行业平均水平或者远远超过行业水平?

3. 您的企业过去几年以超过行业平均的速度持续增长吗?面对技术变革未来能以超过行业平均的速度增长吗?

4. 您是否具有与众不同的、创新的、独特的收入获得方式?

（续表）

5. 您未来的产品是否能够吸引足够的客户重复购买？或者客户重复购买率是否在行业平均以上？

6. 您是否将行业内企业普遍存在的重要成本革命性地消除了？

7. 您的企业发展是否突破了扩张瓶颈？

8. 您的企业是否有快速复制能力并能做到标准化？

9. 您的商业模式拥有高竞争门槛吗？

10. 在与上下游企业合作过程中，您居于主动地位或合理的平等地位吗？

11. 您的企业是否能够做到"自己可以自制自己，别人很难复制你"？

12. 你的商业模式是否能够做到"一听就能听得懂，一想想不到尽头"？

三、商业模式的特征与分类

商业模式应该是一个整体系统的框架,而不是单一的收入模式(广告收入、会员费、服务费)、向客户提供的价值(在价格上竞争、在质量上竞争)、组织架构(自成体系的业务单元、整合的网络能力)等组成部分。商业模式的组成部分之间应该有较好的、有机的内在联系,从而形成生态的、互动的、良性的、可持续的循环系统。

20世纪早期,金吉利通过创造了"饵与钩(Bait and Hook)"模式——也称为"剃刀与刀片(Razor and Blades)"模式,或是"搭售(Tied Products)"模式,在这种模式里,基本产品的出售价格极低,通常处于亏损状态,而与之相关的消耗品或是服务的价格则十分昂贵。例如,剃须刀(饵)和刀片(钩),手机(饵)和通话时间(钩),打印机(饵)和墨盒(钩),相机(饵)和照片(钩),等等。例如,我们常用的阅读器Adobe Reader,他们的文本阅读器是免费的,但是其文本编辑器是要收费的。赠送产品来赢得财富,创造了一种新的商业模式,而今天当各商家都用打折或买一送一的方式来促销时,这就不再是一种商业模式。

商业模式应该具有可移植性,如果今天我们生产剃须刀片的企业仍然通过免费赠送剃须刀来卖刀片,它就不能称之为商业模式,而当新型的网络企业通过各种免费方式赢得眼球时,我们就能称这种免费形式为网络企业的新商业模式。

根据商业模式的特性,人们常把商业模式分为两大类:

(1)运营性商业模式。重点解决企业与环境的互动关系,包括与产业价值链环节的互动关系。运营性商业模式创造企业的核心优势、能力、关系和知识,主要包含以下几个方面的主要内容:

①产业价值链定位:企业处于什么样的产业链条中,在这个链条中处于何种地位,企业结合自身的资源条件和发展战略应如何定位。

②赢利模式设计(收入来源、收入分配):企业从哪里获得收入,获得收入的形式有哪几种,这些收入以何种形式和比例在产业链中分配,企业是否对这种分配有话语权。

(2)策略性商业模式。策略性商业模式对运营性商业模式加以扩展和利用。应该说策略性商业模式涉及企业生产经营的方方面面,包括业务模式、渠道模式、组织模式等。

每一种新的商业模式的出现,都意味着一个新的商业机会的出现,谁能率先把握住这种商业机遇,谁就能在商业竞争中占据优势地位。

四、制造业常见商业模式

在如今的各种业态里面,制造商、品牌商、经销商、终端商都有自己比较独特的商业模式。在很多有形产品中,制造商是产品的源头,是整个后续商业的重要发起端。制造业商业模式主要有如下六种形式:

(1)直供商业模式。主要应用在一些市场半径比较小、产品价格比较低或者是流程比较清晰、资本实力雄厚的国际性大公司。直供商业模式需要制造商具有强大的执行力,现金流状况良好,市场基础平台稳固,具备市场产品流动速度很快的特点。白酒行业选择这种模式较多。

(2)总代理制商业模式。这种商业模式国内中小企业广泛使用。由于中国广大的中小企业在发展过程中面临着两个最为核心的苦难:其一是团队执行力比较差,他们很难在短时间内构建一个庞大的执行团队,而选择经销商做总代理可以省去很多当地市场执行面的困难;其二是资金实力上的困难,中国中小企业普遍资金实力比较薄弱,选择总代理制商业模式,他们可以在一定程度上占有总代理的一部分资金,更有甚者,他们可以通过这种方式完成最初原始资金的积累,实现企业快速发展。

(3)联销体商业模式。随着总代理商业模式的发展,好的经销商成为一种稀缺性资源,市场上出现了形形色色的各种企业招商,招商手段层出不穷,各种企业鱼龙混杂,最终导致很多经销商的利益得不到真正的保障。于是,很多比较有实力的经销商为了降低商业风险选择了与企业进行深度密切合作,即制造商与经销商分别出资,成立联销体机构,这种联销体既可以控制经销商市场风险,也可以保证制造商始终有一个很好的销售平台。联销体这种方式受到了有长期发展企图的制造商欢迎。如娃哈哈就采取了这种联销体的商业模式;格力空调也选择了与区域性代理商合资成立公司共同运营市场,取得了较好业绩。

(4)仓储式商业模式。很多强势品牌基于渠道分级成本很好、制造商竞争能力大幅度下降的现实,选择了仓储式商业模式,通过价格策略打造企业核心竞争力。仓储式商业模式与直供最大的区别是:仓储式商业模式是企业拥有自己的销售平台,通过自己的销售平台完成市场配货功能,而直供属于企业不拥有直接的店铺,企业将货源直接供应给第三方销售平台通过,第三方平台完成产品销售。例如,20世纪90年代,四川长虹电视为降低渠道系统成本,提高企业在市场上价格竞争能力,长虹集团选择了仓储式商业模式,直接将产品配送到消费者手里,一度取得了较好业绩。

(5)专卖式商业模式。随着中国市场渠道终端资源越来越稀缺,很多消费品企业开始选择专卖式商业模式。专卖商业模式是以形象与高端为核心,因此选择专卖模式的企业是有条件的。第一,是要拥有较好的、被消费者信任的品牌基础,知名度和美誉度较高,消费者市场认知成熟,主动消费多;第二,是产品线比较全,产品结构比较合理,足以维系专卖店具有稳定的利润;第三,是消费者已经形成稳定的消费行为习惯,该品牌需要成熟的市场环境。选择专卖店商业模式需要具备三种资源或至少其中一种特征。如之前的TCL幸福村专卖系统、五粮液提出的全国两千家专卖店计划、蒙牛乳业提出的蒙牛专卖店加盟计划、云南乳业出现的牛奶专卖店与牛奶总汇等都曾经取得较好效果。

(6)复合式商业模式。复合式商业模式是一直基于复杂市场环境及特定企业发展阶段而做出的策略性选择。一般情况下,无论多么复杂的企业与多么复杂的市场,都应该有主流的商业模式,而不能朝令夕改,轻易改变,一旦一个企业慎重地选择了一种商业模式,往往需要相对应的组织结构、人力资源配备、物流系统、营销策略等,轻易改变可能会给企业带来动荡。

五、互联网时代的常见商业模式

随着互联网时代的发展,很多新的依托互联网基础的商业模式陆续出现,它们带来了整个信息流、物流、消费渠道、资金流等的变革。互联网时代常见商业模式主要有以下几种:

1. 代理模式

在这种模式里,代理商是市场的缔造者,他们把买方和卖方撮合在一起,并且推动交易行为,代理从他撮合成功的每项交易中收取一定的费用。交易的双方可以是企业-企业、企业-消费者,或消费者-消费者市场。例如,我们常说的B2B就是这种模式的典型代表,此外旅游代理、拍卖代理、搜索代理也都是这种模式。

2. 广告模式

网络广告模式拓展了传统的广告媒体。此刻的传播商通常是一个网站,在提供内容(常常但并非必须是免费的)和服务(像邮件、即时通讯、博客)时,常加入些条幅广告信息。这些条幅广告可能是这个传播商的主要或者唯一的收入来源。传播商可能是内容的创建者或者内容的发行人。只有当浏览量非常大或者高度专业化时,广告模式才能正常运作。例如,门户网站、分类信息网站、免费注册网站的数据输出、查询付费、上下文广告、内容定向广告、引导广告、强制广告等

3. 信息中介

消费者的个人信息和消费习惯的数据是很有价值的,尤其是那些经过细致分析的并用于目标市场营销的信息。在消费者考虑一次采购的时候,独立收集的关于生产商和他们产品的数据,对于他们是非常有用的。有些公司定位就是类似信息中介(信息媒介),辅助买家或者卖家了解当前的市场状况。

4. 商户模式

商家通过互联网平台直接进行产品和服务的批发或者零售,销售可能直接交易或者拍卖,如淘宝、京东。

5. 厂家直销

厂商通过互联网直接面对消费者,压缩了分销渠道,产品销售后归属权直接转移给消费者。

6. 会员模式

这是和一般的门户网站入口模式相反的模式,它寻求对某一站点有一个高浏览量。会员站点提供"购买点-点击进入",商家它会提供金钱上的激励机制(以折扣的形式),如果没有产生销售,对于商家来说也没有损失成本。它通过广告交换(会员网站网络内部的广告投放交易),有效点击付费,收益共享。

7. 社区形式

社区模式的发展主要依赖用户对平台的黏性及忠诚。例如,QQ、微信和很多网络社区等。用户投入了较高的时间和情感在里面,一般不会轻易离开。收益则往往来自于副产品和服务的销售或者无偿的捐助,再或者通过绑定文字广告或者订阅费的付费服务。互联网天然地适合社区商务模式的发展。

8. 订阅模式

最近我们常说,知识付费时代已经到来,而这就是订阅模式的一个表现。用户要为访问该站点付费,当然前提是内容为高附加值,一般的新闻内容,已被证明不适合用订阅模式。多数用户不喜欢通过付费的方式获得互联网上的内容,除非非常需要这种内容或者是内容值得他们付费。内容服务将是未来很长一段时间内的互联网商业的发展趋势。

9. 效用模式

效用模式采用定量的使用或者随用随付费的方式。与订阅服务不同,定量服务基于实际的使用率付费。通常来说,定量付费一直应用在必需的服务(如水电、电话服务)。互联网上的体现是允许订阅者购买一定量的内容访问权(如页面访问数)。

第五节 项 目 评 估

一、项目评估概述

项目评估是指在直接投资活动中,在对投资项目进行可行性研究的基础上,从企业整体的角度对拟投资建设项目的计划、设计、实施方案进行全面的技术经济论证和评价,从而确定投资项目未来发展的前景。项目评估为决策者选择项目及实施方案提供多方面的选择,并力求客观、准确地将与项目执行有关的资源、技术、市场、财务、经济、社会等方面的数据资料和实况真实、完整地汇集、呈现于决策者面前,使其能够处于比较有利的地位,实事求是地做出正确、合适的决策,同时也为项目的执行和全面检查奠定基础。项目评估的指标有以下几种:

1. 投资必要性的评估

主要评估项目是否符合行业发展现状,这些需要通过市场调查、数据分析来得到,调查内容包括市场对该产品的反应如何、能否接受该产品的表现形式、价格能否接受、竞争状况如何、替代品状况如何、原料供应商如何等。我们在市场评估中已经提到,不再赘述,创业者还需要对投资项目在企业发展中的作用进行评估,并且对拟投资规模进行分析。

2. 建设条件评估

这类评估往往针对制造业项目,例如,以矿产资源为原料的项目,需要评估是否具备相关机构批准的资源储量、品位、开采价值的报告;工程地质、水文地质是否适合投资建厂;原材料、燃料、动力等供应是否有可靠来源,是否有供货协议;交通运输是否有保证,运距是否经济合理;协作配套项目是否落实;环境保护是否有治理方案;购进成套项目是否经过多方案比较,是否选择最优方案;投资厂址选择是否合理等。

3. 技术评估

投资建设项目采用的工艺、技术、设备在经济合理条件下是否先进、适用,是否符合相关国家的技术发展政策,是否注意节约能源和原材料以获得最大效益;购进的技术和设备是否符合投资实际,是否配套并进行多方案比较;投资项目所采用的新工艺、新技术、新设备是否经过科学的试验和鉴定,检验原材料和测试产品质量的各种手段是否完备;产品方案和资源利用是否合理,产品生产纲领和工艺、设备选择是否协调;技术方案的综合评价等。

4. 项目经济数据的评估

主要包括生产规模及产品方案数据、各项技术经济指标、产品生产成本估算、销售收入及税金估算、利润预测、财务效益评估。

5. 项目财务评估

主要有以投资回收期、投资利润率、投资利税率、资本金利率、财务净现值、财务净现值率、财务内部收益率等评价指标体现的财务盈利能力分析评估;以借款偿还期、资产负债率、流动比率、速动比率等评价指标体现的项目清偿能力分析评估。以财务外汇净现值、财务换汇成本等评价指标体现的财务外汇效果分析评估等。

6. 国民经济效益评估

国民经济效益评估又称经济评估,是根据国民经济长远发展目标和社会需要,采用费用与效益分析的方法,运用影子价格、影子汇率、影子工资和社会折现率等经济参数,计算分析项目需要国民经济为其付出的代价和它对国民经济的贡献,评估项目投资行为在宏观经济上的合理性。

二、项目评估流程

企业在进行项目评估时是有基本程序的,主要包括以下几点:

1. 组织安排

组织安排是项目评估工作的第一步,要制订详细的计划,精心地进行组织。

2. 收集资料

通过不同渠道和方式收集相关资料数据,为项目的论证提供基础数据。

3. 分析论证

对整理的资料进行分析论证,确定项目是否可以实施。我们的大学生创业项目主要论证该项目技术、市场、财务等重要指标即可。

4. 编写报告

根据分析论证结果,编写评估报告。评估报告要对可行性研究中提出的多种方案加以比较,肯定一种最优方案,给出评估结论,送交上级决策机构审批。

以上是企业拟开展一个新的项目往往采取的手段,对于新创业项目就没有那么复杂,可以简化进行。

本 章 要 点

（1）创业自我评估的重要性。
（2）自我评估测评。
（3）创业资源评估的重要性。
（4）创业资源评估。
（5）市场调查。
（6）市场评估分析。
（7）商业模式的评估。
（8）商业模式的类型及选择。
（9）项目评估的指标与流程。

拓 展 阅 读

这12条铁律拿走

本文通过对一些创业失败的案例进行分析，总结出了12条创业公司如何避免失败的定律，虽然并不见得每条都适合，但还是觉得很有道理。希望每一位创业者都能够铭记在心。

1. 两个创业合伙人是最棒的组合

不是一个创始人，也不是三个，更不是四个甚至更多。

首先，请记住不要单干。如果你只身一人上路，有很多时候你听不到基于同等地位的人所发来的反馈声音，没有人会告诉你哪里会做错。如果初创公司有三个甚至更多的合伙人，这其中很有可能发生两个合伙人结盟，针对另外一个合伙人的情况出现。派系阵营是真实存在的，不是小说中才有的。

曾经有一位天使投资人这么跟我说道：他所投资的拥有三个创始人的创业团队中，百分之九十都是两个合伙人将第三个合伙人逼走。创业团队如果真的有三个合伙人，更多的心机算计会出现，更多性格上的抵牾也会出现，但是如果你仅仅是和另外一个人合伙，你们可以共同携手并肩将一切事情打理清楚，你们更可以各自负责一个专长的领域，做决策的时候也会更加快速果断。

2. 公司因两种原因而死：要么主动放弃，要么资金枯竭

其实，如果站在失败的结局回望过去，就会发现当你开始不断地催促合伙人行动的时候，事情已经不妙了。很多时候员工自己也会审时度势，每个月自己评估着公司的发展状况，到底创始人自己是否信心满满，踌躇满志？到底公司是不是快到了弹尽粮绝、山穷水尽的地步？如果这两个问题都得出了负面的答案，员工也会选择主动离开公司的，你不可能指望员工能够无条件地跟随你打拼。所以请将更多的注意力关注在以上这两点内容。

3. 不要过于盲目快速地去打造团队

很多团队在刚开始开设一家公司的时候,往往是按照这样的流程进行的:首先定义产品,其次跟目标客户沟通,然后试着找人来填补空缺。这大错特错,如果仅仅是因为职位上的空缺而草草找到一个人填补的话,那么你无疑是在给公司后续的发展埋下隐患。

你首先应该制定的必须是用人标准,然后找到合适正确的人才。在打造人才队伍方面你一定要慎之又慎,只有在你绝对需要某种类型人才的前提下,你才开始启动招聘计划。人力成本对于创业公司是很高的,很多情况下,他们并不能如你所期望的那样执行某种任务、取得某种成果的,但是你还得花费精力以及财力去管理他们。

4. 相信顾客所做的选择,而非他们的言语

当我们刚开始推出产品概念的时候,市场上给予一片赞誉!无论是博客写手,还是科技界的CEO大佬,又或者是专职评论家,人们都以溢美之词来评论我们的产品和公司。我们当然很兴奋,似乎每个人都在意向书上签上了自己的名字,都在说着"我想要它,快点给我吧"!

但是当我们真正将产品推出来的时候,希望那些曾经签署意向书的人真正地去使用一下产品,并且进一步给予个人信息的时候,他们都退却了。获取客户成本急速攀升。这里面教会我们的道理是"人们认为这是一个好想法",以及"我是否会去使用它"是两码事儿!

5. 跟你的投资人打造深厚的关系

"正是基于我们之前跟投资人有过非常密切的交往,有着非常深厚良好的关系,并且在此之上构筑起来足够强大的信心,投资人才相信我们选择关闭公司是正确的决定。"

在做重大决策的时候,包括但不限于让公司关闭,你是否与投资人之间形成了足够稳固强大的关系是一切能够顺利进行下去的前提。他们能够动用自己的社会资源或者说人脉来帮你分析当下的局面,甚至会用自己口袋中的钱来表达信任!也许,在创业路上你最不想看到的一个画面就是当你选择关闭公司的时候,你的投资人对你大吼大叫,暴跳如雷。

6. 缩小产品范围

"我们之所以失败,是因为但凡我们觉得顾客想要的功能,我们全一股脑的添加到产品上面,而恰恰应该做的事,我们唯一擅长并且能够做好的事,被我们忽略掉了。"

很多时候,当顾客不断地跟你发表他的看法、他的诉求时,其实也是会非常让人困扰的。你通过产品的迭代更新,不停地满足顾客的需要,但是忽然在某一天发现其实人们并不怎么感兴趣。除非有这样一种情况,你能够做好功能中的一到两项,然后其他功能都是从这些重点中衍生开来的,这样或许能行得通。

所以,让我们总结一下就是:尽可能地专注于更细小具体的领域来发力,确认自己擅长的领域是什么,然后将其做到最好。

7. 使用高度凝练、足够准确的语言来争取投资

如果你花了15分钟时间滔滔不绝地讲述你的产品和公司,也许投资人早已经在心

底给你投了否定票。甚至于,你在招聘的时候,如果在2到3句话的范围内没有把你的思路阐述清楚的话,你也不可能找到合适的人才。

8. 朋友并不一定就能给予"诚实"的反馈

一个创业者这么说道:"当我们刚开始谈创业想法的时候,周边的朋友都说'这太棒了''一定会成功的''到时候一定要试试',可是他们并不是非常诚实的来回答我们的问题,更有可能是因为本身他们是我们的朋友,正是因为这种身份让他们觉得无法说出否定的话来,所以从他们那里只能获得鼓励和赞美。"

9. 以"解决问题"为起点开始创业

"从某种技术着手开始创业"是糟糕的,你应该是以"解决问题"作为起点。如果你并不是因为能够提供某种问题的解决方案而满怀斗志,也许整个创业过程对你来说会更加辛苦一些。我们不应该以技术研发为前提,然后创业,而是根据我们头脑中所冒出来的创新想法,以及问题的解决方案,然后回过头来再研究开发出解决问题的技术。

10. 全职人才的重要性永远大于外包顾问

永远不要将你最重要的拳头产品的核心功能开发给外包出去。你的核心产品和服务不应该交给别人来完成,即便是让别人来做会做得更好。如果外包了,那你就成了一个倒手的中间商,而不能实现足够可观的盈利空间。这道理实在太简单不过了,如果你不是核心产品的开发者,谁还会需要你呢?

11. 与合拍的人一起创业

如果对面这个人你连想跟他出去玩儿的兴趣都没有,最好不要跟他合伙创业。"曾经有这样一个人,在工作以外的生活中,我无法与他干任何一件事。但是我还是和他创办了公司。尽管他是我所遇见的最聪明的人,但是我总觉得哪里怪怪的。坦白来说,我和他压根不是一个世界中的人,沟通完全不在一个频道上。最终我们迎来的是不欢而散的结局。"

人们在不同的环境中会有着不同的性格表现,所以在评估创始人是否合拍的时候,将目光瞄向工作之外的领域,看他们是否在某些理念想法、价值观判断上面和你相似。另外,最好花一个星期跟你的创业团队相处,更多的是在工作以外的部分去感受团队的气氛是怎样的。如果合不来,也许你真的不应该将创业的希望寄托于那个不合拍的人或者不合拍的团队身上。

12. 试着了解你是否拥有足够坚定的信念

你首先要从内心深处真正做到相信自己的产品能够解决问题才可以,也只有那种不管发生什么事情,我一定要把它实现的执念才能够由内而外的感染以及说服身边的每一个人。在很多案例中,无数的创业者都是因为少了这最重要的东西而半途而废。

通过上面的阅读,结合我们自己的情况思考:

(1)当我们打算创业时,要怎样来正确认识自己?

(2)创业前是否需要充分的自我心理准备和自我评估?你怎样评估你自己?

(资料来源:青年创业网)

思 考 题

(1)进行自我评估,如果你要创业,你现在最为匮乏的条件/资源是什么?
(2)在市场评估中,你的产品还有哪些地方需要改进?
(3)在商业模式评估中,你的创业计划有哪些模式可以借鉴?
(4)在项目评估中,你的创业计划是否存在短板?
(5)如果你为了达成你的创业目标而开始行动,你的计划是什么?

第二章　创业过程中涉及的主要法律问题

学习目标

(1) 掌握公司设立的基本程序。
(2) 理解公司开办的相关法律问题。
(3) 理解公司内部管理相关法律问题。
(4) 理解公司员工管理相关法律问题。
(5) 理解公司经营相关法律问题。
(6) 理解在公司经营过程中如何解决相关法律问题。
(7) 理解在公司经营过程中如何遵纪守法。

导入案例

张三是某大学四年级的学生,他通过近两年的刻苦努力,开发出一款很有商业价值的软件。有人出价10万元购买这款软件,但张三不想卖,因为他想自己创业来亲自实现自己开发软件的商业价值。但是,张三既无创业所需资金,又缺乏创业的经验,不知道从何下手。李四是刚刚大学毕业的想创业的待业青年,他从父亲那里得到10万元的创业资金,但他在遇上张三之前没找到合适的投资项目。王五是一位曾经在某创新创业企业从事管理工作有三年之久的待业青年。在一次当地政府组织的创新创业论坛会议上,张三、李四和王五三人相互认识后,很快就决定成立一家公司,并希望通过设立公司来实现各自的创业梦想。

现在的问题是:第一,为实现各自的梦想,张三、李四和王五如何依法设立自己公司?第二,怎样来运行拟设立的公司?第三,如何依法规范与管理员工,并依法保证员工合法权益?如何对外签订依法保障公司合法权益的合同?

本章主要围绕这些问题来介绍创新创业方面的法律问题。

从法律角度讲,创业是一种民事活动,主要是民事活动中的商事活动。因此,创业过程中涉及许多法律,如企业的设立涉及公司法、合伙企业法或者个人独资企业法,员工的招聘与管理涉及劳动法,企业的财务管理涉及会计法和税法,企业的技术开发、商业秘密保护、品牌建设等涉及专利、商标等知识产权法,企业的对外经营活动涉及合同法,企业的营销管理涉及广告法……可以这么说,创新创业的每一项活动、每一个行为,几乎都是法律行为,都要受到法律的调整。只是有时候由于人们的法律意识淡薄,没有意识到创新创业过程中的行为是法律行为罢了。

由于创业涉及的法律非常多,这里不可能做到逐一介绍,只能选取一些常见的重要法律知识做简单的介绍。

第一节 开办新企业涉及的法律问题

一、企业类型的选择

我国现行有关企业的法律主要有《中华人民共和国公司法》(简称《公司法》)、《中华人民共和国个人独资企业法》(简称《个人独资企业法》)、《中华人民共和国合伙企业法》(简称《合伙企业法》)、《中华人民共和国中外合资经营企业法》(简称《中外合资经营企业法》)、《中华人民共和国中外合作经营法》(简称《中外合作经营法》)、《中华人民共和国外资企业法》(简称《外资企业法》)和《中华人民共和国破产企业法》(简称《破产企业法》)等。因此,大学生创新创业时,可以依据《公司法》设立有限责任公司和股份有限公司,可以依据《个人独资企业法》设立个人独资企业,也可以依据《合伙企业法》设立合伙企业,还可以依据有关《外资企业法》,与外商合资设立中外合资经营企业和中外合作经营企业。

从创新创业的实践来看,大学生创新创业过程中开办新企业时,主要是选择设立公司、合伙企业或者个人独资企业。因此,创新创业者开办新企业涉及的主要法律是《公司法》《个人独资企业法》和《合伙企业法》。本章首先简单介绍《个人独资企业法》和《合伙企业法》,然后着重介绍《公司法》,而对其他有关的企业法将不做介绍。

二、个人独资企业法

1. 个人独资企业的概念及特征

个人独资企业是指依照《个人独资企业法》在中国境内设立,由一个自然人投资,财产为投资人个人所有,投资人以其个人财产对企业承担无限责任的经营实体。个人独资企业具有以下特征:

(1)个人独资企业的投资人是自然人,而且是一个自然人,法人或者非法人组织不能成为个人独资企业的投资主体。

(2)个人独资企业不具有法人资格,是非法人组织。这里主要是因为个人独资企业没有自己独立财产,其企业财产属于其投资人所有,个人独资企业不能对外独立承担民事责任。

(3)个人独资企业的投资人对企业的债务承担无限责任。这是个人独资企业投资人与公司股东最重要的区别。

2. 个人独资企业的设立与登记

（1）提出申请。申请设立个人独资企业，应当由投资人或者其委托的代理人向个人独资企业所在地的企业登记机关提交设立申请书、投资人身份证明、生产经营场所使用证明等文件。个人独资企业申请书应当载明下列事项：①企业的名称和住所；②投资人的姓名和居所；③投资人的出资额和出资方式；④经营范围。

（2）设立登记。企业登记机关应当在收到设立申请文件之日起15日内，对符合《个人独资企业法》规定条件的予以登记，发给营业执照；对不符合设立条件的，不予以登记，并发给企业登记驳回通知书。个人独资企业营业执照的签发日期为个人独资企业成立日期。

（3）变更登记。个人独资企业存续期间其登记事项（如企业名称和住所、投资人的出资额和出资方式、经营范围等）发生变更的，应当在做出变更决定之日起15日内依法向企业登记机关申请办理变更登记。

三、合伙企业法

1. 合伙企业的概念

合伙是指两个以上的人为着共同目的，相互约定共同出资、共同经营、共享收益、共担风险的自愿联合。合伙企业是指自然人、法人和其他非法人组织依照《合伙企业法》在中国境内设立的普通合伙企业和有限合伙企业。与个人独资企业一样，合伙企业也是不具有法人资格的非法人企业，合伙企业的对外债务由普通合伙人承担无限连带责任。

合伙企业分为普通合伙企业和有限合伙企业。普通合伙企业是指由普通合伙人组成，合伙人对合伙企业债务承担无限连带责任的合伙企业。有限合伙企业是指由有限合伙人和普通合伙人共同组成，普通合伙人对合伙企业债务承担无限连带责任，而有限合伙人以其认缴的出资额为限对合伙企业债务承担责任的合伙企业。

2. 合伙企业的设立

（1）合伙企业的设立条件。根据《合伙企业法》的规定，设立合伙企业应当具备下列条件：

①有两个以上合伙人。合伙人可以是有完全民事行为能力的自然人，也可以是法人或者非法人组织。不过，法律禁止国有独资公司、国有企业、上市公司以及公益性的事业单位、社会团体成为普通合伙人。

②有书面合伙协议。合伙协议应当载明下列事项：合伙企业的名称和主要经营场所的地点；合伙目的和合伙经营范围；合伙人的姓名或者名称、住所；合伙人的出资方式、数额和缴付期限；利润分配、亏损分担方式；合伙事务的执行；入伙与退伙；争议解决办法；合伙企业的解散与清算；违约责任等。

③有合伙人认缴或者实缴的出资。合伙人可以货币、实物、知识产权、土地使用权或者其他财产权利出资，也可以劳务出资。

④有合伙企业的名称和生产经营场所。普通合伙企业应当在其名称中标明"普通合伙"字样，有限合伙企业应当在其名称中标明"有限合伙"字样，以方便社会公众以及

交易相对人了解合伙企业。经登记的合伙企业主要经营场所只能有一个,而且应当在其登记机关登记管辖区域内。

⑤法律、行政法规规定的其他条件。

(2)合伙企业的设立登记。合伙企业的设立登记程序如下:

①向企业登记机关提出申请,并提交全体合伙人签署的登记申请书、全体合伙人的身份证明、合伙协议、出资权属证明、经营场所证明以及其他法律文件。

②企业登记机关应当自收到申请登记文件之日起20日内做出是否登记的决定,对符合《合伙企业法》规定条件的,予以登记,并发给营业执照;对不符合法定登记条件的,不予登记,并给予书面答复,说明理由。

合伙企业的营业执照签发日期,为合伙企业的成立日期。合伙企业领取营业执照前,合伙人不得以合伙企业名义从事经营活动。

四、公司法

《公司法》是大学生创新创业所涉及的一部重要法律,需要着重介绍。对于公司法律制度的介绍,本章打算分为两个部分,一是在此重点介绍公司设立所涉及的法律问题,二是在本章第二节详细介绍公司内部管理所涉及的公司法律。

根据《公司法》的规定,在我国设立公司,可以在有限责任公司和股份有限公司两种公司类型中做出选择。在创新创业的实践过程中,创业者基本上都是选择有限责任公司,很少直接选择股份有限公司。鉴于此,本章有关公司法律知识的介绍主要涉及有限责任公司的有关法律,基本不涉及股份有限公司的有关法律知识。在没有特别说明的情况下,本章中所表述的"公司"专指有限责任公司("有限责任公司"可简称为"有限公司")。

1. 公司法概述

公司法是一种企业法律制度,而且是企业法中最为重要的组成部分。根据《公司法》第1条的规定,公司法是指为了规范公司的组织和行为,保护公司、股东和债权人的合法权益,维护社会经济秩序的所有法律规范的总称。

从公司法的定义可以看出,公司法有三大任务:第一,公司法的首要任务是规范公司的组织和行为;第二,公司法要保护公司、股东和债权人的合法权益;第三,公司法的第三大任务是维护社会经济秩序。

2. 公司法的原则

《公司法》条文众多,现行《公司法》一共有218条。在众多法律条文里又包含了各种各样的公司法律制度,而这些公司法律制度的设立离不开一些基本原则的指导。因此,熟悉公司法的几个基本原则,对学习公司法的具体法律制度有很好的指导作用。

(1)公司人格独立原则。公司人格独立,是指公司从出资设立它的股东那里独立出来,取得独立的法人资格。公司是公司,股东是股东,分别是两个独立的民事主体。公司人格独立原则,是公司法律制度的基石,其主要表现在以下三个方面:

①公司与股东是两个独立分开的人。知道这一点非常重要,因为这对学习具体公司法律制度和在司法实践中正确使用公司法都有很现实的指导作用。例如,在司法实

践中，甲公司是张三和王五出资设立的有限责任公司，张三是控股大股东。甲公司经营不善，出现亏损，并欠了李四20万货款。李四通过诉讼赢得了官司，但申请法院强制执行时发现，甲公司没有什么可供执行的财产，而张三有两套价值几千万的房产，但法院却不能执行张三的房产。很多当事人遇上这样的案例时，经常满腹牢骚，他们不解：明明甲公司就是张三的，可为什么不能执行张三的房产呢？其实，当事人没有真正懂得"张三和甲公司在法律上是两个独立分开的人"的道理。尽管甲公司是张三出资设立的，但甲公司和张三在法律上都是独立的人，甲公司的债务由甲公司自己还，张三没有义务为甲公司还债。当然，如果出现《公司法》第20条规定的情形，张三滥用公司法人独立地位，逃避债务，并严重损害甲公司债权人李四的利益时，法院是可以"揭开公司面纱"，否定甲公司的独立法人人格，要求张三为甲公司欠李四的债务承担连带赔偿责任。

②公司人格独立的法律后果是公司拥有独立的财产，能独立享有权利、独立履行义务和独立承担责任。公司具有独立于股东的财产，是公司人格独立的核心要义。个人独资企业和合伙企业之所以没有取得独立的法人资格，就是因为这两种企业没有独立于投资人的独立财产，进而不能独立享有权利、独立履行义务和独立承担责任。《公司法》设计了很多的制度来确保公司拥有独立的财产，如《公司法》第30条规定的"发现作为设立公司出资的非货币财产的实际价额显著低于公司章程所定价额的，应当由交付该出资的股东补足其差额；公司设立时的其他股东承担连带责任"制度，《公司法》第35条规定的"股东不得抽逃出资"制度，《公司法》第63条规定的"一人有限责任公司的股东不能证明公司财产独立于股东自己财产，应当对公司债务承担连带责任"的制度，等等。另外，对虚假出资、抽逃出资的行为追究刑事责任，也是从确保公司拥有的独立财产不被非法侵害的角度做出的法律制度安排。

③公司独立人格一旦确立，就应该得以维持，不得随意否认或者剥夺。正如上文所述，公司独立人格主要来源于公司拥有独立的财产。人们主要根据公司拥有独立财产的多少来判断公司的商业信誉的高低，换句话说，如果股东随意抽回其投入公司的出资财产，公司独立拥有的财产随时在减少，甚至没有独立财产而丧失独立人格，那么，与公司做生意的债权人就无法判断公司的商业信誉。例如，张三准备与甲公司做一个价值30万元左右的生意，签订合同时发现甲公司的注册资本是100万元。于是，张三认为甲公司完全有能力履行价值30万元的合同，并与甲公司签订了合同。但是，如果甲公司可以在签订合同后履行合同前将公司注册资本随意变为5万元，则甲公司很可能真的无法履行其与张三签订的合同，进而严重影响张三合法权益的实现。由此可见，公司取得独立人格后，其资本维持在一种确定与不变的状态是非常重要的，未经法定程序不得随意否认或剥夺。公司资本的确定与不变原则，集中体现在公司资本减少的法律制度设计上。例如，根据《公司法》第43条的规定，"股东会会议作出修改公司章程、增加或者减少注册资本的决议，以及公司合并、分立、解散或者变更公司形式的决议，必须经代表三分之二以上表决权的股东通过。"

（2）公司股东平等原则。公司股东平等原则，是指公司所有股东依据其所持股份的性质、内容和数量享有平等的待遇。股权平等是股东平等原则的最集中体现。可以从以下四个层面理解股东平等原则：

①股东平等原则首先体现了所有股东的法律人格的平等。不管是自然人还是法人,股东都是民事主体的一种,其投资设立公司的行为属于民事法律行为,其法律人格是平等的。

②所有股东对公司享有的股权性质和类型是平等的。这是股东平等原则的核心内容,如果不同股东在同一公司享有的股权性质和类型都不一样,那么就谈不上平等。

③所有股东对自己投入公司的财产享有平等的收益期待权。投资收益权直接关系到股东的投资积极性,因此所有股东在投资收益上获得平等对待非常重要。

④控股股东不能通过任何特殊途径获得股权收益以外的额外利益。控股股东通过不正当途径获得额外利益是不正义的,对其他小股东也是不公平的,因此平等原则的应有之意应当包括消除不正义和不公平行为。

值得注意的是,股东平等,不能一味地追求形式上的绝对平等,而应当是一种相对的平等。现代公司制度发展很快,就拿股权制度来说,有些公司根据自身发展的需要,将公司股权划分为不同性质:有的是普通股,有的是优先股;有的股权没有投票权,有的股权投票权受到不同限制;有的股权没有分红权,有的股权的分红权受到不同限制,等等。这些公司制度从表面上看,似乎是违背股东平等原则的,但其实这些制度不但不违反股东平等原则,而且恰恰是股东平等原则的另一种体现。

(3)公司股东有限责任原则。公司股东有限责任原则,是指股东仅以其认缴的出资额或认购的股份为限对公司承担责任。股东的"有限责任"是整个公司法律制度的核心,很难想象,没有"有限责任"这一公司法律制度的内核,公司会发展成什么样子。

有限责任制度的意义在于:

①有利于减少和限制投资风险,股东在决策一项投资时能非常准确地预测到投资的最大风险就是所有的投资都收不回来,只要不越过法律设定的底线,就不会出现股东拿其他财产来为公司还债的情形。

②这大大刺激了股东的投资积极性,许多大老板出资设立几十个甚至几百个公司的情况随处可见。

③促进了股权流动与自由转让,带动了证券市场的发展。有限责任使得人们有点闲钱就可以放心投资股票,需要用钱时再将手中的股票卖出。

④有利于公司扩大经营规模,并降低交易成本。在有限责任原则的指导下,公司很容易筹集到扩大生产需要的资金,降低了股东设立和运营企业的成本;同时,与无限责任相比,股东承担有限责任后,公司自然降低了股东之间相互监督的成本。

(4)权力制衡原则。权力制衡原则的灵感来自于政治学中的"三权分立原则",主要在公司治理领域发挥作用,是指公司股东会、董事会、监事会等公司法人机关之间相互分工、相互配合和相互制约的现代公司治理机制。

股东会是公司的权力机构,决定公司的经营方针与投资计划、财务预算与决算方案、利润分配方案和董事与监事人选等重大事项。但是,股东会对公司这些重大事项一般没有执行权,而董事会是股东会的执行机构,具体执行股东会的决议。董事会在执行股东会决议过程中,要受到监事会的监督。监事会是公司的监督机构,有权检查公司财务,有权对董事、高级管理人员执行公司职务的行为进行监督,有权列席董事会会议,并对董事会决议事项提出质询或者建议。

有了权力制衡机制后,公司治理日益完善和成熟。股东对公司越来越放心,对公司的投资意愿也越来越浓重。与此同时,公司也越来越容易吸引到各种高级管理与技术人才。于是,公司发展进入良性发展轨道,公司越来越多,越做越大,并最终使得社会财富的绝大部分被公司掌握着。

3. 公司的设立

(1)公司设立的概念。公司的设立,是指为取得公司法人主体资格,按照法定条件和程序在公司成立前所进行的各种组建公司的行为。

公司设立的目的,是为了获取法人主体资格。由于法人与自然人不一样,是法律拟制的人,因此公司法人资格的获取程序非常重要,公司设立程序有一个向社会公众以及交易相对人表明公司产生与存在的公示功能。正因为如此,《公司法》规定了公司的设立条件,与此同时,国务院制定了公司登记管理条例,专门规范公司的设立程序。

公司的设立行为,可能产生两种法律后果:一种是公司依法成立,另一种是由于不符合公司设立条件或者股东中途放弃设立公司,导致公司不成立。公司依法成立后,公司设立行为产生的法律后果(如公司设立过程中产生的费用及其他债权债务),由成立后的公司享有和承担。公司因故不能成立的,全体或者部分发起人应当对设立公司所产生的费用和债务承担连带清偿责任。部分发起人承担全部公司不能成立的责任后,可以要求其他发起人按照约定的比例分担责任;没有约定责任分担比例的,按照约定的出资比例分担责任;没有约定出资比例的,按照均等份额分担责任。

(2)公司的设立条件。根据《公司法》第23条的规定,设立有限责任公司,应当具备下列条件:

①股东符合法定人数。根据《公司法》规定,一个人可以出资设立一人公司,因此有限责任公司的股东人数为1人以上50人以下;股份公司的股东人数没有上限的限制,但发起人不得少于2人。

②有符合公司章程规定的全体股东认缴的出资额。2018年,作为政府大力推动商事制度改革的重要组成部分,我国对《公司法》进行了修改。这次公司法的修改,着重是对公司设立的注册资本条件做出了新的规定。修改后的现行《公司法》将有限责任公司的出资额修改规定为"有符合公司章程规定的全体股东认缴的出资额"。

值得注意的是,公司法对公司设立时没有注册资本的数量要求,并不意味着法律对股东的出资行为不闻不问,任由股东自己不作为或者乱作为。首先,股东出资行为要受到《合同法》的规制,股东可以通过签订出资协议书,约定股东的出资义务和违约责任。其次,《公司法》对股东的出资义务及其法律责任也做了具体的规定,例如,《公司法》第28条规定的股东足额缴纳出资额义务、第30条规定的股东非货币出资价值显著低于实际价值的补足责任、第35条规定的股东不得抽逃出资义务、第199条规定的股东虚假出资责任、第200条规定的股东抽逃出资的责任等,都是公司法关于股东出资义务及其责任的规定。另外,刑法还规定了股东的虚假出资罪、抽逃出资罪等,用以追究股东的违法出资行为的刑事责任。

③股东共同制定公司章程。公司章程是公司的设立及其发展的重要和基础的法律文件。如果把一个公司比喻为一个国家,那么,章程就是这个国家的"宪法"。公司设立的一个重要条件就是必须有股东共同制定的章程,没有公司章程这个重要的法律文件,公司登记管理部门不可能授予公司法人资格,即公司不可能成立。同时,公司章程也是一个公司最重要、最基础的内部法律文件,它对股东的权利义务、公司的法人机关、公司的治理结构等重要内容都做出了最为基本的规定。公司的发展壮大所依据的最基础的法律文件就是公司章程。

公司法规定有限责任公司章程必须由公司全体股东共同制定,而股份有限公司的章程须由发起人制定并经创立大会通过。同时,有限责任公司股东会在修改公司章程时,必须经代表三分之二以上表决权的股东表决通过。

④有公司名称和建立符合有限责任公司要求的组织机构。为了便于区分不同公司,公司必须有自己的名称。公司的名称一般由行政区划、字号、行业特点和组织形式四部分组成。例如,在"成都万科房地产有限公司"这个公司名称中,"成都"是公司的行政区划,"万科"是公司的字号,"房地产"是公司的行业特点,"有限公司"是公司的组织形式。

根据《公司法》的有关规定,公司必须有符合要求的组织机构。有限责任公司应当设立的组织机构有股东会、董事会、监事会。另外,有限责任公司根据自身需要可以设立经理,也可以只设执行董事而不设董事会,还可以只设一至二名监事而不设监事会。股份有限公司应当设立的组织机构有股东大会、董事会、经理和监事会。

公司通过依法设立的组织机构,进行有效的法人治理。

⑤有公司住所。公司必须有住所,这是由公司是"法律拟制的人"这种法人属性决定的。如果公司没有一个固定的住所,人们就无法知道公司实际是否存在。当然,公司的住所与自然人的一样,是公司发生各种法律关系的中心地域。同时,法人的住所还在决定债务履行地、诉讼管辖地和涉外法律适用之准据法等方面,有着非常重要的意义。

实践中,若有股东以房屋出资,该出资房屋可成为公司的住所;若没有股东以房屋出资,公司的住所只能通过租房的形式解决。因此,证明公司住所的租房合同,往往是公司设立过程中重要的法律文件。在城市商业中心的写字楼里租一套100平方米的房屋作为公司的住所,对刚刚创业的年轻人来说还是一个很高的门槛。同时,随着电子商务的快速发展,公司对住所的需求没有原来那么高,创业者刚刚创业时甚至可以在家里办公。有鉴于此,2013年开始的商事制度改革降低了对公司住所的要求,目前设立公司时不要求必须以租房合同证明公司住所,公司设立人可以以自己的住宅作为公司的住所,也可以在当地政府提供的创业中心租一个办公摊位(很多地方第1年是免费的)作为公司的住所。

(3)公司的设立程序。根据《公司法》和《公司登记管理条例》的规定,并结合公司设立的实践,设立公司应当有以下主要程序:

①签订出资协议书。出资协议书,主要是将设立公司的目的、公司的经营范围、各股东的出资比例与出资方式,以及公司设立人在公司设立过程中的权利义务等内容做一个框架性的约定,以便公司在设立过程中有章可循。出资协议应当着重将公司不能

如期成立的公司设立过程中产生的设立费用等债务问题做出详细约定,以避免产生纠纷而无章可循。

②办理公司名称预先核准登记。由于公司是法律拟制的人,是虚拟的存在,因此公司名称对于认识和区别虚拟的公司有着重要的意义。所以,股东应当按照公司名称的相关管理规定,向公司登记管理部门申请名称预先核准登记。若公司名称不符合要求,或者与其他公司名称重名,公司名称都不会被核准。预先核准的公司名称的保留期只有6个月,公司应当在名称核准后的6个月内成立,否则依法核准的公司名称将自动作废。预先核准的公司名称在公司成立前的保留期内,不得用于从事经营活动,不得转让。

③制定公司章程。公司章程是公司内部的"宪法",是公司最重要的法律文件,所有的股东应当多花点时间把公司章程制定好。股东在制定公司章程时,可以先到网上找一个公司章程的模板,然后尽量将自己关心的事情都写到公司章程中去。为了避免股东之间潜在的利益冲突,避免公司章程的必要记载事项与任意记载事项之间的矛盾与冲突,有条件的公司设立人应当聘请律师参与公司章程的制定与修改。

④召开第一次股东会议,通过公司章程,设立公司组织机构,并形成公司设立所必需的一系列法律文件。第一次股东会会议由出资最多的股东召集和主持,所有股东都应当参加,不能参加的可以委托他人参加。第一次股东会会议应当做出与公司设立有关的两项决议:一是通过公司章程;二是选举公司的董事和监事,并形成书面的股东会决议。

随后,选举的董事召开第一次董事会会议,选举董事长作为公司法定代表人,决定聘用公司经理;选举的监事召开第一次监事会会议,选举监事会主席,并形成相应的书面的董事会决议和监事会决议。

⑤办理公司设立登记。公司设立所需的一切法律文件完成后,以及公司设立所需的相关证明材料收集完成后,应当由全体股东指定的代表或者共同委托的代理人向公司登记管理部门申请设立登记。申请设立公司,应当向公司登记管理部门提交下列法律文件或证明资料:公司法定代表人签署的设立登记申请书;全体股东指定代表或者共同委托代理人的证明;全体股东签名的公司章程;股东的主体资格证明;公司董事、监事、经理的身份、选举或者聘用证明;公司法定代表人任职文件及身份证明;公司住所证明;企业名称预先核准通知书;公司登记管理部门要求提交的其他法律文件(如相关审批文件等)。

在2013年启动的商事制度改革之前,公司在公司登记管理部门办理设立登记后,还需要到税务管理部门办理税务登记证,到技术监督管理部门办理组织机构代码证,到社会保险管理部门办理社会保险登记证,到统计局办理统计证等。商事制度改革后,前述的税务登记证、组织机构代码证、社会保险登记证和统计证都已经取消。目前,人们只需要到公司登记管理部门办理设立公司设立登记,由公司登记管理部门核发一个具有统一社会信用代码的企业法人营业执照,无须办理税务登记证、组织机构代码证、社会保险登记证和统计证。

五、电子商务法律主体的特殊问题

1. 电子商务法律主体的概念

电子商务,简单地讲就是运用电子技术从事各种商务活动。人类进入21世纪以来,电子商务出现井喷式的发展,各种民事主体都或多或少地卷入到不同的电子商务之中。从目前的法律规定来看,电子商务的出现与发展,并没有产生新的民事主体,仍然是自然人、法人和非法人组织在从事各种电子商务活动。但是,与传统的民事活动相比,电子商务活动是一种全新的民事活动,有很多特殊性。

2. 网站、网店不具有民事主体资格

现实生活中,我们经常听到这样的话:"到淘宝网买书包""到新浪网看新闻""到优酷网看电影""我在京东商城开了一个网店"等等。似乎各种网站和网店,与虚拟的法人一样,是一种看不见的民事主体。其实,人们的这种感觉是错误的。根据现行法律的规定,无论是淘宝网、新浪网这样的大型网站,还是自然人开设的网店,都不具有民事主体资格,更不具有独立的法人资格。网站和网店都是其设立人进行各种民事活动的方式和平台,设立人通过其设立的网站和网店从事各种民事活动,进而享有民事权利、履行民事义务和承担民事责任。

3. 自然人通过第三方交易平台进行电子商务交易

《中华人民共和国民法总则》(简称《民法总则》)规定了自然人制度,但对于自然人能否直接从事工商业经营活动未做出明确的规定。换句话说,法律对自然人能否直接经商,既未做肯定性规定,也未做否定性规定。

根据"法无禁止即可为"的民法原理,自然人应当是可以直接从事经商活动的。但是,在实践中,自20世纪80年代开始,自然人应当取得个体工商户营业执照,才能从事工商业经营活动,否则就是非法经营。当时刑法中的"投机倒把罪"[现行《中华人民共和国刑法》(简称《刑法》)已经取消这个罪名,但是规定了"非法经营罪"]可能主要就是用来管控自然人从事非法经营活动的。目前,国家对自然人直接从事工商业经营活动的管控,比20世纪80年代要宽松得多。现在自然人直接从事工商业经营活动,如果没有其他违法行为,一般不会直接认定为非法经营。但是,到现在为止,也没有法律或者行政法规明确规定自然人直接从事工商业经营活动是合法有效的。

电子商务之所以发展这么快,一个重要原因就是大量自然人广泛而深度参与其中。因此,自然人直接从事工商业经营活动的合法性问题,在电子商务环境下,是一个无法回避的问题。2014年1月26日,国家工商行政管理总局发布的《网络交易管理办法》规定,自然人可以从事商品交易,但必须通过第三方交易平台开展经营活动,并向第三方交易平台提交姓名、地址、有效身份证明、有效联系方式等真实身份信息;第三方交易平台的经营者应当对尚不具备工商登记注册条件、申请进入平台销售商品或者提供服务的自然人的真实信息进行审查和登记,建立登记档案并定期核实更新。

由此可见,自然人通过互联网作为商品买受人或者服务接受者享受权利、履行义务,没有任何问题;与此同时,未到工商局办理营业登记的自然人,仍然可以通过互联网作为商品或者服务的经营者从事商业性经营活动。但是,自然人作为商品销售者或者服务提供者,必须通过第三方交易平台,才能开展相关经营活动,否则是违法经营行为。

4. 电子商务交易主体众多、法律关系复杂

传统的交易主体都很单纯,法律关系简单。例如,张三到大门口王五的地摊上买一个西瓜,这个交易只有一个买卖合同法律关系,法律主体只有两个,张三是买家,王五是卖家。

同样是张三通过网络在王五开设的网店买一个西瓜,但这个电子商务交易的法律关系却相当复杂,参与其中的民事主体众多。要完成这笔电子商务交易,除了买卖合同主体的张三和王五外,至少还有某电信运营商为该电子商务提供通讯增值业务服务,某第三方交易平台运营商提供交易平台服务,某银行提供货币支付结算服务,某物流运输企业提供物流运输服务,甚至还有第三方支付机构、安全认证机构等其他网络服务商参与其中。

第二节　企业内部管理涉及的主要法律问题

企业的内部运行与管理,根据企业所在的行业及其经营范围不同,可能涉及许许多多经济或者行政管理方面的法律、法规,如药品生产企业涉及药品生产管理法、产品质量法和环境保护法等;又如餐馆经营企业涉及食品卫生法、安全生产法等。因此,这里不可能对创新创业过程中可能涉及的所有经济法或者行业管理法规进行逐一介绍。在这里,本章打算对创新创业过程中无论从事哪个行业都必须用上的公司法和劳动法的基本法律制度做一简单介绍。

一、股东出资制度

股东出资是指股东在公司设立或者增资时,根据协议的约定以及法律和章程的规定向公司交付财产或履行其他给付义务,并以此取得股权的行为。出资是股东最基本、最重要的义务。下面就从股东出资形式、出资的价值评估和股东出资责任等几个方面进行介绍。

1. 股东出资的形式

根据《公司法》第27条的规定,"股东可以用货币出资,也可以用实物、知识产权、土地使用权等可以用货币估价并可以依法转让的非货币财产作价出资。"货币出资是法律关系最为简单、当事人之间最少发生争议的出资形式,只要股东按照约定的时间和金额将货币交付公司即可。用于出资的实物应当具有财产价值,包括但不限于房屋、车辆、

设备、原材料、成品或半成品。知识产权出资,主要是指专利权和商标权,此外还包括非专利技术和商业秘密等无形财产权。

2. 出资的价值评估

对作为出资的非货币财产应当评估作价,核实财产,不得高估或者低估作价。土地使用权的评估作价,依照法律、行政法规的规定办理,国有资产评估,必须报同级国有资产管理部门确认资产评估结果。出资人以非货币财产出资,未依法评估作价或者评估确认的价额显著低于公司章程所定价额的,公司、其他股东或者公司债权人可以请求法院认定出资人未履行出资义务或者未依法全面履行出资义务。

3. 股东出资责任

根据《公司法》的有关规定,股东的出资责任主要表现在以下几个方面:

(1)追缴出资。公司对违反出资义务但仍有履行可能的股东要求其继续履行出资义务;经公司追缴,股东仍不履行出资义务的,公司有权请求强制履行。

(2)催告失权。股东未履行出资义务或者抽逃出资,经公司催告缴纳或者返还,其在合理期间内仍未缴纳或者返还出资,公司可以股东会决议解除该股东的股东资格,或者对其利润分配请求权、新股优先认购权、剩余财产分配请求权等股东权利做出相应的合理限制。

(3)损害赔偿。股东违反出资义务给公司和其他股东造成损失的应当承担损害赔偿责任。

此外,在公司成立后,发现作为设立公司出资的非货币财产的实际价额显著低于公司章程所定价额的,应当由交付该出资的股东补足其差额;公司设立时的其他股东承担连带责任。

二、公司的组织机构

公司组织机构又称公司机关,是代表公司活动、行使相应职权的自然人或者自然人组成的集合体。有限责任公司的组织机构包括股东会、董事会、监事会及高级管理人员。

1. 股东会

有限责任公司股东会由全体股东组成。股东会是公司的权力机构,依法行使下列职权:①决定公司的经营方针和投资计划;②选举和更换非由职工代表担任的董事、监事,决定有关董事、监事的报酬事项;③审议批准董事会的报告;④审议批准监事会或者监事的报告;⑤审议批准公司的年度财务预算方案、决算方案;⑥审议批准公司的利润分配方案和弥补亏损方案;⑦对公司增加或者减少注册资本作出决议;⑧对发行公司债券作出决议;⑨对公司合并、分立、解散、清算或者变更公司形式作出决议;⑩修改公司章程;⑪公司章程规定的其他职权。对上述所列事项,股东以书面形式一致表示同意的,可以不召开股东会会议,直接做出决定,并由全体股东在决定文件上签名、盖章。具体的一些事项同学们可以查阅相关法律文件。

2. 董事会和高级管理人员

公司设董事会（依法不设董事会的除外），是公司的执行机构，其成员为3至13人。董事会设董事长1人，可以设副董事长。董事长、副董事长的产生办法由公司章程规定。

董事会对股东会负责，行使下列职权：①召集股东会会议，并向股东会报告工作；②执行股东会的决议；③决定公司的经营计划和投资方案；④制订公司的年度财务预算方案、决算方案；⑤制订公司的利润分配方案和弥补亏损方案；⑥制订公司增加或者减少注册资本以及发行公司债券的方案；⑦制订公司合并、分立、解散或者变更公司形式的方案；⑧决定公司内部管理机构的设置；⑨决定聘任或者解聘公司经理及其报酬事项，并根据经理的提名决定聘任或者解聘公司副经理、财务负责人及其报酬事项；⑩制定公司的基本管理制度；⑪公司章程规定的其他职权。

公司可以设经理，由董事会决定聘任或者解聘。经理对董事会负责，行使下列职权：①主持公司的生产经营管理工作，组织实施董事会决议；②组织实施公司年度经营计划和投资方案；③拟订公司内部管理机构设置方案；④拟订公司的基本管理制度；⑤制定公司的具体规章；⑥提请聘任或者解聘公司副经理、财务负责人；⑦决定聘任或者解聘除应由董事会决定聘任或者解聘以外的负责管理人员；⑧董事会授予的其他职权。公司章程对经理职权另有规定的，从其规定。

股东人数较少或者规模较小的有限责任公司，可以设一名执行董事，不设董事会。执行董事可以兼任公司经理。执行董事的职权由公司章程规定，具体事项同学们可以查看相关法律文件。

3. 监事会

公司设监事会，其成员不得少于3人。股东人数较少或者规模较小的有限责任公司，可以设1至2名监事，不设监事会。监事会应当包括股东代表和适当比例的公司职工代表，其中职工代表的比例不得低于三分之一，具体比例由公司章程规定。监事会中的职工代表由公司职工通过职工代表大会、职工大会或者其他形式民主选举产生。监事会设主席1人，由全体监事过半数选举产生。监事会主席召集和主持监事会会议；监事会主席不能履行职务或者不履行职务的，由半数以上监事共同推举一名监事召集和主持监事会会议。董事、高级管理人员不得兼任监事。

监事会、不设监事会的公司的监事行使下列职权：①检查公司财务；②对董事、高级管理人员执行公司职务的行为进行监督，对违反法律、行政法规、公司章程或者股东会决议的董事、高级管理人员提出罢免的建议；③当董事、高级管理人员的行为损害公司的利益时，要求董事、高级管理人员予以纠正；④提议召开临时股东会会议，在董事会不履行本法规定的召集和主持股东会会议职责时召集和主持股东会会议；⑤向股东会会议提出提案；⑥依照《公司法》第151条的规定，对董事、高级管理人员提起诉讼；⑦公司章程规定的其他职权。监事可以列席董事会会议，并对董事会决议事项提出质询或者建议。监事会、不设监事会的公司的监事发现公司经营情况异常，可以进行调查；必要时，可以聘请会计师事务所等协助其工作，费用由公司承担。

三、股权转让制度

股权转让是指公司股东依法将自己的股权让渡给他人,使他人成为公司股东的民事法律行为。股权转让制度的核心是股东转让股权的自由,这是民法的"意思自治"原则在公司法律制度中的具体运用。股权自由转让制度,是现代公司法律制度最为成功的法律制度之一。

有限责任公司的股权转让,要区分股东内部转让和对股东之外的第三人转让。两种转让的法律制度安排完全不同。

1. 股东内部的股权转让

根据《公司法》第71条第一款的规定,"有限责任公司的股东之间可以相互转让其全部或者部分股权。"对于股东内部股权转让,法律没有作任何限制性的条件设计,任由股东自由决定,充分体现"意思自治"原则。

2. 对股东之外的第三人转让股权

股东对股东之外的第三人转让股权,有可能保持股东人数的不变,也可能出现股东人数的增加,还可能出现股东人数的减少。但是,无论如何都会有新的股东加入。新的股东加入可能破坏原来股东之间的"人合性",为此,《公司法》第71条第二款就股东向股东以外第三人转让股权做出了如下的制度安排:

(1)股东对股东之外的第三人转让股权,应当取得其他股东过半数同意。如果没有其他股东过半数的同意,股东不得对外转让股权,以保护股东之间的"人合性"。

(2)如果大部分股东不同意股东对外转让股权,那么其他半数以上不同意转让的股东应当购买该转让的股权,以确保股权能自由转让。

(3)如果其他半数以上股东既不同意对外转让又不愿意购买该转让股权,公司法规定视为同意对外转让。

(4)经股东同意转让的股权,其他股东在同等条件下有优先购买权。两个以上股东都主张行使优先购买权的,应当协商确定各自的购买比例;如果协商不成,则按照转让时各自的实际出资比例行使优先购买权。

(5)公司章程可以对股权转让做出不同于《公司法》的上述规定。

3. 公司股权转让的特殊制度

(1)因法院强制执行而导致的股权转让。《公司法》第72条规定,法院依照法律规定的强制执行程序转让股东的股权时,应当通知公司及全体股东,其他股东在同等条件下有优先购买权。其他股东自法院通知之日起满20日不行使优先购买权的,视为放弃优先购买权。

(2)公司回购股权。根据《公司法》第74条的规定,当公司被大股东控制,且公司5年连续盈利而公司连续5年不分红,或者公司通过合并、分立、转让主要财产等情形出现时,对股东会的该项决议投反对票的股东可以请求公司按照合理的价格收购其股权。股东会会议决议通过之日起60日内,股东与公司不能达成股权收购协议的,股东可以自股东会会议决议通过之日起90日内向法院起诉,要求公司回购其股权。

(3)自然人股东死亡的股权转让。根据《公司法》第75条的规定,"自然人股东死亡后,其合法继承人可以继承股东资格,但是,公司章程另有规定的除外。"

4. 公司的股权转让程序

(1)签订股权转让协议。司法实践中,因股权转让产生的纠纷,是最为常见的公司纠纷。股权转让应当签订比较详细的协议,将股权转让双方的权利义务和股权转让程序约定清楚,以避免股权纠纷。有了比较详细的股权转让协议,至少保证了今后产生股权纠纷后有解决纠纷的依据。

(2)股权转让双方履行其股权转让协议。这主要体现在:受让方按照股权转让协议的约定支付股权转让款;转让方接受股权转让款,并积极配合股权转让所引起的变更登记。

(3)股权转让所导致的公司配合责任。股东依法转让股权,公司应当予以积极配合。这主要体现在:股东转让股权后,公司应当注销原股东的出资证明书,同时向新股东签发出资证明书,并相应修改公司章程和股东名册中有关股东及其出资额的记载。

(4)办理股东及公司章程的变更登记。尽管公司法没有规定股权转让后必须到公司登记管理部门办理相应的变更登记,但鉴于《公司法》第32条第三款规定"未经登记或者变更登记的,不得对抗第三人",因此为了避免纠纷,股权转让后还是到公司登记管理部门办理股东及公司章程的变更登记为妥。

四、劳动合同法律制度

创新创业过程中不可避免要聘用员工,聘用员工后,创新创业企业(用人单位)与员工(劳动者)之间就构成劳动关系,劳动法就是调整用人单位与劳动者之间劳动关系的法律。广义的劳动法是一个庞大的体系,用人单位与劳动者之间方方面面的关系都由详细的劳动法调整,并且劳动法在调整劳动关系时贯彻的是对劳动者进行特别保护原则,因此大学生在创新创业时需要认真学习劳动法,特别是要认真学习劳动合同法,否则当与员工发生劳动纠纷时将会非常被动。下面对创新创业过程中涉及的劳动合同法律做简单介绍,其他劳动法律制度限于篇幅的原因将不做介绍。

1. 劳动合同的概念

根据《中华人民共和国劳动法》(简称《劳动法》)第16条规定,劳动合同是劳动者与用人单位确立劳动关系、明确双方权利和义务的协议。劳动合同对劳动者来说主要起证据作用,用以证明劳动关系的确立,并进而证明劳动权利和义务。

2. 劳动合同的形式与种类

《中华人民共和国劳动合同法》(简称《劳动合同法》)第10条规定:"建立劳动关系,应当订立书面劳动合同。"自用工之日起1个月内,用人单位应当与劳动者订立书面劳动合同,否则应当向劳动者每月支付2倍的工资。用人单位自用工之日起满1年不与劳动者订立书面劳动合同的,视为用人单位与劳动者已订立无固定期限劳动合同。

根据《劳动法》第20条的规定,劳动合同可划分为以下三种类型:固定期限劳动合同、无固定期限劳动合同和以完成一定的工作为期限的劳动合同。

(1)固定期限劳动合同。固定期限劳动合同,是指用人单位与劳动者约定合同终止时间的劳动合同。这是劳动合同最基本的形式。劳动合同约定的劳动合同期限到期后,劳动合同终止。但是,劳动合同的终止并不必然导致劳动关系的终止,一定要将劳动关系与劳动合同区别开来分析。用人单位可以与劳动者连续订立两次固定期限的劳动合同,但是如果用人单位在连续两次订立固定期限的劳动合同后,还希望与劳动者继续签订劳动合同,则不能连续第三次订立固定期限劳动合同,只能订立无固定期限劳动合同。

(2)无固定期限劳动合同。无固定期限劳动合同,是指用人单位与劳动者约定无确定终止时间的劳动合同。根据《劳动合同法》的规定,当劳动者在用人单位连续工作满10年或者已连续订立2次固定期限劳动合同时,除非劳动者提出继续订立固定期限劳动合同,否则用人单位应当与劳动者订立无固定期限劳动合同。用人单位自用工之日起满1年不与劳动者订立书面劳动合同的,视为用人单位与劳动者已订立无固定期限劳动合同。用人单位违反规定不与劳动者订立无固定期限劳动合同的,自应当订立无固定期限劳动合同之日起向劳动者每月支付2倍的工资。

(3)以完成一定工作任务为期限的劳动合同。以完成一定工作任务为期限的劳动合同,是指用人单位与劳动者约定以某项工作的完成为合同期限的劳动合同。主要是在工程建筑行业,收割庄稼等季节性强的行业采用此类劳动合同。

3. 试用期、服务期与竞业限制

(1)试用期。《劳动合同法》对劳动合同中的试用期作了非常详细的规定,其主要内容有:劳动合同期限不满3个月的,不得约定试用期;劳动合同期限3个月以上不满1年的,试用期不得超过1个月;劳动合同期限1年以上不满3年的,试用期不得超过2个月;3年以上固定期限和无固定期限的劳动合同,试用期不得超过6个月。此外,以完成一定工作任务为期限的劳动合同,不得约定试用期。

同一用人单位与同一劳动者只能约定一次试用期。例如,小王与甲公司签订的第一份劳动合同约定了试用期,小王第二次再与甲公司签订劳动合同时,无论是第一份劳动合同到期后的续订,还是中间间断几年的重新签订,无论工作岗位或者工作地点怎么变化,第二次签订的劳动合同中都不能约定试用期。

试用期包含在劳动合同期限内。劳动合同仅约定试用期的,试用期不成立,该期限为劳动合同期限。劳动者在试用期的工资不得低于用人单位相同岗位最低档工资或者劳动合同约定工资的80%,并不得低于用人单位所在地的最低工资标准。

在试用期内,除非劳动者被证明不符合录用条件,或者用人单位具备单方面解除劳动合同的法定条件,否则用人单位不得解除劳动合同。用人单位在试用期解除劳动合同的,应当向劳动者说明理由。

(2)服务期。服务期,是指用人单位与劳动者协商约定的因对劳动者进行专业技术培训而由用人单位提供专项培训费用后的特殊劳动服务期限。服务期是劳动合同法上一个非常特别的法律制度,即服务期既是一个劳动法上的法律制度,又是一个合同法上的法律制度。《劳动合同法》对服务期作了如下的法律制度设计:

①劳动者违反服务期约定的,应当按照约定向用人单位支付违约金。这是根据合同法的平等、自愿、等价有偿原则做出的规定,体现的是合同法律制度。

②劳动者违反服务期约定,应当向用人单位支付的违约金数额不得超过用人单位提供的培训费用,且用人单位要求劳动者支付的违约金不得超过服务期尚未履行部分所应分摊的培训费用。此外,用人单位与劳动者约定服务期的,不影响按照正常的工资调整机制提高劳动者在服务期期间的劳动报酬。这些规定是典型的劳动法律制度的内容,是劳动法强行介入劳动者与用人单位,通过平等协商订立的服务期协议,对劳动者进行的特别保护。

(3)竞业限制。与服务期一样,竞业限制也是一项具有合同法属性的特殊劳动法律制度。处理竞业限制争议时既要适用劳动法律,也不能忽视合同法律。

竞业限制的前提是劳动者对用人单位负有保密义务,劳动者没有保密义务,就不存在竞业限制的问题。因此,用人单位如果想对劳动者进行必要的竞业限制,就必须与劳动者通过劳动合同中的保密条款或者专门的保密协议约定劳动者保守的商业秘密和与知识产权相关的保密事项。

对负有保密义务的劳动者,用人单位可以在劳动合同或者保密协议中与劳动者约定竞业限制条款,并约定在解除或者终止劳动合同后不超过2年的竞业限制期限。在不超过2年的竞业限制期限内,如果劳动者到与用人单位生产或者经营同类产品、从事同类业务的有竞争关系的其他单位,或者自己开业生产或者经营同类产品、从事同类业务,则是一种违反竞业限制的违约行为。作为竞业限制的对价,用人单位应当按月给予劳动者经济补偿。劳动者违反竞业限制约定的,应当按照约定向用人单位支付违约金。

此外,劳动合同法规定,竞业限制的人员限于用人单位的高级管理人员、高级技术人员和其他负有保密义务的人员。由此可见,为了保护一般的普通劳动者,劳动法不允许用人单位随意与没有保密义务的人员签订竞业限制协议。

4. 劳动合同的解除和终止

(1)协商解除劳动合同。用人单位与劳动者协商一致,可以解除劳动合同。这是一个合同法律制度,不是真正意义上的劳动法律制度,因此这里不做展开论述。值得注意的是,在劳动者与用人单位协商解除劳动合同的过程中,哪一方先提议解除劳动合同,其法律后果是不一样的:如果是用人单位先提出解除劳动合同,劳动者同意的,用人单位需要依法向劳动者支付经济补偿金;如果是劳动者先提出解除劳动合同的动议,用人单位同意的,视为劳动者辞职,用人单位无需向劳动者支付经济补偿金。

(2)劳动者单方面解除劳动合同。劳动者单方面解除劳动合同,又区分为劳动者提前通知解除和不通知即时解除。

根据《劳动合同法》第37条的规定,劳动者提前30日以书面形式通知用人单位,可以解除劳动合同。劳动者在试用期内提前3日通知用人单位,可以解除劳动合同。

当用人单位违反法律和行政法规的规定,或者违反劳动合同的约定,侵害或者危害到劳动者切身利益时,劳动者可以不事先通知用人单位,立即解除劳动合同。根据《劳动合同法》第38条的规定,"用人单位以暴力、威胁或者非法限制人身自由的手段强迫劳动者劳动的,或者用人单位违章指挥、强令冒险作业危及劳动者人身安全的,劳动者可以立即解除劳动合同,不需事先告知用人单位。"

(3)用人单位单方面解除劳动合同。赋予用人单位单方面解除劳动合同的权利,是用人单位组织与管理劳动生产活动的需要。但是,鉴于用人单位在劳动生产过程中的强势地位,因此劳动法对用人单位单方面解除劳动合同做了非常严格的条件规定。只有具备劳动法律规定的条件,用人单位才可以单方面解除劳动合同,否则其解除劳动合同的行为无效。用人单位单方面解除劳动合同与劳动合同的种类没有关系,无论是固定期限劳动合同的,还是无固定期限劳动合同,只要具备劳动法律规定的解除条件,用人单位都可以依法单方面解除劳动合同。用人单位单方解除劳动合同可分为过失性辞退、无过失性辞退和经济性裁员三种情形。

①过失性辞退。根据《劳动合同法》第39条的规定,只有劳动者违反法律,具有过失,并存在法律规定的6种情形之一时,用人单位才可以单方面解除劳动合同。

这6种法定情形分别是:劳动者在试用期期间被证明不符合录用条件;劳动者严重违反用人单位的规章制度;劳动者严重失职,营私舞弊,给用人单位造成重大损害;劳动者兼职影响本职工作;因劳动者的原因致使劳动合同无效;劳动者被依法追究刑事责任。

用人单位在适用《劳动合同法》第39条,单方面解除其与劳动者签订的劳动合同时,一定要注意该条款规定的6种情况的适用条件,不得随意做出扩张性的解释,否则可能导致单方面解除劳动合同行为的无效。另外,对于劳动合同规定的上述6种情形,还有两点值得注意:第一,用人单位因劳动者过失而单方面解除劳动合同的法定情形只能依据《劳动合同法》第39条的规定,劳动行政法规、规章和地方性法规都无权做出类似规定;第二,用人单位单方面因劳动者过失而解除劳动合同的法定情形,只能限定在6种情形,劳动合同法并未授权法律、行政法规规定用人单位可以因劳动者的过失而解除劳动合同的其他情形。这是《劳动合同法》第39条与第38条不同的地方,即劳动者单方面解除劳动合同的情形可能有无限可能,而用人单位单方面解除劳动合同只能严格限定在上述6种情形内。

②无过失性辞退。用人单位与劳动者签订劳动合同的目的,是为了获得劳动者的劳动力。因此,在劳动者与用人单位依法建立劳动关系后,如果出现用人单位无法获取劳动者的劳动力的情形,即使劳动者没有过失,在符合劳动法律规定的条件的情况下,用人单位还是可以单方面解除劳动合同,辞退劳动者。根据《劳动合同法》第40条的规定,劳动者有下列情形之一的,用人单位可以单方面解除劳动合同:

第一,如果劳动者患病或者非因工负伤,在规定的医疗期满后不能从事原工作,也不能从事由用人单位另行安排的工作时,用人单位可以单方面解除劳动合同。

第二,劳动者不能胜任工作,经过培训或者调整工作岗位,仍不能胜任工作时,用人单位可以单方面解除劳动合同。

第三,劳动合同订立时所依据的客观情况发生重大变化,致使劳动合同无法履行,经用人单位与劳动者协商,未能就变更劳动合同内容达成协议时,用人单位可以单方面解除劳动合同。

另外,用人单位依法辞退劳动者时,用人单位应当提前30日以书面形式通知劳动者本人或者额外支付劳动者1个月的工资。

③经济性裁员。所谓经济性裁员,是指用人单位因生产经营等遇上困难需要裁减20人以上或者裁减不足20人但占企业职工总数10%以上的裁减人员行为。

根据《劳动合同法》第41条的规定,只有出现下列情形之一的情况,用人单位才可以实施裁减人员行为:依照企业破产法规定进行重整的;生产经营发生严重困难的;企业转产、重大技术革新或者经营方式调整,经变更劳动合同后,仍需裁减人员的;其他因劳动合同订立时所依据的客观经济情况发生重大变化,致使劳动合同无法履行的。

用人单位在实施经济性裁员行为时,在程序上应当注意:第一,应当提前30日向工会或者全体职工说明情况;第二,应当听取工会或者职工对裁员及其他的意见;第三,用人单位应当将裁减人员方案报告给当地劳动行政部门。

用人单位在实施经济性裁减人员时,应当优先留用下列人员:第一,与本单位订立较长期限的固定期限劳动合同的劳动者;第二,与本单位订立无固定期限劳动合同的劳动者;第三,家庭无其他就业人员,有需要扶养的老人或者未成年人的困难劳动者。

用人单位实施经济性裁减人员后,如果在6个月内重新招用人员的,应当通知被裁减的人员,并在同等条件下优先招用被裁减的人员。

(4)劳动合同的终止。劳动合同的终止,主要是指劳动合同期届满。此外,劳动者达到退休年龄,并开始依法享受基本养老保险待遇时,劳动合同也自然终止。如果劳动者或者用人单位一方失去民事主体资格,如劳动者死亡或者用人单位被依法宣告破产,劳动合同也会发生终止合同期限的法律效果。

根据《劳动合同法》第45条的规定,劳动合同期限届满时,劳动者有下列情形之一的,劳动合同期限应当顺延至相关情形的消失:①从事接触职业病危害作业的劳动者未进行离岗前职业健康检查,或者疑似职业病病人在诊断或者医学观察期间的;②患病或者非因工负伤,在规定的医疗期内的;③女职工在孕期、产期、哺乳期的;④在用人单位连续工作满15年,且距法定退休年龄不足5年的。

此外,根据工会法等法律法规的相关规定,正在担任平等协商代表的劳动者,其劳动合同期限届满的,劳动合同期限延长至任期届满;正在担任专职或者兼职工会主席、副主席、委员的劳动者,其劳动合同期限届满的,劳动合同期限延长至任期届满。

(5)劳动合同解除或终止后各方的义务。

①国家对劳动者的义务。劳动合同解除后,由于劳动者和用人单位依法为劳动者缴纳的各种社会保险并不会因为劳动合同的解除而进行结算。因此,劳动者到新的用人单位后,其在原用人单位建立的各种社会保险关系如何接续到新的用人单位,需要国家有关部门和地方政府的协助。正因为如此,国家有义务采取措施,建立健全劳动者社会保险关系跨地区转移接续制度。

②劳动者的工作交接义务。劳动合同解除或者终止后,劳动者应当做好相应的工作交接。这既是劳动者职业道德的要求,更是劳动者应当依法承担的"后合同义务"。如果劳动合同解除或者终止后,劳动者不做好工作交接,给用人单位造成损失的,劳动者应当按照《劳动合同法》第90条的规定承担赔偿责任。

③用人单位的义务。根据《劳动合同法》的相关规定,劳动合同解除或者终止后,用人单位还要履行以下主要法律义务:第一,为劳动者及时出具解除或者终止劳动合同的证明;第二,在劳动合同解除或者终止后15日内为劳动者办理档案和社会保险关系转移手续;第三,积极配合劳动者办理工作交接;第四,在办结工作交接时向劳动者支付应当支付的各项经济补偿金;第五,对已经解除或者终止的劳动合同的文本,至少保存2年备查。

5. 经济补偿金

(1)经济补偿金的概念。劳动法上的经济补偿金,是指劳动合同解除或者终止后,用人单位依法一次性支付给劳动者的经济上的补偿。经济补偿金是法定的、单向的,只有用人单位向劳动者支付经济补偿金的情形,而没有劳动者向用人单位支付经济补偿金的情形。从性质上讲,经济补偿金通常具有劳动贡献补偿和社会保障双重功能,它的产生是基于国家法律的规定,体现了劳动法对劳动者的特别保护原则。

(2)经济补偿金的支付范围。根据《劳动合同法》第46条的规定,用人单位向劳动者支付经济补偿金的法定情形如下:

第一,用人单位依据《劳动合同法》第36条的规定,向劳动者提出解除劳动合同的动议,劳动者同意解除劳动合同的,用人单位应当向劳动者支付经济补偿金。

第二,在劳动生产过程中,用人单位具有《劳动合同法》第38条规定的违法或者违约行为,劳动者单方面解除劳动合同时,用人单位应当向劳动者支付经济补偿金。

第三,因劳动者非因工丧失劳动能力或者不胜任工作,经培训或者另行安排工作仍不能胜任工作,用人单位依据《劳动合同法》第40条的规定单方面解除劳动合同时,应当向劳动者支付经济补偿金。

第四,用人单位依据《劳动合同法》第41条的规定进行经济性裁员时,应当向劳动者支付经济补偿金。

第五,劳动合同的终止,无论是劳动合同期限到期而终止固定期限劳动合同,还是用人单位被依法宣告破产、关闭、撤销或者解散而终止劳动合同,用人单位都应当向劳动者支付经济补偿金。但是,用人单位维持或者提高劳动合同约定条件续订劳动合同,劳动者不同意续订的,用人单位无须因劳动合同终止而向劳动者支付经济补偿金。

(3)经济补偿金的支付标准。根据《劳动合同法》第47条的规定,经济补偿金按劳动者在本单位工作的年限,每满1年支付1个月工资的标准向劳动者支付。6个月以上不满1年的,按1年计算;不满6个月的,向劳动者支付半个月工资的经济补偿金。

对于普通劳动者来说,没有年限和赔偿数额的限制,工作满多少年就能获得多少个月本人工资的经济补偿。例如,老王在某用人单位工作满了20年,现在的工资是每月3000元;用人单位因破产而终止与老王的劳动合同,老王因此可依法获得3000元×20年=6万元的经济补偿金。但是,对于月工资高于用人单位所在地区上年度职工月平均工资3倍的高收入者,《劳动合同法》对其获得的经济补偿金实行"双上限",即不以高收入者实际月工资而以用人单位所在地区上年度职工月平均工资3倍为标准向其支付经济补偿金,但补偿的年限最高不超过12年。这里还存在一个劳动者月工资的计算标准问题。劳动者的月工资,是指劳动者在劳动合同解除或者终止前12个月的平均工资。

根据《劳动合同法》第50条的规定，用人单位在与劳动者办结工作交接时支付经济补偿金。如果劳动者不履行办理工作交接的义务，用人单位可以暂不支付经济补偿金。

五、劳动争议的解决

劳动争议属于民事争议，劳动争议的解决方式主要有协商和解、调解、仲裁和诉讼等途径。

1. 劳动争议的协商和解

劳动争议的协商和解，是指劳动者与用人单位发生劳动争议时，劳动者可以与用人单位协商，达成和解协议的争议解决方式。由于协商和解是解决民事纠纷最直接、最简便和最有效的方式，因此法律鼓励劳动者尽可能采用协商和解的方式解决劳动争议，甚至在工会等第三方主持劳动者争议调解、劳动争议仲裁和劳动争议诉讼过程中，法律也要求相关第三方尽量运用协商和解的方式解决劳动者与用人单位之间的劳动争议。

2. 调解

劳动争议的调解，是指劳动争议当事人在工会等第三方的参与和主持下，通过协商和解解决劳动争议的纠纷解决方式。由于调解的本质仍然是当事人协商和解解决彼此的争议，只不过有第三方参与争议解决过程而已。因此，在劳动争议调解过程中，工会等第三方应当在坚持对劳动者特别保护原则的前提下，尽可能为劳动争议当事人创造协商和解解决纠纷的条件和氛围，力争以调解的方式有效化解劳动者与用人单位之间的劳动争议。

根据《中华人民共和国劳动争议调解仲裁法》(简称《劳动争议调解仲裁法》)第10条的规定，有责任调解劳动争议的调解组织有：企业劳动争议调解委员会，依法设立的基层人民调解组织，以及在乡镇、街道设立的具有劳动争议调解职能的组织。其中企业劳动争议调解委员会由职工代表和企业代表组成。职工代表由工会成员担任或者由全体职工推举产生，企业代表由企业负责人指定。企业劳动争议调解委员会主任由工会成员或者双方推举的人员担任。

经调解，劳动者和用人单位达成调解协议的，应当制作调解协议书。达成调解协议后，一方当事人在协议约定期限内不履行调解协议的，另一方当事人可以依法申请劳动仲裁。

3. 劳动争议仲裁

(1)劳动争议仲裁的概念。劳动争议仲裁，是指劳动者争议当事人将其劳动争议提交专门的劳动仲裁机构裁决的劳动争议解决方式。在我国，劳动争议仲裁是一种非常特殊的劳动争议解决制度，这种特殊性主要体现在：第一，劳动争议仲裁委员会只受理劳动者与用人单位之间发生的劳动争议(从广义上讲，人事争议也属于劳动争议)，不受理劳动争议之外的经济纠纷和其他民事纠纷；第二，劳动争议仲裁是劳动诉讼的必经程序。劳动争议发生后，如果劳动争议当事人不能通过协商和解或者调解的方式解决彼此的争议，只能到劳动争议仲裁委员会申请仲裁，不能直接到法院起诉。如果一个劳动争议没有经过劳动仲裁,劳动争议当事人直接到法院起诉,法院依法不予受理。只有当劳动争议仲裁委员会不受理劳动争议当事人提出的劳动争议申请,或者该劳动争议经过劳动仲裁后,劳动争议当事人对劳动仲裁结果不服,劳动争议当事人才可以到法院起诉,法院才可以依法受理,该劳动争议才能依法进入劳动争议诉讼程序。

(2)劳动争议仲裁时效。劳动争议申请仲裁的时效期间为1年。仲裁时效期间从劳动争议当事人知道或者应当知道其权利被侵害之日起计算。但是,鉴于劳动者与用人单位具有管理和被管理的人身依附关系的属性,劳动者害怕依法维权后用人单位以其他方式"报复"而丧失劳动就业机会,因此劳动者在劳动关系存续期间的劳动权益被用人单位侵害后,劳动者往往表现为不敢维权或者放弃维权。有鉴于此,《劳动争议调解仲裁法》第27条第三款规定,劳动关系存续期间因拖欠劳动报酬发生争议的,劳动者申请仲裁的1年时效自劳动关系终止之日起开始计算。

(3)劳动争议仲裁的基本程序。

①仲裁申请的受理。劳动争议仲裁委员会收到劳动争议仲裁申请之日起5日内,认为符合受理条件的,应当受理,并通知申请人;认为不符合受理条件的,应当书面通知申请人不予受理,并说明理由。对劳动争议仲裁委员会不予受理或者逾期未做出决定的,申请人可以就该劳动争议事项向法院提起诉讼。

②仲裁庭的组成。劳动争议仲裁委员会裁决劳动争议案件实行仲裁庭制。仲裁庭由三名仲裁员组成,设首席仲裁员。简单劳动争议案件可以由一名仲裁员独任仲裁。劳动争议仲裁委员会应当在受理仲裁申请之日起5日内将仲裁庭的组成情况书面通知当事人。

③劳动争议仲裁过程中的调解。仲裁庭在做出裁决前,应当先行组织劳动争议当事人调解。调解达成协议的,仲裁庭应当制作调解书。调解书应当写明仲裁请求和劳动争议当事人协议的结果。调解书由仲裁员签名,加盖劳动争议仲裁委员会印章,送达劳动争议当事人。调解书经劳动争议当事人签收后,发生法律效力。

④劳动争议仲裁的期限。仲裁庭审理劳动争议案件,应当自劳动争议仲裁委员会受理仲裁申请之日起45日内结束。案情复杂需要延期的,经劳动争议仲裁委员会主任批准,可以延期并书面通知当事人,但是延长期限不得超过15日。逾期未做出仲裁裁决的,当事人可以就该劳动争议事项向法院提起诉讼。

⑤仲裁调解书和裁决书的执行。劳动争议当事人对发生法律效力的调解书、裁决书,应当依照规定的期限履行。一方当事人逾期不履行的,另一方当事人可以在发生法律效力的调解书、裁决书规定履行期间的最后一日起2年内向法院申请执行。受理申请的法院应当依法强制执行。

4. 诉讼

劳动争议仲裁是劳动争议诉讼的必经程序。劳动争议当事人就劳动争议到法院起诉前,必须将该劳动争议提交劳动争议仲裁委员会仲裁,没有经过劳动争议仲裁委员会仲裁的劳动争议,法院不能受理。此外,对于劳动争议仲裁委员会依法做出终局裁决,用人单位到法院起诉的,法院仍然不能受理。

无论是终局裁决还是非终局裁决,劳动者收到劳动争议仲裁裁决书之日起15日内不服仲裁裁决的,可以到法院起诉;用人单位对于劳动争议的非终局裁决不服时,可以在收到该非终局裁决书之日起15日内到法院起诉。劳动争议依法进入诉讼阶段后,劳动争议仲裁委员会做出的劳动争议裁决书将不发生法律效力。

第三节 企业对外经营活动涉及的合同法

企业对外经营活动同样会涉及许许多多的法律。企业的对外经营活动,从某种意义上讲主要是一种交易活动,而交易活动主要是受合同法律制度调整的,因此合同法律制度应当是每个人,特别是创新创业者必须重点掌握的法律制度。此外,对外经营过程中,创新创业者还可能涉及专利法、商标法、网络版权法、反不正当竞争法和广告法等经济法律法规。本章不可能对这些法律逐一做介绍,下面只是简单介绍合同法的一些基础知识。

一、合同的概念与合同的效力

1. 合同的概念与特征

根据《合同法》第2条的规定,合同是民事主体设立、变更、终止民事权利义务关系的协议。合同是能产生民事权利和民事义务的行为,是民事主体在进行民事活动时最重要的一种民事法律行为。合同又称契约,因此日常生活中,"合同""协议""契约"基本上是一个意思。

合同是两个或两个以上民事主体之间的意思表示一致时产生的一种民事法律关系,合同就是民事主体之间的"合意"。可以这么说,民事主体之间有了"合意"就有了合同,没有"合意"就没有合同。例如,在"甲邀请乙看球赛,乙因为有事没有前去赴约"的民事活动中,甲和乙各自的意思表示行为是:甲"希望乙陪他去看球赛",而乙因为"在这一时点有事不能陪甲去看球赛"。由此可见,甲、乙双方各自所表示的意思不一致,他们之间没有"合意",因此甲、乙之间没有产生合同。再例如,在"暑假期间,小王将一台电脑放到同学小李的家里"的民事活动中,小王和小李在小王的电脑寄存于小李的家里之前,各自的意思表示行为是:小王"希望暑假期间将电脑寄存在小李的家里",而小李也"愿意在暑假期间帮小王保管电脑"。由此可见,小王和小李各自所表示的意思是一致的,他们之间有"合意",因此小王和小李之间产生了保管电脑的合同法律关系。

为了理解合同的概念,可以从合同的以下四个主要特征来进一步把握合同的内涵。

(1) 合同当事人主体地位平等。主体地位平等,是所有民事法律关系的特点。合同作为最重要的一种民事法律关系,合同当事人当然也必须是主体地位平等的。

(2) 合同目的是设定民事权利。人的一生为什么要签订无数的合同?签订这些合同的目的是什么?根据《合同法》第2条的规定,合同的目的是设立、变更、终止民事权利义务关系。简单地讲,合同的目的就是设权。日常生活中,人们一谈到权利,就自然想到法律,认为权利是由法律产生的。从法理学和民法理论的角度看,这种认识当然不会错,但这种认识很不全面。虽然基本的、自然的民事权利当然由法律规定,但民事主体之间具体的、现实的民事权利的绝大部分都是由合同设定的。同时,法律规定民事权利时,针对的是所有的民事主体,规定的是抽象的民事权利,法律不可能针对具体的某人,规定他一生所有的或者某一个具体的、现实的民事权利。而合同设定的民事权利,恰恰都是具体的、现实的民事权利。由此可见,现实中的具体民事权利,不是由法律直接设定的,而是主要由合同设定的。当然,除了合同,侵权行为、不当得利和无因管理等也可以产生具体的、现实的民事权利,但合同是产生具体民事权利的最主要方式。现实生活中,绝大部分具体民事权利都是合同设立的,所以合同的目的就是设定具体的民事权利。

(3)合同的本质是当事人意思表示一致。合同当事人意思表示一致,就是指合同当事人之间产生"合意"。因此"合意"就是合同的核心内涵,是合同的本质。合同当事人之间有"合意",就意味着合同当事人意思表示一致,就意味着合同的产生。反过来讲,民事主体之间没有"合意",就意味着民事主体意思表示不一致,就意味着在民事主体之间没有合同的产生。

(4)合同对当事人具有法律约束力。坦白地讲,在日常生活中,合同的产生是非常随意的。民事主体之间只要有"合意"存在,就有合同产生。但是,由于合同的目的是设定民事权利的,因此如果合同当事人可以不履行合同义务或者随意履行合同义务,则对方合同当事人的合同权利就无法实现或者不能完全实现,进而使得合同权利人通过设定合同权利来获取合法利益的合同目的落空。因此,合同法通过赋予合同的法律约束力来要求合同义务人履行合同义务,以实现合同权利人通过订立合同实现合同权利,进而最终获取合法利益的合同目的。

2. 合同的效力

对于合同的效力,可以从以下三个层面来理解:

(1)对当事人来讲,合同就是法律。在人们的法律意识中,强制性的法律是不能违反的,若违反强制性的法律就要受到相应的法律制裁。这就是法律效力,即法律约束力的体现。为了当事人能实现其合同目的,合同法同样赋予了合同的法律约束力。如果当事人不按照合同的约定履行合同义务,并影响合同对方当事人合同权利的实现,则应当依法承担相应的违约责任。这就是合同的效力,即依法产生的合同具有法律约束力。因此,对当事人来讲,合同就是法律。

(2)合同效力具有相对性,合同只对当事人产生法律约束力,对当事人之外的第三人一般是没有法律约束力的。合同就是法律。但是,与法律的效力相比,合同的法律约束力有什么不同呢?这体现在合同效力的相对性上。在我国,全国人大及其常委会通过的法律,对全国范围内的所有人都具有普遍的法律约束力;地方立法机关通过的地方性法规,对当地范围内的所有人都具有普遍的法律约束力。但是,合同产生于合同当事人之间,合同当事人以外的人可能连合同当事人之间有无合同都无从知晓,因此合同的效力具有相对性,合同只对合同当事人产生法律约束力。合同的法律约束力不具有法律一样的普遍性,对合同当事人以外的第三人不产生法律约束力。由此可见,对合同当事人来讲,合同就是法律;对合同以外第三人来讲,合同就是一张废纸,不产生任何法律约束力。

(3)在不伤害合同当事人以外的第三人利益的前提下,合同的效力高于法律的效力。由于合同具有相对性,合同当事人以外的第三人经常是无从知晓具有隐私性或者商业秘密性的合同行为的存在,因此"不伤害合同当事人以外第三人的利益"这个前提非常重要。如果当事人订立的合同伤害到合同当事人以外第三人的利益,该合同是无效的,对合同当事人以外的第三人不产生法律约束力,主要体现在两方面:一是如果合同当事人以外的第三人不按该合同约定履行合同,合同对方当事人只能要求合同当事人承担违约责任,而不能要求合同当事人以外的第三人承担违约责任;二是如果合同当事人以外第三人的利益受到合同行为的伤害或者伤害的可能性,该第三人可以通过行使代位权或者撤销权来保护自己的利益。

二、合同的形式

1. 口头合同

合同的本质是当事人意思表示一致,合同的概念只有"当事人意思表示一致"这一核心内涵要求,没有合同形式等概念外延的规定。因此,现实生活中人们之间许多口头的"合意",都符合合同的定义,是一种口头形式的合同。《合同法》第10条第一款正式以法律的形式确定了合同的口头形式。与书面合同一样,口头合同同样受到法律的保护。

口头合同最大的优点是签订合同非常简单,通过语言直接订立,而不需要借助文字、纸张、笔墨、电脑等物质条件去订立合同。因此,口头合同非常方便易行,只要会说话就会签订合同。但是,口头合同最大的缺点是合同订立后很难证明合同的成立,很难证明已经成立的口头合同的具体内容,进而很难用合同作为证据去主张合同权利。因此,日常生活和生产过程中,数量庞大的即时清洁的合同、合同金额较小的合同和权利义务关系简单的合同,可以采用口头形式;而不能即时清洁的合同、合同金额较大的合同和权利义务关系复杂的合同,不宜采用口头形式,应当采用书面形式。

2. 书面合同

人们对书面合同并不会感到陌生,但人们对书面合同还是存在许多误解。最大的误解是将书面合同等同于"合同书",认为甲、乙双方通过谈判协商一致,并将协商一致的内容记载在纸张上经双方签字盖章后的书面文件就是书面合同。合同书毫无疑问是书面合同。但是,根据《合同法》第11条的规定,书面形式的合同,除了合同书之外,还可以是信件、数据电文等可以有形地表现所载内容的其他书面形式。

人们在往来的通信过程中,只要对某事项达成"合意",就有合同产生,而往来的书信就是合同的书面表达形式。进入信息网络时代后,电子商务快速发展,人们越来越喜欢通过网络购物来满足自己的衣食住行等各方面的需要。而网络购物过程中采用的电报、电传、传真、电子数据交换和电子邮件等数据电文,也是合同的一种特殊的书面表达形式。鉴于网络购物已经是现代都市人生活的重要组成部分,因此本章将在第七节专门论述网络购物中的电子合同问题。

根据《合同法》第32条的规定,当事人采用书面形式订立合同的,应当在书面合同上签字或者盖章。当事人在书面合同上签字或者盖章,表明当事人对合同内容的确认。双方当事人都对合同内容签字或者盖章确认,表明合同当事人对合同内容的意思表示一致,表明合同当事人之间对合同内容有了"合意",意味着合同的最终成立。由此可见,当事人在书面合同上签字或者盖章,是证明合同成立的行为,证明合同当事人对合同内容形成了"合意"。

3. 格式合同

格式合同又称格式条款、定式合同、标准合同,是指合同当事人一方经常与不特定的多数人进行权利义务相类似的交易,为提高交易效率而预先拟订的,一般情况下不允许合同相对人对合同内容做重大变更的合同。

现实生活中到处是格式合同,如超市购物、家庭用水、家庭用电、家庭用气、银行提供的金融服务、电信企业提供通讯服务、大学生到学校食堂打饭等等,民事消费活动所涉及的合同基本上都是格式合同。在人们的日常生活中,格式合同几乎是无处不在的。

不仅大量书面合同采用格式合同,口头合同也是存在格式合同的。例如,大学生到学生食堂打饭,这是个口头合同,但同时也是格式合同。因为学生食堂"一荤一素外加米饭"的6元套餐,是食堂事先规定好的,一般不允许打饭时讨价还价。

一般来说,格式合同双方当事人的经济实力悬殊,经济地位不平等。为了保护处于弱势经济地位一方的合法权利,法律应当对提供格式合同一方当事人做出一些限制。基于此,《合同法》第39条对提供格式合同的一方当事人规定了三种特殊的法定义务:

(1)公平确定当事人之间的权利和义务。格式合同条款是由提供格式合同一方事先拟定好的,没有经由合同双方当事人谈判确定。因此,法律要求提供格式合同一方应当根据公平原则确定合同当事人的权利义务。如果格式合同条款所确定的合同权利义务明显违反公平原则,根据《合同法》第54条的规定,合同当事人一方有权请求法院或者仲裁机构变更或者撤销该不公平格式合同条款。

(2)采取合理的方式提请对方注意免除或者限制其责任的条款。提供格式合同一方当事人在从事一些经营活动时,往往会通过格式合同设计一些免除或者限制其责任的条款。例如,保险公司往往在机动车保险格式合同中规定"机动车驾驶人酒驾出现交通事故,保险公司免责"。格式合同中存在免除或者限制提供格式合同一方当事人责任的条款时,提供格式合同一方当事人应当采用合理的方式提请对方当事人注意。实践中,"合理的方式"主要体现在两方面:一是以大号字体标注显示免除或者限制提供格式合同当事人责任的格式条款,并对此加黑、加粗;二是在签订格式合同时,提供格式合同一方当事人应当口头提醒对方当事人注意免除或者限制其责任的条款。

(3)按照对方的要求,提供格式合同的一方当事人对格式条款予以说明的义务。格式合同一般都是大型企业提供的。大型企业一般都是在总结长期经营实践经验基础上,聘请律师起草或者修改完成格式合同条款,因此格式合同条款一般都很专业,一般普通老百姓都不容易懂。同时,不排除有些企业为了不正当利益,故意将格式合同条款设计得不清不楚,普通老百姓可能就更看不懂了。在签订格式合同时,普通老百姓如果不明白格式合同条款的含义,一定不要担心"因为看不懂合同条款而没文化,别人会笑话"而选择沉默不语,而应当主动要求提供格式合同一方当事人对该条款予以说明。因为,解释清楚格式条款,是提供格式合同一方当事人的法律义务。

此外,《合同法》第40条对格式合同中免责条款的无效情形作了明确规定,主要表现在以下三个方面:一是规定履行合同造成对方当事人人身伤害而免责的免责条款无效;二是规定履行合同因故意或者重大过失造成对方当事人财产损失而免责的免责条款无效;三是免除提供格式合同一方当事人责任、加重对方当事人责任、排除对方当事人主要权利的免责条款无效。

三、合同的订立

1. 合同订立的概念

合同的订立,是指合同当事人就合同内容进行充分的意思表示,并使当事人表达的意思达成一致的动态过程。合同的订立是一个过程,是一个当事人通过充分谈判,磋商其合同权利义务的动态过程。合同订立的目的是为了在合同当事人之间达成"合意",并确定合同当事人各自的合同权利义务。

2. 合同订立的程序

合同订立的过程,有时候相当复杂,如中国和美国关于投资协定的谈判,经过了几年十几轮艰苦谈判还没有最后结果。但是,有些合同的订立过程又相当简单,如学生到食堂打饭、王大妈到小区门口买水果等这些即时清洁的合同,其合同订立过程在瞬间完成,如果缺乏相应的法律知识可能根本意识不到"到食堂打饭""到小区门口买水果"这些小事中还存在一个合同的订立过程。

合同订立有哪些基本程序?复杂的商务合同与日常生活中的口头合同,其基本合同订立程序有区别吗?根据《合同法》第13条的规定,合同的订立有要约和承诺两个基本程序,无论是多么复杂的商务合同,还是日常生活中瞬间成立的口头合同,其合同订立都是由要约和承诺这两个基本程序构成的。

(1)要约。根据《合同法》第14条的规定,要约是民事主体希望和特定的相对人订立合同的意思表示。要约的目的是希望他人与自己订立合同。要约有两个基本的特征。

①要约的内容必须明确具体。要约的内容必须明确具体,主要有两层含义:其一,要约中的合同标的物及其数量必须明确;其二,合同标的物的质量、价款或者报酬,以及合同履行期限、履行地点和方式等要约内容,即使约定的不够明确,但通过解释有关合同条款,或者依据交易习惯和法律的有关规定,仍然是可以予以确定的。民事主体对外表达的意思,如果其内容不明确具体就不构成要约。例如,某药厂通过电视媒体就其药品打广告,该药品广告只能确定药品的名称,而不能确定该药品买卖的数量,也不能通过对该广告内容进行解释后获知该广告药品的价格等合同内容,更不能通过交易习惯获知该广告药品的履行期限、履行方式等合同内容。从要约的角度看,该药品广告的内容是不明确具体的,因此该药品广告不能构成合同的要约。

②要约是向特定的相对人发出的。合同的相对性要求合同当事人是特定的,没有特定的合同当事人,无法在当事人之间达成"合意"。要约人是特定的,这毫无疑问。但是,为了"合意"的产生,要约的相对人也必须是特定的。因此,要约必须向特定的相对人发出。上文提到的药品广告之所以不是要约,除了药品广告因内容不明确具体而无法构成要约外,更主要的原因是,药品广告是药厂通过电视媒体向不特定的多数人发出的,即收看药品广告的观众是不特定的。

现实生活在,广告行为无疑是一种重要民事法律行为,但广告行为一般不构成合同法上的要约行为。那么,广告在合同法上到底算一种什么性质的行为呢?专家学者将广告这种内容不够明确具体且是向不特定多数人发出的民事行为称为"要约邀请"。根据《合同法》第15条的规定,寄送的价目表、招标公告、拍卖公告、招股说明书、商业广告等民商行为,与上述药品广告一样,具有两个特点:第一,其内容不明确具体;第二,这些民商行为都是向不特定民事主体发出的,没有特定的相对人。因此,这些民商行为都不是要约,而是要约邀请。

(2)承诺。承诺是受要约人同意要约的意思表示。受要约人做出承诺的意思表示,意味着受要约人实质性同意接受要约的条件,意味着要约人和受要约人的意思表示一致,意味着要约人与受要约人之间达成"合意"。此时,合同订立的基本程序完成,合同成立。

承诺是合同成立的标志,因此承诺是合同订立过程中重要的民事法律行为。合同法对承诺的生效条件做出了以下详细规定:

①承诺应当以能证明受要约人同意要约实质内容的方式做出。承诺是证明合同成立的重要民事法律行为,因此从证据学的角度看,受要约人做出承诺的方式一定要能证明其同意要约的实质内容,否则无法证明承诺生效,进而无法证明合同成立。所以,《合同法》第22条规定承诺应当以通知的方式做出。当然,为了充分体现私法自治和合同自由原则,如果当事人以自己的行为等其他方式做出承诺,只要这种做出承诺的方式能够证明受要约人同意要约的实质内容,那么这种承诺的方式应当也是有效的。

②承诺应当在要约确定的承诺期限内到达要约人。如果要约没有确定承诺期限,对于口头要约,除非有特别约定,受要约人应当及时做出承诺;对于书面要约,受要约人应当在合理期限内做出承诺并将其承诺送达要约人。如果受要约人在承诺期限届满后做出承诺行为,由于要约人此前发出的要约已经失效,要约人已经不受其发出的要约的约束,因此该承诺行为通常不发生法律效力,将被视为新的要约。

③承诺的内容应当与要约的内容一致。这是承诺生效最为核心的条件。承诺的内容与要约的内容相一致,意味着承诺生效,意味着要约人和承诺人的意思表示一致,意味着要约人与承诺人之间形成"合意",意味着合同成立。如果受要约人对要约内容不是形成"合意",而是希望与要约人就有关合同标的、数量、质量、价款或者报酬、履行期限、履行地点与方式、违约责任等内容做进一步磋商,则是对要约内容做出实质性变更。这表明承诺人对要约人的要约有两层意思:一是与要约人就要约内容签订合同有非常浓厚的兴趣;二是对要约的实质内容有修改的意愿,希望与要约进一步磋商。受要

约人对要约内容做出的实质性变更行为,不是承诺行为,是一种新的要约行为。在这新的要约中,原要约人变成新要约的承诺人,原受要约人则变成新要约的要约人。

四、合同履行

1. 合同履行的概念

合同履行,是指合同债务人通过完成合同约定的义务,使合同债权人的合同权利得以实现的行为。广义的合同履行,既包括合同债权人实现合同权利,也包括合同义务人完成合同义务。狭义的合同履行,仅指合同债务人履行合同义务。

合同当事人签订合同的直接目的是为了设定合同权利,其最终目的是为了获取合法利益。而合同目的的实现,有赖于合同对方当事人履行相应的合同义务。如果合同当事人订立合同后不履行合同或者履行不符合合同的约定,那么合同对方当事人当初订立合同的目的就很有可能落空。毫不夸张地讲,合同法中的绝大部分合同法律制度,基本上都是围绕合同履行制度来设计的。

2. 合同履行的原则

合同的履行,应当遵循全面履行原则、诚实信用原则、经济合理原则和情势变更原则。这里着重介绍全面履行原则和诚实信用原则。

(1)全面履行原则。全面履行原则,又称适当履行原则或正确履行原则,是指合同当事人应当按照合同约定的标的及其质量、数量,以及合同约定的履行期限、履行地点和履行方式等,全面完成合同义务。为了准确理解全面履行原则的内涵,还是先看案例。

这个案例的基本案情是这样的:成都某食品商店(以下简称甲方)与某食品厂(以下简称乙方)于2016年7月20日签订月饼购销合同。合同约定,2016年9月5日乙方按合同约定的种类和数量向甲方出售月饼共计2万元,由乙方送货至甲方并结清货款。8月5日乙方将合同约定的月饼送到甲方。由于距中秋节(9月15日)还有一个月的时间,月饼难以马上销售,加上担心月饼保管时间长不新鲜,甲方于是拒绝接受乙方送来的月饼。双方因此发生纠纷并起诉至法院。

在本案中,甲方有权拒绝乙方按合同约定的种类和数量送来的月饼吗?提前一个月履行合同是不是一种积极履行合同的行为?法律提倡积极的提前履行行为吗?

尽管甲方履行合同时严格按照合同约定的种类和数量进行,但履行合同的时间比合同约定提前了一个月。甲方的提前履行合同行为,可能给乙方带来额外的保管费用,并可能在一个多月后的中秋节因月饼不够新鲜而卖不出去,影响乙方合同目的的实现。因此,从全面履行合同原则的角度看,提前履行合同,仍然是一种不正确的履行合同的行为,是一种违约行为,乙方有权拒绝甲方的提前履行行为,并可以依法追究甲方的违约责任。

现实生活中,人们总是正面评价和欢迎各种走在他人前面的积极行为,各行各业评选先进人物时都会看这个人做事情是不是比他人更积极、更主动。但是,法律(特别是合同法律)并不提倡民事主体积极地提前履行义务的行为,法律只是提倡"及时"履行合同义务。在合同履行法律制度中,与迟延履行一样,提前履行也是一种违约行为。为此,《合同法》第71条规定债权人可以拒绝债务人提前履行债务,除非债务人提前履行债务不损害债权人的利益。由此可见,只有按照合同约定的时间"及时"履行合同的行为,才是适当的、正确的履行合同行为。

及时履行合同很重要,按照合同约定的履行地点和履行方式履行合同同样很重要。例如,合同约定卖方将10吨钢材运送到某小区内的工地上,但卖方将10吨钢材运送至某小区门口(距小区内工地还有200米远),这将给买方带来额外的运输费用,是不适当履行行为。再例如,合同约定合同价款20万元由买方在交货时一次性付款,但实际履行时买方擅自改为交货时支付10万元,另外10万元在收货后7日内支付。买方擅自更改支付方式的行为,会严重侵害卖方的合同权益,因为20万元合同价款对应的是买方一次性付款,若当初是约定的是分期付款,合同价款可能就不止20万元了。可见,不按合同约定的履行方式履行合同,仍然是违反全面履行合同原则的。

(2)诚实信用原则。诚实信用原则,就是要求合同当事人信守合同的约定,这是现代契约精神的核心内涵。

在介绍合同的概念时,我们已经知道,人们在市场经济条件下的衣食住行的需求,绝大部分是通过合同交易来实现的。因此,人的一生签订的口头或者书面合同是无法统计的。如果这些无法统计的每一个合同的履行都要靠国家或者他人监督,是不现实的。因此,合同的履行,主要不是靠外在的监督,而是靠合同当事人信守合同的约定,靠诚实信用原则。诚实信用原则是民法中的"帝王条款",主要是从诚实信用原则在合同履行中的重要作用的角度来看的。

在诚实信用原则的指导下,现代合同法突破合同基本原理,规定了合同当事人的附随义务,要求当事人根据合同的性质、目的和交易习惯履行合同约定之外的通知、协助、保密、提供必要条件、防止损失扩大等义务。我国《合同法》第60条第二款规定的合同当事人的通知、协助、保密等义务,就是一种附随义务。合同附随义务没有当事人的约定,只有法律的规定,不是约定义务,而是法定义务。因此,在合同法理论中,合同附随义务不算真正的合同义务,而是合同义务的扩张,其理论根据恰恰是诚实信用原则。附随义务包括前合同义务、后合同义务,以及合同订立与履行过程中的未约定的义务。

五、合同的变更与终止

1. 合同的变更

广义的合同变更既包括合同内容的变更,也包括合同主体的变更。狭义的合同变更仅指合同内容的变更,而合同主体的变更一般被称为合同的转让。这里主要讲狭义的合同变更。

由于合同的本质是合同当事人之间的"合意",一份合同书是由若干个"合意"组成的,是若干个合同的聚合。因此,当事人对合同内容进行变更的过程可以分为两个阶段:一是当事人解除原合同内容中的某一个或者几个"合意";二是在原合同内容的某些"合意"解除的基础上达成新的"合意",并与原合同内容中未解除的内容一起构成新的合同聚合。

商业实践中,人们还是有较强的合同法律意识,公司对于签订的合同一般会委派专人保管。但是,人们对于保管变更后的合同内容的证据意识还有待提高。请看以下有关合同变更的案例。

这个案例的基本案情大致是这样的:某锅炉厂(以下称甲方)与某纸业公司(以下称乙方)2008年10月签订锅炉买卖合同,合同约定乙方以350万元价格购买甲方制造的15吨锅炉一台,2009年6月交货、8月底安装调试验收合格。合同签订后,乙方支付150万元预付款,甲方按照合同约定组织生产。合同履行过程中,甲、乙双方通过传真、电话、会谈纪要等方式将锅炉大小由15吨改为20吨,相应价格提高至450万元。同时,由于乙方锅炉房土建工程不能按时完工,因此交货时间推迟到2010年3月底。最终锅炉在2011年6月才安装调试验收合格,并交付使用。2012年10月,乙方尚欠甲方100万元货款未付,并产生诉讼。

在本案近3年的合同履行过程中,双方当事人通过达成新的"合意",对原合同内容的标的物规格、价款、交货时间等进行了多次变更,原合同的重要内容基本上都变更完了!对于该合同内容的变更,绝大部分有书面传真和会谈纪要予以证明,但还是有一部分合同变更的内容是通过口头形式达成的"合意",没有书面证据证明。合同签订4年后,甲方想通过诉讼方式主张债权,但发现由于合同履行过程中的几十份往来传真都由业务员个人保管,能够证明合同变更的许多传真已经缺失,而保管完好的书面合同几乎不能用来证明甲方的诉讼主张。

从这个案例中,应当懂得这样的道理:第一,合同内容的变更,本质上是产生新的合同,因此合同的变更最好以补充协议、传真、会谈纪要、电子邮件等书面形式进行,不要以口头形式进行;第二,要认识到一旦有合同变更,那么变更合同的证据比当事人原来签订的合同书还要重要得多,因此要妥善保管合同变更形成的证据。

2. 合同的终止

合同的终止,是指当事人之间的合同权利义务关系消灭、合同的法律约束力消失的现象。根据《合同法》第91条的规定,债务履行完毕、合同解除、债务抵销、债务免除等行为都会导致合同的终止。

债务人按照合同约定履行完毕自己的合同义务,是合同终止最常见的形式。合同义务履行完毕后,债权人的合同权利得以实现,当事人订立合同的目的也得以实现。为此,合同对当事人依法产生的法律约束力也随之消灭。但是,根据《合同法》第92条的规定,尽管合同权利义务已经履行完毕了,但当事人还是应当依据诚实信用原则履行通知、协助和保密等后合同义务。

债务人履行完毕自己的合同义务,债权人实现了自己的合同权利,此时的合同终止是合同当事人追求的合同目的的实现形式,是最正常的合同终止形式。但是,合同的终止还有一些特殊的形式,如合同当事人互负债务而相互抵消、债务人依法提存标的物等。这些行为的发生也能导致合同权利义务的终止,并最终实现当事人合同目的。

另外,还有一些合同不是以实现合同目的而终止的,如合同的解除、债权人单方面免除债务人的债务。而合同的解除是一种当事人没有实现合同目的情况下的合同终止行为。

3. 合同的解除

合同的解除，是指合同义务没有履行或者没有完全履行完毕的情况下，提前终止合同效力的法律制度。合同的提前解除，一般都会使合同当事人一方或者双方不能享有或者不能充分享有合同权利，因此当事人不得随意解除合同，以免伤害对方当事人的合法权益。合同的解除一般应当以不能实现合同目的作为条件。此外，合同的解除，还应当遵循诚实信用和情势变更原则。合同的解除可分为约定解除和法定解除。

（1）合同的约定解除。根据《合同法》第93条的规定，合同的约定解除主要有两种表现形式。一是合同履行过程中，当事人协商解除合同。当事人在履行合同时，如果出现订立合同时没有遇见的情形，并且合同履行可能使合同一方或者双方的合同目的无法实现，当事人可以通过协商一致解除合同。二是订立合同时，在合同中约定一方或者双方当事人解除合同的条件，当合同解除的条件成就时，合同解除权人依据合同的约定解除合同。

合同的约定解除主要是当事人的合同自由行为，贯彻私法自治原则和诚实信用原则，法律不做过多干预。但是，当事人在订立合同解除条件，或者履行合同过程中协商解除合同时，一般仍然应当以不能实现合同目的作为解除合同的条件。

（2）合同的法定解除。合同的法定解除，是指合同当事人在其合同目的不能实现的情况下，依照法律规定的条件和程序提前终止合同权利义务关系的行为。《合同法》第94条规定了当事人解除合同的法定条件，《合同法》第68条规定了不安抗辩权人解除合同的条件，此外，最高法院的有关司法解释对合同解除条件进行了细化。总之，当事人在合同履行过程中单方面解除合同，是一件非常严肃的事情，因此法律、行政法规和司法解释对合同解除条件作了很多的规定。其实，对于合同的法定解除条件，只需要抓住一点，那就是合同只能在当事人合同目的不能实现的情况下解除。如果当事人订立合同的主要目的已经实现，仅仅因为对方当事人有明显的违约行为，并以此为由要求解除合同，是得不到法院支持的。下面的案例很好地说明了这个道理。

这个案例的案情是这样的：2009年4月29日，王某与某开发商签订房屋买卖合同，以一次性付款的方式购买一套商品房。2010年6月，开发商向王某交付房屋，并在合同约定的时间内办理房屋所有权证书。但是，由于开发商欠国家900多万元土地款而不能办理土地使用权分户证书，因此小区业主想将房屋抵押贷款，银行一般需要房屋所有权人提供开发商小区整体土地使用权证书复印件。2013年9月，王某以不能办证为由起诉开发商，要求解除房屋买卖合同，退房退款。

一般来讲，住宅小区的房屋一般有三大功能：一是自己居住，二是出租，三是抵押融资。从本案来看，尽管开发商存在明显的违约行为，但王某购买房屋的主要目的已经实现。因此，王某不具备解除合同的法定条件，最终法院驳回了王某的诉讼请求。

总之，《合同法》第94条规定合同的法定解除条件，可以概括为只有当事人合同目的不能实现才能解除合同。但是，该法律条文的适用是有限制范围的，主要适用于平等主体的合同当事人之间。对于发生在消费者和经营者之间的消费合同，经营者解除合同的条件仍然适用《合同法》第94条的规定，但消费者解除消费合同可以不以合同目的不能实现为条件，如消费者购买商品后出现质量问题（不论是否影响合同目的的实现),可以在7日内退货;对于网络购物合同,消费者甚至可以在7日内无理由解除合同退货。

六、违约责任

1. 违约责任的概念与特征

违约责任,是指当事人不履行合同义务或者履行合同义务的行为不符合合同约定,依法或者依约所应承担的民事责任。对当事人而言,合同就是法律。因此,当合同的约定不违反法律禁止性规定且不伤害合同以外第三人利益时,当事人必须按照合同的约定履行义务。合同义务人不履行合同义务或者其履行合同义务的行为不符合同约定,造成的后果是合同权利人无法实现或者不能完全实现其合同权益。此时,合同权利人依据合同的约定及合同全面履行的获利水平,强制要求合同义务人补偿其因合同义务人违约而受到的损失。这种合同权利人的合同权益损失的补偿就是违约责任。违约责任是直接体现合同效力的法律制度,没有违约责任制度作后盾,合同效力将成为空中楼阁。违约责任具有以下特征:

(1)违约责任产生的直接根据是合同的约定。违约责任也是一种赔偿损失的法律责任,但违约责任产生的直接根据不是法律的规定,而是合同的约定。对于违约责任产生的根据是合同的约定,可以从以下两个方面来理解:一是违约责任的产生,是因为合同当事人一方违反合同约定,不履行合同义务或者履行合同义务不符合合同约定的条件;二是违约责任是一种合同当事人之间的约定责任,当事人可以在合同中约定某违约行为具体对应的损害赔偿责任。例如,在民间借款合同中,当事人可以约定"逾期付款支付1000元违约金"的违约责任条款,此时的"1000元违约金"就是当事人约定的具有法律约束力的具体、可操作的违约责任。

违约责任可分为"法定违约责任"和"约定违约责任"。"约定违约责任"是指当事人在合同中明确约定了某违约行为具体对应的可操作性的责任条款,当事人履行合同时有该违约行为就照此约定的责任条款承担违约责任。而"法定违约责任"是指当事人在合同中没有约定具有可操作性的责任条款,当事人履行合同有违反合同约定行为时按照合同法律的相关规定承担的违约责任。有鉴于此,当事人应当在合同中详细约定一方当事人违约时所应承担的具体赔偿责任,这种约定不能太原则而不具有可操作性。实践中,当事人经常在合同中作这样的约定:"一方当事人不履行合同约定,依法承担违约责任。"这样的违约责任条款等于什么都没约定。合同法本来授权你根据自己实际情况详细约定各种违约行为所对应的赔偿责任,你却要根据法律承担违约责任!生活中的合同太多,法律无法提前预测到合同当事人的具体权利义务,因而无法根据具体合同规定详细和可操作性的违约责任。合同法只对承担违约责任的一些基本原则作出规定,具体的可操作性的违约责任需要当事人根据自己不同的诉求在合同中作有针对性的约定。

(2)违约责任的确定具有一定的任意性。违约责任与行政责任、刑事责任不一样,行政责任和刑事责任都是一种强制性的法律责任,没有讨价还价的余地,而违约责任是当事人约定的法律责任,具有任意性。法律授权当事人根据自己的实际情况在合同中约定具体的可操作的违约责任,这本身体现了法律的任意性,是私法自治与合同自由原则在合同责任中的具体适用。此外,体现违约责任任意性的法律制度还有很多,如当事人可以选择承担违约责任的方式,还可以约定计算违约责任的方法等。

(3)违约责任以填补合同权益损失为原则。合同具有相对性,违约责任的确定只考虑合同当事人,不考虑合同以外第三人;只考虑当事人本合同的合同权益损失,不考虑当事人之间其他的权益纠纷,也不考虑当事人之间今后有无合同纠纷问题。因此,与行政责任和刑事责任不一样,违约责任的制度设计不太考虑该制度的惩处和预防等法律的社会功能,而是重点考虑填补因合同义务人不履行合同义务或者履行合同义务不符合约定条件给合同权利人所造成的合同权益损失。

(4)违约责任是一种纯粹财产责任,不能要求违约方承担精神损害赔偿责任。例如,某夫妇花费十几年的心血在城里按揭买一套房子,却因防水做得不好漏水而损坏刚刚装修好的家具,心情崩溃到了极点。本例的法律关系是一个合同法律关系,开发商没有提供符合合同约定质量的房子,是一种违约行为,买房者可以追究开发商的违约责任,要求开发商做好墙面防水、赔偿装修损失,却不能就其精神痛苦追究开发商的责任。因为,目前在我国,违约责任只是一种纯粹财产责任,不包含精神损害的赔偿责任。当然,如果合同当事人的违约行为侵害了对方当事人的人身权益,受损害方可以根据《合同法》第122条的规定,选择追究违约责任或者侵权责任。一旦受损害方选择了追究对方侵权责任,那么受损害方就有权根据侵权法要求赔偿精神损失。

2. 违约责任的承担方式

约定违约责任与法定违约责任的性质不一样,其责任承担方式也有很大的差别。

(1)约定违约责任的承担方式。鉴于合同相对性原理,合同的约定只对合同当事人产生法律约束力,而对合同以外第三人没有效力;违约责任只涉及合同当事人之间的利益调整问题,不涉及合同以外第三人的利益。为此,合同当事人可以在合同中约定各方都能接受的违约责任承担方式。对于这种约定违约责任,只要坚持"不伤害合同以外第三人利益"的原则,以及各方当事人在订立合同时自愿接受,其承担方式可以灵活多样,基本是合同当事人私法自治与合同自由的空间,法律不作过多的干预。现实中,约定违约责任的承担方式主要有:违约金、定金、赔偿损失、质量不符合约定的违约责任等。

(2)法定违约责任的承担方式。法定违约责任,是指合同当事人在合同中没有约定违约责任的承担方式,当违约行为发生时直接适用法律的规定来确定违约行为所造成的损失的法律责任承担方式。对于法定违约责任,由于当事人在合同中没有约定具体的承担责任的条款,不能直接依据合同的约定确定具体违约责任,只能根据合同法的原则性规定和其他证据来确定违约行为所造成的实际损失。对于法定违约责任的承担方式,《合同法》主要规定了以下三种情形:

①继续履行。这主要是针对并未影响合同目的的实现的违约行为所规定的违约责任,如一方当事人未按合同约定支付价款或者报酬,对方当事人可以要求其继续履行合同。值得注意的是,如果是严重违约行为,即合同义务人的违约行为严重影响到合同目

的的实现,那么,"继续履行"这种违约责任的承担方式就不适用了,因为此时的继续履行对合同权利人已经失去了意义。

②采取补救措施。对于质量不符合约定的违约责任,如果有约定的违约责任条款,优先适用约定的违约责任;如果没有约定的违约责任条款,当事人可以根据《合同法》第111条的规定,要求对方当事人承担修理、更换、重作、退货、减少价款或者报酬等违约责任。对于合同权利人的要求,法律做出了两点限制性的规定:第一,要求要合理;第二,要根据标的物的性质以及损失的大小选择具体的违约责任承担方式。这两点限制性的规定,仅适用于法定违约责任,而对于约定违约责任是不适用的,以便私法自治和合同自由原则在违约责任制度中得到充分体现。

③赔偿损失。这是法定违约责任最主要的承担方式。违约行为造成的损失能否获得赔偿,在没有违约金等约定违约责任承担方式的情况下,必须具备两个条件:第一,对方当事人有违约行为;第二,有确切证据证明损失的存在。由于违约责任是以填补性质为主而不是以惩罚性质为主,损失赔偿额应当相当于因违约所造成的实际损失,包括正常履行合同可以获得的预期利益。

由于违约金和定金都是事先约定好的,而法定违约责任是合同没有约定具体违约责任条款的情况下的违约责任,因此法定违约责任中就不会有"违约金""定金"这两种最灵活、最实用的承担方式。

本章要点

(1)公司设立的基本程序及相关法律问题。
(2)公司内部管理相关法律问题。
(3)公司员工管理相关法律问题。
(4)公司经营相关法律问题。

拓展阅读

创业公司常见的14个法律问题

对于创业人来说,了解相关法律是避免行业冲突和对风险进行规避的有效手段。搜狐网企办法律服务总结了有关创业常见的14个法律知识问题和解答,节选过来供大家参考。

1. 有限责任公司的执行董事和法人代表必须是同一人吗?

答:《公司法》第13条规定:"公司法定代表人依照公司章程的规定,由董事长、执行董事或者经理担任,并依法登记。公司法定代表人变更,应当办理变更登记。"

2. 执行董事跟董事长又有什么区别?

答:《公司法》第44条规定:"有限责任公司设董事会,其成员为三人至十三人;但是,本法第五十一条另有规定的除外。……董事会设董事长一人,可以设副董事长。董事长、副董事长的产生办法由公司章程规定。"第50条规定:"股东人数较少或者规模较小的有限责任公司,可以设一名执行董事,不设董事会。执行董事可以兼任公司经理。"

3. 同一个自然人是否只能担任一家公司的法人代表？

答：我国《公司法》并未限制同一个自然人担任多家公司的法定代表人。

4. 同一个人100%持股的法人身份是否可以存在于多家公司？

答：个人100%持股即一人有限公司。

《公司法》第57条规定："本法所称一人有限责任公司，是指只有一个自然人股东。"或第58条规定："一个自然人只能投资设立一个一人有限责任公司。该一人有限责任公司不能投资设立新的一人有限责任公司。"

5. 公司一般用到哪些印章？它们的作用与法律效力如何？

答：公司印章主要包括公章、财务专用章、合同专用章、法人私章这几种，需根据相关规定到工商、公安、开户银行备案或预留印鉴。

公司公章，是功能较全面的印章，税务登记、各种行政文书、证明与合同都可用此印章；财务专用章，用于银行的各种凭据、汇款单、支票，及财务相关文书材料中的合同专用章，用于合同签订；法人私章（非公司印章），通常用在注册公司、企业基本户开户、支票背书等。

在效力方面，公司各印章的效力都是一样的，都代表公司意志，但是如果某种专用印章出现在不属于其使用用途中，如合同专用章用于支票用印，则效力会产生瑕疵。

6. 开办一个电子商务网站需要什么样的牌照？

答：如果是B2C网站的话只要是普通网站的备案号就可以，不是强制性要ICP的，按照国家的法规解读，网上卖东西属于线下交易，所谓经营性是指网站本身是否有收费服务，B2C网站本身是免费的。如果本身具有收费服务的经营性网站，则需要办理ICP，否则属于非法经营。申请ICP经营许可证需注册资本达到100万以上。

7. 几个朋友合伙创业，如何分配股权？初创公司几个投资人，各占多少股份合适？

答：法律上并没有强制性规定，可自由协商确定，这种情况下的共同创始人之间的股份分配，大多数时候并不是按照出资额、技术和智慧成果来进行权衡的。这些技术性因素不是全部，甚至是次要的。

有的团队非常注意这些分配股权要素，事后依然出现了分崩离析；有的团队是拍脑袋决定的股权分配，但是一直团结到胜利的最后一刻。由此可见，人的因素是最重要的。团队分配股权，根本上讲是要让创始人在分配和讨论的过程中，从心眼里感觉到合理、公平，从而事后甚至是忘掉这个分配而集中精力做公司。这是最核心的，也是创始人容易忽略的。因此提一个醒，再复杂、全面的股权分配分析框架和模型纵然有助于各方达成共识，但是绝对无法替代信任的建立。希望创始人能够开诚布公地谈论自己的想法和期望，任何想法都是合理的，只要赢得你创业伙伴的由衷认可。

8. 有限责任公司多人出资建立，股东之一与其他股东发生分歧，希望退出，其余股东应该如何处理？

答：公司法规定，公司成立后，股东不得抽逃出资。因此一般情况下可通过股权转让的方式实现退出。

《公司法》第71条规定："有限责任公司的股东之间可以相互转让其全部或者部分股权。股东向股东以外的人转让股权，应当经其他股东过半数同意。股东应就其股权转让事项书面通知其他股东征求同意,其他股东自接到书面通知之日起满三十日未答复的,视为同意转让。其他股东半数以上不同意转让的,不同意的股东应当购买该转让的股权;不购买的,视为同意转让。经股东同意转让的股权,在同等条件下,其他股东有优先购买权。两个以上股东主张行使优先购买权的,协商确定各自的购买比例;协商不成的,按照转让时各自的出资比例行使优先购买权。公司章程对股权转让另有规定的,从其规定。"

同时公司法还规定,在一些特殊情况下,对股东会的决议投反对票的股东可以请求公司按照合理的价格收购其股权:

(一)公司连续五年不向股东分配利润,而公司该五年连续盈利,并且符合本法规定的分配利润条件的;

(二)公司合并、分立、转让主要财产的;

(三)公司章程规定的营业期限届满或者章程规定的其他解散事由出现,股东会会议通过决议修改章程使公司存续的。

9. 天使投资、VC(风险投资)、PE(私募股权投资)介入企业的节点是什么样的?分别起什么作用?

答:天使投资:公司初创、起步期,还没有成熟的商业计划、团队、经营模式,很多事情都在摸索,所以,很多天使投资都是熟人、朋友,基于对人的信任而投资。熟人、朋友做天使投资人,他的作用往往只是帮助创业者获得启动资金;而成熟的天使投资人或者天使投资机构的投资,则除了上面的作用外,还会帮助创业者寻找方向、提供指导(包括管理、市场、产品各个方面)、提供资源和渠道。

VC:公司发展中早期,有了比较成熟的商业计划、经营模式,已经初见盈利的端倪,有的VC还会要求已经有了盈利或者收入达到什么规模。VC在这个时候进入非常关键,可以起到为公司提升价值的作用,包括能帮助其获得资本市场的认可,为后续融资奠定基础;使公司获得资金进一步开拓市场,尤其是最需要烧钱的时候;提供一定的渠道,帮助公司拓展市场。

PE:一般是Pre-IPO时期,公司发展成熟期,公司已经有了上市的基础,达到了PE要求的收入或者盈利。通常提供必要的资金和经验帮助完成IPO所需要的重组架构,提供上市融资前所需要的资金,按照上市公司的要求帮助公司梳理治理结构、盈利模式、募集项目,以便能使得公司至少在1~3年内上市。这个时候选择PE需要谨慎,没有特别的声望或者手段可以帮助公司解决上市问题的PE或者不能提供大量资金解决上市前的资金需求的PE,就不是特别必要了。

10. 天使投资人一般占创业公司多少股权?

答:天使投资一般不会要求控股,10%左右是一般尺度,小于5%或大于30%是出现概率较低的情形。

11. 企业和VC是签对赌协议好还是不签好,为什么?

答:有利有弊,对赌协议虽然可以在一定程度上规避商业风险,但如果在境内上市,证监会已经明确上市时间对赌、股权对赌协议、业绩对赌协议、董事会一票否决权安排、企业清算优先受偿协议等五类PE对赌协议,是IPO审核的禁区。证监会的审核口径认为带有此类对赌协议的申请人,在发行审核期间甚至在挂牌上市后相当长的期限内,其股权结构将长期处于不确定状态,也违反了我国公司法同股同权的立法精神。从实践来看,如果存在对赌条款,都需要在清理之后或履行完毕之后才能向证监会上报 IPO 材料。

2012 年 12 月,最高法院对海富投资诉甘肃世恒案做出终审判决,否认了股东与公司之间损害公司及公司债权人利益的对赌条款的法律效力,仅认可了股东与股东之间对赌条款的合法有效性。

12. VC 做的尽职调查一般包括哪些问题?

答:一般会从公司基本情况、出资事项、股东及董监高构成、转股事项、业务经营、重大合同、重要产权、税务、劳动人事、重要纠纷仲裁诉讼等方面入手调查。对其中体现的重大问题进行调查和谨慎分析。

13. 跟天使投资人签协议,与跟风险投资机构签协议有什么不同,有哪些注意事项?

答:在任何阶段的任何投资人签协议都没有本质上的不同,都是做交易,某些老练的天使投资人比新创的风险投资更像风险投资。一般来说,个人天使投资人没有能力也没有想法控制公司。而持股比例较高的风险投资不仅会派出董事、财务人员对公司事务进行深入参与,而且在极端情况下甚至有可能接管公司,更换管理层。

相对主要是提供启动资金的天使投资来说,风险投资应该能带来更多的资源,而不只是钱。如果风险投资对创始人有一些特别的承诺以换取低价入股(比如动用其全球的专家资源),也需要落实在合约上。

天使投资人多是"不熟不投",和创始人有一定的私人交情和互信,投资合同往往不会特别烦琐,双方连律师都不一定请。风险投资是职业的机构投资者,又拿的是别人的钱投资,合同会烦琐到像一座巨大的法律迷宫,双方都需要专业的律师协助。

14. 创业公司如何进行股权激励?

答:一般有三种方式:

①股权购买:公司现有股东拿出部分股权出让给被激励者,被激励者需要用货币或知识产权等可以用货币估价并可以依法转让的非货币财产交换获得股权。被激励者购买股权的资金来源主要是被激励者工资、奖金、分红抵扣或直接出资以及企业资助等。被激励者获得的是完整的股权,拥有股权所具有的所有权、表决权、收益权、转让权和继承权,该购买股权的价格可以是买卖双方认可的任何价格。为了稳定优秀的人才,防止竞争对手恶意争夺人才,在购买之外另设置一定的条件,如果被激励者没有满足这些条件,那么股东有权回购。这样不致使公司和股东造成很大的伤害。

②期股:公司现有股东附条件的一次性或分期给予被激励者一定数额股份的分红权和表决权,被激励者按事先约定的价格用所得红利分若干年购买这部分虚拟股权,将之转化为实股(即"行权")。被激励者所得分红如果不足以支付购买虚股所需要的资金,则可以另行筹措资金,补足购买虚股的资金,无力购买部分可以放弃行权。款项支付以后,相对应的虚股转化为实股。被激励者对虚股拥有分红权和表决权,没有所有权

和处置权;对实股拥有完整所有权。虚股不以被激励者的名义进行股东登记,实股以被激励者名义进行股东登记。

③虚拟股权:公司现有股东附条件的授予被激励者一定数额的虚拟股权,被激励者不需出资,可享受公司价值的增长,利益的获得需要公司支付,不需要股权的退出机制,但是被激励者没有虚拟股票的表决权、转让权和继承权,只有分红权。被激励者离开公司将失去继续分享公司价值增长的权利;公司价值下降,被激励者将得不到收益;绩效考评结果不佳将影响到虚拟股份的授予和生效。

(资料来源:https://www.sohu.com/a/201996390_412457.)

思 考 题

(1)有限责任公司的设立必须具备哪些法定条件?具体设立程序有哪些?需要准备哪些必要文件和资料?

(2)公司法对有限责任公司的股权转让做了哪些具体规定?公司的股权转让程序是什么?

(3)公司在哪些情形下可以单方面解除其与员工的劳动合同?

(4)公司在哪些情形下需要向劳动者支付经济补偿金?

(5)合同的订立程序是什么?公司在对外签订经济合同时应当如何约定违约责任条款?

第三章　新创企业组织与人力资源管理

学习目标

（1）了解工作分析对初创企业管理的重要作用及工作分析的内容、方式方法。
（2）理解工作设计的内容与方式方法。
（3）了解组织结构的基本概念及影响设计的基本因素。
（4）理解组织结构的内容与类型及初创企业应当采用的组织结构类型。
（5）理解简单的人员招聘与甄选的重要性、方式方法及人员合理使用的重要性。
（6）理解员工培训的内容方法及对企业的重要作用。
（7）理解绩效管理的基本方法及对企业的重要作用。
（8）理解薪酬管理对企业的重要作用及简单的宽带薪酬设计。
（9）理解大学生创业过程中的人力资源管理问题及解决办法。

导入案例

　　有两支龙舟队——龙队和虎队，两支队伍进行了很长时间的训练后，开始了正式的比赛，比赛结果是龙队获胜，虎队落后于龙队1公里。看到这个结果，虎队的领导很不服气，召集大家开会分析原因，经过研究后，发现，龙队成员的组成是八个划桨员，一个掌舵员，而虎队恰恰相反，虎队的成员组成是八个掌舵员，一个划桨员。不过虎队领导并未看重这一点，而是聪明地认为，失败的原因是八个掌舵员当中没有中心，没有层次。

　　于是，虎队领导调整了掌舵员的组织结构，其中4个掌舵经理，全面负责掌握航向，3个区域掌舵经理，分工负责自己的区域，剩下的1个为行政后勤人员，为掌舵经理提供后勤服务，同时监督、督促划船员的行为。仍然只有一个划桨员。

　　两队又进行了很长的训练后再次进行比赛，这次比赛的结果，不用说大家已经知道了，这次比赛结果还是龙队赢，虎队落后2公里。虎队领导很恼火，比赛结束后马上召集大家开会，经过讨论，大家一致认为是划桨员工作不力，予以开除；行政后勤人员工作监督不力，予以处分，但是考虑他为领导服务细心周到，功过相抵，不予追究；而领导班子成员每人发一个红包，以奖励他们共同发现了根本问题。

讨论：
(1)虎队失败的原因是什么？调整分工后为什么又失败了？
(2)工作任务没有进行详细分析，简单进行考核会带来什么后果？

在高校，对很多新创业企业来说，由于企业规模、个人专业、业务繁忙等多种原因，对企业的组织及人力资源管理工作往往没有进行精心而细致地安排。在实际操作过程中，有的是直接借鉴其他企业已有文本或经验，有的是进行简单任务安排。随着企业的发展和扩大，进行专业地人力资源管理就十分必要了。

第一节　工作分析与工作设计

一、工作分析概述

工作分析又可以称为岗位分析或职位分析，它是人力资源管理的基础工作。工作岗位分析是对各类工作岗位的性质任务、职责权限、岗位关系、劳动条件和环境，以及员工承担本岗位任务应具备的资格条件等进行的系统研究，并制定出工作说明书等岗位人事规范的过程。重点解决"某一职位应该做什么？"和"什么样的人来做最适合？"的问题。

工作分析一般是对工作整体进行分析，以便确定每一项工作的具体安排，工作分析的具体安排可以用八要素分析(7W1H)来概括。7W1H主要内容是：(Who)谁从事此项工作，责任人是谁，学历及文化程度、专业知识与技能、经验以及职业化素质等资格要求。(What)工作任务描述，体力还是脑力？(Whom)为谁做？顾客是谁？这里的顾客不仅指外部的客户，也指企业内部的员工，包括与从事该工作的人有直接关系的人，如直接上级、下级、同事、客户等。(Why)为什么做，即工作对从事该岗位工作者的意义所在；(When)工作任务应该被要求在什么时候完成呢？(Where)工作的地点、环境等。(What qualificatiaons)从事这项工作的员工应该具备哪些资质条件？(How)如何从事或者要求如何从事此项工作，即工作程序、规范以及为从事该工作所需要的权利。

工作分析的直接成果是岗位规范和岗位说明书。岗位规范(又称岗位标准)是对在岗人员所规定的工作要求和任职条件，是对不同岗位人员应具有素质的综合要求，是衡量职工是否具备上岗任职资格的依据。岗位说明书是记录工作分析结果的文件，它把所分析该岗位的职责、权限、工作内容、任职资格等信息以文字形式记录下来，以便管理人员使用。工作分析是企业进行人力资源管理的基础，只有在客观、准确的工作分析基础上才能进一步建立科学的招聘、培训、绩效考核及薪酬管理体系。

工作分析是人力资源管理工作的基础，其分析质量对其他人力资源管理模块具有举足轻重的影响。工作分析需要为人力资源规划提供必要的信息：它为招聘、选拔、任用合格的员工奠定了基础；它为员工的考评、晋升提供了依据；它是企业单位改进工作设计、优化劳动环境的必要条件；它是制定有效的人力资源规划，进行各类人才供给和需求预测的重要前提;它是工作岗位评价的基础,为企业单位建立对外具有竞争力、对内具有公平性、对员工具有激励性的薪酬制度奠定了基础;它更有利于员工"量体裁衣",结合自身的条件制定职业生涯规划。因此我们可以看到,工作分析在整个人力资源管理过程中起到基础性作用,它关系到后期其他人力资源管理业务的质量。

工作分析包括两部分活动:一是对组织内各职位所要从事的工作内容和承担的工作职责进行清晰地界定,具体说明某一工作职位的物质特点和环境特点;二是确定各职位所要的任职资格,如学历、专业、年龄、技能、工作经验、工作能力以及工作态度等。工作分析的结果一般体现为职位说明书。职位说明书又称职位要求,要求说明从事某项工作职位的入职人员必须达到的生理要求和心理要求。主要包括以下几个方面:

(1)一般要求。主要包括年龄、性别、学历、工作经验等。

(2)生理要求。主要包括健康状况、力量和体力、运动的灵活性、感觉器官的灵敏度等。

(3)心理要求。主要包括观察能力、集中能力、记忆能力、理解能力、学习能力、解决问题的能力、创造性、数学计算能力、语言表达能力、决策能力、特殊能力、性格、气质、兴趣爱好、态度、事业心、合作性、领导能力等。

二、工作分析的过程

1. 计划

在进行工作分析时,首先要确定工作分析计划,主要内容有:确定工作的目的与结果使用的范围,明确所分析的资料到底用来干什么,解决什么管理问题;提出原来任职说明书主要条款存在的不清楚、模棱两可的问题或对新岗位任职说明书提出拟解决主要问题等。其次是确定所要分析的信息内容与方式,预算分析的时间、费用与人力。最后是组建工作分析小组,分配任务与权限(工作小组一般由工作分析专家、岗位在职人员、上级主管等构成)。

2. 设计

在工作分析具体实施之前,要针对具体分析内容进行设计,主要包括:明确分析客体,选择分析样本,以保证分析样本的代表性与典型性;选择分析方法与人员(人员的选择主要由经验、专业知识与个性品质等来决定);做好时间安排,制定分析标准;选择信息来源(工作者、主管者、顾客、分析专家、词典、文献汇编)等。

3. 收集、分析、综合所获得的信息资料

在完成岗位调查取得相关信息的基础上,要对岗位存在的时间、空间范围做出科学的界定,然后再对岗位内在活动的内容进行系统地分析,并做出总结和概括。在界定了岗位的工作范围和内容以后,应根据岗位自身的特点,明确岗位对员工的素质要求,提出本岗位员工所应具备的资格和条件。主要包括以下四个方面的分析:

(1)工作名称分析:工作特征的分析与概括、名称的选择与表达。

(2)工作规范分析:工作任务、工作责任、工作关系与工作强度的分析。

(3)工作环境分析:包括物理环境、安全环境与社会环境的分析。

(4)工作条件分析:必备的知识、经验、技能和心理素质的分析。

4. 结果

将上述岗位分析的研究成果，按照一定的程序和标准，最终制定出工作说明书、岗位规范等人事文件。工作分析结果的表述，有五种形式：

（1）工作描述，主要是对工作环境、工作要素及其结构关系的说明。

（2）工作说明书，主要是对某一职位或岗位工作职责任务的说明。

（3）工作规范，主要是对职位或岗位内工作方式、内容及范围的说明，包括完成工作的操作方式方法与工具设备、职位之间的相互工作关系，但不一定包括责任、权限与资格要求。

（4）资格说明书，主要是对某一职位或岗位任职资格的说明。

（5）职务说明书，主要是对某一职务或某一职位工作职责权限及其任职资格等其他内容的全面的说明。

对新创办企业来说，往往用得最多的是岗位说明书，下面是一个常见岗位说明书式样（表3-1）。

表3-1 岗位说明书式样

一、基本资料			
1. 岗位名称：		2. 岗位编号：	
3. 所在部门：		4. 岗位定编：	
5. 直接上级：		6. 直接下级：	
7. 职务级别：		8. 职位系统：	
二、任职基本资格			
1. 性别年龄：		2. 学　　历：	
3. 专　　业：		4. 工作经验：	
5. 协调能力：		6. 自身条件：	
三、职业技能要求			
1.		2.	
3.		4.	
四、部门职责			
五、考核标准			

（续表）

六、职责与工作任务		
职责一	职责表述：	
	工作任务	
职责二	职责表述：	
	工作任务	
职责三	职责表述：	
	工作任务	
职责四	职责表述：	
	工作任务	
职责五	职责表述：其他	
	工作任务	

七、权力

八、薪资福利

(续表)

九、工作条件	

十、工作协调关系：

内部关系	
外部关系	

5. 运用

通过工作分析，将职位划分为不同的类别和等级，为进行人力资源管理中工作评价、绩效考核、薪酬福利、员工职业发展等各项工作提供基础与依据。如果企业刚刚成立，还没有稳定的工作岗位，可以参考同行企业的岗位，结合自己的业务需求进行工作分析。

三、工作分析的方法

1. 访谈法

访谈法又称为面谈法，是指工作分析人员就某一职务或者职位面对面地询问任职者、主管、专家等人对工作的意见和看法。应用访谈法时可以以标准化访谈格式记录，目的是便于控制访谈内容及对同一职务不同任职者的回答进行相互比较。这里要注意的是被访谈者应该对这个岗位需要回答的结果在实践上非常熟悉。

优点：简单、便捷、适用面较广，其结果可以用来编制工作描述；可以作为其他信息收集方法的辅助；能够得到一些不为管理层知晓的内容，如工作态度、工作动机等较深层次的东西或一些管理问题；方式亲切，容易被员工接受而得到真实结果。

缺点：对访谈者技巧要求高，访谈技巧会影响最终信息质量；不能作为唯一方法，需要其他方法补充；对问题质量要求高，问题质量影响结果。

2. 问卷调查法

问卷调查法一般由专业人员事先设计出一套职务分析问卷，然后由岗位工作员工或者由工作分析人员填写问卷，最后将问卷加以归纳分析，做好详细的记录，并据此写出职务描述。

优点：能够迅速得到普遍的信息，节省时间、人力及费用，不会影响填写员工工作时间，适用于在短时间内对大量人员进行调查的情形。此类调查只需设计机构化问卷，结果可通过相关分析软件处理。随着现代技术的发展，计算机及互联网的普及，最好使用电子版的问卷，可以便于分析，纸质问卷统计处理工作量较大。

缺点：问卷的设计需要花费时间、人力、物力及费用，沟通方式为单项沟通，所提问题可能部分地不为员工理解，填写者也可能不认真填写，最终影响调查的质量，这个就要求问卷设计者十分专业，设计的问卷使填写者填写方便，通俗易懂。

3. 观察法

观察法是一种传统的职务分析方法,工作分析人员现场对特定对象(一个或多个任职者)的作业活动进行观察、收集、记录,需要记录工作的内容、工作间相互关系、人与工作的关系、工作环境、工作条件等信息,然后进行分析与归纳总结。

优点:直观、真实、灵活、简单,岗位分析人员感受直观,所获信息资料较准确;信息了解广泛;可以了解到工作活动内容、工作中正式行为及非正式行为、工作士气等。

缺点:耗费时间长,容易干扰员工工作,适用范围较小。

4. 工作日志法

工作日志法又称工作写实法,岗位任职者按时间顺序详细记录自己的工作内容与工作过程,然后经过归纳、分析,达到工作分析目的的一种方法。这种方法有时由于工作人员的工作偏好或疏忽,容易产生部分失真。

5. 资料分析法

采用已有的资料,对每项工作的任务、责任、权利、工作负荷、任职资格等进行大致了解,为进一步调查、分析奠定基础。资料分析可以参考本公司以往人员工作日志、工作规范、工作说明书等,也可以参考同行业同岗位的资料,不过要注意的是,要根据实际情况进行调查修正。

6. 任务调查表法

通过发放任务调查表获得与工作相关数据和信息,并进行分析。任务调查表上列明了每一条检查项目或评定项目,形成任务或工作活动一览表。其内容包括任务、难易程度、学习时间、与整体绩效的关系等。

7. 关键事件法

关键事件法是要求分析人员、管理人员、本岗位员工,将工作过程中的"关键事件"详细地加以记录,对岗位的特征要求进行分析研究的方法。关键事件应是导致工作成功或失败的行为特征或事件,如成功与失败、盈利与亏损、高效与低产等。缺点是收集、归纳关键事例并进行分类耗时长。此外,事例描述的是特别有效或特别无效的行为,很难对平均的工作行为进行描述,会遗漏一些不显著的工作行为。

8. 工作实践法

工作实践法是分析人员亲自从事所要分析的岗位或工作,并根据其所掌握的第一手资料进行分析。

优点:有针对性,能够获得更真实可靠的数据资料;可以准确地了解工作实际任务和体力、环境、社会等方面要求,适用于短期内可以掌握的工作。

缺点:受到分析人员自身知识与技能的局限,运用范围窄;不适用于在现代化大生产条件下,对操作的技术难度、工作频率、质量要求高及有危险性的职务。

四、工作设计概述

有一个例子,在一个生产车间,一个操作工不小心把一瓶机油弄倒在地上了,地面变得非常脏。车间经理走过来看到了,就问操作工,地上的脏东西为什么没有人清理,操作工说由于自己要操作设备,所以没法离开去清理,否则可能产生生产事故。经理又问辅助工为什么不清理,辅助工说自己的岗位职责中没有清理地面的职责,而且平时清理都是保洁在做。于是经理打电话给保洁,保洁说自己的工作时间要求是在生产车间下班后才能做清洁工作。经理很愤怒,强制命令辅助工进行了清理工作,辅助工委屈地去做了,但是第二天厂里就接到对经理的投诉。从中我们可以看到工作设计的重要性,一旦工作设计不科学,就可能产生责任推卸等很多不合适的行为。

工作设计是指为了有效地达到组织目标与满足个人需要而进行的工作内容、工作职能和工作关系的设计。也就是说,工作设计是一个根据组织及员工个人需要,规定某个岗位的任务、责任、权力以及在组织中工作的关系的过程。工作设计应遵循以下原则:

(1)最低岗位数量原则。新创企业在进行工作设计时以最少的岗位数量来承担工作,能够节约企业成本,缩短信息传递时间。

(2)能级原则。新创企业在进行工作设计时应关注岗位在组织中所具有的能量等级、功能等级。一般情况下,岗位功能等级是由所任职务的性质、任务大小、责任轻重、繁简难易等决定的。

(3)因事设岗。岗位是根据工作设置的,这是岗位设置的根本原则。但是,特殊情况下,新创企业刚开始创业的时候因为特殊原因可以采用因人设岗,如某个人可以为企业带来大量业务,可以人为的为他设计个岗位,但是,随着企业的发展,一定要严格规范,按照正规化来做,就不能因人设岗了。

(4)整体优化。每个岗位与其他岗位的关系要保持协调,要求所有岗位实现最有效的配合。

五、工作设计的内容

一个好的工作设计可以减少单调重复性工作的不良效应,充分调动员工工作积极性,也有利于建设整体性的工作系统。工作设计的主要内容如下:

(1)工作任务,要考虑工作是简单重复还是复杂多样、自主性程度高以及工作的整体性。

(2)工作职能,包括工作责任、工作权限、工作方法以及协作要求。

(3)工作关系,主要是个人在工作中所发生的人与人之间的联系,包括上级、下级、同级,关注应与哪些人进行信息沟通。

(4)工作结果,主要指工作的成绩与效果。

(5)对工作结果的反馈,主要指工作本身的直接反馈和来自别人对所做工作的间接反馈。

(6)任职者的反应,指任职者对工作本身以及组织对工作结果奖惩的态度,包括工作满意度、出勤率和离职率等。

(7)人员特性,主要包括对人员的需要、兴趣、能力、个性方面的了解,以及相应工作对人的特性要求等。

(8)工作环境,主要包括工作活动所处的环境特点、最佳环境条件及环境安排等。

六、工作设计的方法

工作设计关系到企业后续经营的有序,一般采用如下方法进行工作设计:

(1)工作专业化。工作专业化是一种传统的工作设计方法。它通过对动作和时间的研究,把工作分解为许多很小的单一化、标准化、专业化的操作内容和程序,并对工人进行培训和激励,使工作保持高效率。这种工作设计方法在流水线生产上应用最广泛。

(2)工作扩大化。工作扩大化的做法是扩展一项工作包括的任务和职责,但是这些工作与员工以前承担的工作内容非常相似,只是一种工作内容在水平方向上的扩展,不需要员工具备新的技能,所以,并没有改变员工工作的枯燥和单调。

(3)工作丰富化。工作丰富化是指在工作中赋予员工更多的责任、自主权和控制权。工作丰富化与工作扩大化、工作轮换都不同,它不是水平地增加员工工作的内容,而是垂直地增加工作内容。这样员工会承担更多重的任务、更大的责任,员工有更大的自主权和更高程度的自我管理,还对工作绩效的反馈。

(4)工作轮换。工作轮换是工作设计的内容之一,指在组织的不同部门或在某一部门内部调动雇员的工作。目的在于让员工积累更多的工作经验。

(5)工作特征再设计。工作特征再设计是一种人性化的设计方法,是指针对员工设计工作而非针对工作特征要求员工。它主要表现为充分考虑个人存在的差异性,区别地对待各类人,以不同的要求把员工安排在合适于他们独特需求、技术、能力的环境中。

(6)工作设计综合模型。工作设计的综合模型包括:工作设计的主要因素、绩效成果目标因素、环境因素、组织内部因素和员工个人因素等。综合模型的特点是:着重要求企业管理人员分析和评价在工作设计、规划发展和贯彻过程中许多环境变量可能产生的影响。

第二节 组 织 结 构

对于多数在校大学生新创业企业来说,企业在经营之前设计一个合理的组织结构很重要,有利于经营过程中理清楚各种关系,明确岗位职责。笔者在进行学生创业辅导的过程中经常看到这样一种现象,有些学生创业企业设立组织机构不是根据其创业企业的需要,而是简单的根据几项重要业务进行组织结构设计,还有些同学是在网上搜索一个类似公司的组织机构设置图然后就拿出来用。在组织机构中进行岗位设置时,有的同学更关注的是岗位名称是否响亮,而不是岗位的详细职责。从中我们可以看到,大学生初创企业时,理清楚组织结构至关重要,并且应在理清楚组织结构的基础上对自己公司的组织机构和岗位进行合理的设置。

一、组织结构概述

有一天一个老人路过一块地,看见两个人在拼命地干活,一个人一直在拼命地挖着坑,另一个人在拼命地填土。老人就好奇,看他们在做什么,可是老人看了半天就是怎么看也看不出他们是在做什么。最后实在忍不住想知道他们在干吗,就过去问他们:你们现在是在干什么啊?他们是这样回答的:我们是在种树,本来是有三个人一起分工的,今天种树的没有来,我是负责挖坑,所以我只管挖我的坑;另一个人也说了,我是负责填土,我只管填土,别的不关我的事。我们可以看到,他们并没有达到种树这样一个目标,任务的安排就是失败的,组织对工作任务进行安排应该以达成组织目标为出发点。

组织结构是组织的全体成员为实现组织目标,在管理工作中进行分工协作,在职务范围、责任、权利方面所形成的结构体系。组织结构也是表明组织各部分排列顺序、空间位置、聚散状态、联系方式以及各要素之间相互关系的一种"框架",更是一种组织在职、责、权方面的动态结构体系,其本质是为实现组织战略目标而采用的一种分工协作体系。

二、影响组织结构设计的重要因素

组织结构设计时,必须正确考虑工作专门化、部门化、命令链、管理幅度、集权与分权、正规化等因素。

1. 工作专门化

20世纪初,福特公司通过工作专门化大大提升了工作效率,他们具体的做法是:给公司每一位员工分配特定的、重复性的工作,例如,有的员工只负责装配汽车的右前轮,有的则只负责安装右前门。通过把工作分化成较小的、标准化的任务,使工人能够反复地进行同一种操作,福特公司利用技能相对有限的员工,工作日每10秒钟就有一台T型车下生产线。从中我们可以看到让员工从事专门化的工作,会提高他们的生产效率。

工作专门化主要是指在组织中把工作任务划分成若干详细的步骤来完成,一个人不是承担一项工作的全部,而只是完成某一步骤或某一环节的工作。很多工作通过工作专门化来完成也是一种最有效地利用员工技能的方式。工作专门化有利于提升组织运行效率,重复性的工作也能促使员工提高技能。

2. 部门化

最常见的部门化是职能部门化,这种划分主要根据活动的职能对工作活动进行分类。主要是职能的变化可以反映组织的目标和活动,因此,根据职能进行部门的划分适用于所有的组织。通过职能分组有利于把同类专家集中在一起,能够提高工作效率。如把专业技术、研究方向接近的人分配到同一个部门中,可以提高管理效率。

通过区域进行部门划分也是一种常见的部门化划分方法,这种方法在大区域营销方面很常见。如有的企业根据地域,在国内有西南片区、东北片区、华南片区等多个片区,分片负责。实际上,每个地域是围绕这个地区而形成的部门。

过程部门化是一种适用于产品的生产,也适用于顾客的服务的部门划分方法。如一个公司的处理客户投诉就是根据过程进行划分处理的。此外,根据顾客的类型来进行部门化划分也非常常见,如电信企业的客户就分为大客户、商业客户、公众客户。电网企业也是采用类似的划分。

3. 命令链

命令链是指将一个组织中所有人联系在一起的、连续不断的权力链条,它指明人们之间的请示汇报关系,它是一种不间断的权力路线,从组织最高层扩展到最基层,澄清谁向谁报告工作。它能够回答员工提出的这种问题:"我有问题时,去找谁?""我对谁负责?"

命令链有两条基本原则:一是单一命令原则,即每名员工只对一位领导负责;二是等级原则,即组织中的命令链应当将所有员工都包含进去。不同任务拥有的权力和责任应当有所区别。组织中的每个人都应当知道他们向谁请示汇报,并且层层向上直到最高领导人。如人力资源薪酬主管要向人力资源部经理汇报,人力资源部经理要向人力资源总监汇报,人力资源总监向公司总经理(或执行总裁)汇报。

4. 管理幅度

又称管理宽度、管理跨度,是指在一个组织结构中,一名领导者直接领导的下属人员的数目。在这里需要注意的是"直接"这个词的含义,那些间接地被领导者不应该被算作管理幅度的范畴。管理幅度和管理层次有很大关系,管理幅度越大,管理层次越少,管理幅度越小,管理层次越多,管理幅度决定着组织要设置多少层次,配备多少管理人员。

一般情况下,在其他条件相同时,控制跨度越宽,组织效率越高。我们需要知道:管理幅度是有限的,一个人不可能管理无限制的直接管辖人员;有效管理幅度不存在一种普遍适用的固定的具体人数,其大小与个人管理能力、信息传递状况、下属的理解与执行能力等多种情况有关;组织设计的任务就是找出限制管理幅度的影响因素,根据影响因素的大小,具体确定特定企业各级各类管理组织与人员的管理幅度。

5. 集权与分权

组织管理中,如果高层管理者制定所有的决策,低层管理人员只管执行高层管理者的指示,这种情况就是集权。如汉朝汉武帝后期就是高度的集权。如果组织把决策权下放到最基层管理人员手中,就是分权。

集权式组织的优点主要有以下几个方面:一是易于协调及易于决策;二是对命令或汇报对象有直接的规范;三是组织目标一致程度高;四是紧急情况下能快速决策;五是有助于实现规模经济。集权式组织的缺点主要有以下几个方面:一是高级管理层可能不会重视个别部门的不同要求;二是由于决策时需要通过集权职能的所有层级向上汇报,决策时间过长;三是对级别较低的管理者而言,其职业发展有限。

目前分权式决策的趋势比较明显,有利于管理的主动性和灵活性,由于基层管理人员更贴近生产实际,对有关问题的了解比高层管理者更翔实,试行分权式决策有利于经营的有序快速进行。

6. 正规化

正规化指组织中的工作实行标准化的程度。如果一种工作的正规化程度较高,就意味着做这项工作的人对工作内容、工作时间、工作手段没有多大自主权。人们总是期望员工以同样的方式投入工作,能够保证稳定一致的产出结果。在高度正规化的组织中,有明确的工作说明书,有繁杂的组织规章制度,对于工作过程有详尽的规定;而正规化程度较低的工作,相对来说,工作执行者和日程安排就不是那么僵硬,员工对自己工作的处理许可权就比较宽。很多新创办企业正规化程度较低,有利于企业初期的经营,随着企业的发展壮大,正规化是企业必须要走的一条路。

三、组织结构的内容与类型

1. 组织结构内容

组织结构一般分为职能结构、层次结构、部门结构、职权结构四个方面。

(1)职能结构:是指实现组织目标所需的各项业务工作以及比例和关系。其考量维度包括职能交叉、职能冗余、职能缺失、职能割裂、职能分散、职能分工、职能错位、职能弱化等方面。

(2)层次结构:是指管理层次的构成及管理者所管理的人数(纵向结构)。其考量维度包括管理人员分管职能的相似性、管理幅度、授权范围、决策复杂性、指导与控制的工作量、下属专业分工的相近性。

(3)部门结构:是指各管理部门的构成(横向结构)。其考量维度主要是一些关键部门是否缺失或优化。从组织总体型态,各部门一、二级结构进行分析。

(4)职权结构:是指各层次、各部门在权力和责任方面的分工及相互关系。主要考量部门、岗位之间权责关系是否对等。

2. 组织结构类型

组织结构的类型一般有直线制、职能制、直线职能制、事业部制、矩阵制等多种类型,一般情况下,大学生初创企业选择直线制、直线职能制、项目职能制较好。

(1)直线制。直线制又称军队式结构,是最简单的集权式组织机构形式。自上而下垂直领导与被领导,不设立专门的职能机构。它的特点是各级行政单位从上到下实行垂直领导,下属部门只接受一个上级的指令,各级主管负责人对所属单位的一切问题负责,一切管理职能基本上都由行政主管自己执行。

直线制优点是结构简单、责任分明、命令统一。缺点是:组织结构缺乏弹性、横向缺乏交流和专业化分工,较多依赖领导人员,对领导人员要求高。在业务比较复杂、企业规模比较大的情况下,把所有管理职能都集中到主管一人身上,是难以胜任的。直线制只适用于规模较小、生产技术比较简单的企业,在校大学生刚创办企业时可以考虑这种类型。

(2)职能制。职能制组织结构,又称多线制,它是按照专业分工设置相应的职能管理部门,实行专业分工管理的组织机构形式。这种结构要求把相应的管理职责和权力交给相关的职能机构,各职能机构就有权在自己业务范围内向下级行政单位发号施令,下级行政负责人除了接受上级行政主管的指挥外,还必须接受上级各职能机构的领导。

其优点是专业化管理程度高,有利于发挥职能机构的专业管理作用,减轻直线领导负担,有利于各职能管理者的选拔、培训、考核的实施,适应工业企业生产技术比较复杂、管理工作比较精细的特点。缺点是多头领导,不利于统一指挥,易产生分歧,组织机构复杂,管理成本高,过于强调分工不利于人才全面培养,决策慢,在中间管理层往往会出现有功大家抢、有过大家推的现象。由于这种组织结构形式有明显的缺陷,现代企业一般都不采用职能制。

(3)直线职能制。目前多数企业都采用这种组织结构形式。它是在直线制和职能制的基础上,取长补短,吸取这两种形式的优点而建立起来的,在厂长(总经理)领导下设置相应的职能部门,是厂长统一指挥与职能部门参谋、指导相结合的组织结构形式。这种组织结构把企业管理机构和人员分为两类:一类是直线领导机构和人员,按命令统一原则对各级组织行使指挥权;另一类是职能机构和人员,根据专业业务从事组织的各项职能管理工作。直线领导在自己的职责范围内具有决定权和对所属下级的指挥权,并对自己部门的工作负责;而职能机构和人员,则是直线指挥人员的参谋,只能进行业务指导。

直线职能制的优点是既保证了企业管理体系的集中统一,又可以在各级行政负责人的领导下,充分发挥各专业管理机构专业的作用。其缺点是:职能部门过多,横向协作复杂,请示汇报程序多,这一方面加重了上层领导的工作负担,另一方面也造成办事效率低。为了克服这些缺点,可以设立各种综合委员会或建立各种会议制度,以协调各方面的工作,起到沟通作用,帮助高层领导出谋划策。这种类型可以在企业发展相当长一段时间内起到作用,大学生创业企业可以考虑。

(4)事业部制。也称分权制,它是在直线制基础上演变而来,遵循"集中决策、分散经营"的总原则,实行集中决策指导下的分散经营,按照产品、地区、顾客等标志将企业划分为若干相对独立的经营单位,分别组成事业部。事业部独立核算、自负盈亏,可设置相应的职能部门。总公司负责"三重一大"的决策,通过利润指标监控事业部。它适用于规模庞大、品种繁多、技术复杂的大型企业,是国外较大的联合公司所采用的一种组织形式,近几年中国一些大型企业集团或公司也引进了这种组织结构形式。

事业部制的优点是权力下放有助于高层集中精力制定战略,有自主权,高度专业化,权责明确,物质与经营挂钩紧密;缺点是机构重叠,管理人员膨胀,各自为政忽视整体。

(5)模拟分权制。这是一种介于直线职能制和事业部制之间的结构形式。许多大型企业,如连续生产的钢铁、化工企业由于受到产品品种或生产工艺过程限制,难以分解成几个独立的事业部;又由于企业的规模庞大,以致高层管理者感到采用其他组织形态都不容易管理,这时就出现了模拟分权组织结构形式。所谓模拟,就是要模拟事业部制的独立经营,单独核算,而不是真正的事业部,实际上是一个个"生产单位"。这些生产单位有自己的职能机构,享有尽可能大的自主权,负有"模拟性"的盈亏责任,目的是要调动他们的生产经营积极性,达到改善企业生产经营管理的目的。需要指出的是,各生产单位由于生产上的连续性,很难将它们截然分开,就以连续生产的石油化工为例,甲单位生产出来的"产品"直接就成为乙生产单位的原料,这当中无须停顿和中转。因此,它们之间的经济核算,只能依据企业内部的价格,而不是市场价格,也就是说这些生产单位没有自己独立的外部市场,这也是与事业部的差别所在。

模拟分权制的优点除了调动各生产单位的积极性外,就是解决企业规模过大不易管理的问题。高层管理人员将部分权力分给生产单位,减少了自己的行政事务,从而把精力集中到战略问题上来。其缺点是:不易为模拟的生产单位明确任务,造成考核上的困难;各生产单位领导人不易了解企业的全貌,在信息沟通和决策权力方面也存在着明显的缺陷。

(6)矩阵制。在组织结构上,把既有按职能划分的垂直领导系统,又有按产品(项目)划分的横向领导关系的结构,称为矩阵组织结构。矩阵制组织是为了改进直线职能制横向联系差、缺乏弹性的缺点而形成的一种组织形式。它的特点表现在围绕某项专门任务成立跨职能部门的专门机构上,如组成一个专门的产品(项目)小组去从事新产品开发工作,在研究、设计、试验、制造各个不同阶段,由有关部门派人参加,力图做到条块结合,以协调有关部门的活动,保证任务的完成。

矩阵结构的优点是机动、灵活,可随项目的开发与结束进行组织或解散;由于这种结构是根据项目组织的,任务清楚,目的明确,各方面有专长的人都是有备而来,因此在新的工作小组里,能沟通、融合,能把自己的工作同整体工作联系在一起,为攻克难关、解决问题而献计献策,由于从各方面抽调来的人员有信任感、荣誉感,使他们增加了责任感,激发了工作热情,促进了项目的实现;它还加强了不同部门之间的配合和信息交流,改变了直线职能结构中各部门互相脱节的现象。

矩阵结构的缺点是项目负责人的责任大于权力,因为参加项目的人员都来自不同部门,隶属关系仍在原单位,所以项目负责人对他们管理困难,没有足够的激励手段与惩治手段,这种人员上的双重管理是矩阵结构的先天缺陷;由于项目组成人员来自各个职能部门,当任务完成以后,仍要回原单位,因而容易产生临时观念,对工作有一定影响。

矩阵结构适用于一些重大攻关项目。企业可用来完成涉及面广的、临时性的、复杂的重大工程项目或管理改革任务。特别适用于以开发与实验为主的单位,如科学研究,尤其是应用性研究单位等。

(7)委员会。委员会是组织结构中的一种特殊类型,它是执行某方面管理职能并以集体活动为主要特征的组织形式。实际中的委员会常与上述组织结构相结合,可以起决策、咨询、合作和协调作用。

优点:可以集思广益;利于集体审议与判断;防止权力过分集中;利于沟通与协调;能够代表集体利益,容易获得群众信任;促进管理人员成长等。

缺点:责任分散;议而不决;决策成本高;少数人专制等。

（8）多维立体。这种组织结构是事业部制与矩阵制组织结构的有机组合。多用于多种产品，跨地区经营的组织。

优点：对于众多产品生产机构，按专业、按产品、按地区划分；管理结构清晰，便于组织和管理。

缺点：机构庞大，管理成本增加、信息沟通困难。

新创办企业组织结构一般是不稳定的，随时可能根据企业发展状况再进行变化，同学们可以参考同行业规模相似企业组织构架，也可以根据实际业务需要进行设置，随着企业发展，可以招聘专业的人力资源管理人员进行专业梳理和设置。

第三节　人员招聘甄选

企业创办后，进入经营阶段，初创企业应该招聘到合适的人员并用在合适的岗位上，这对企业的经营效率来说至关重要。美国管理协会（AMA）的研究成果表明"错误的选拔一个岗位的雇员给组织带来的直接经济损失是该岗位年薪的50%"；专家的对比研究发现"选拔一个适合该岗位的员工，比雇用一个一般性的员工要多创造20%~120%的效益"。对初创企业来说，寻找和使用合适的员工相当重要。

一、人员招聘程序

人员招聘是组织及时寻找、吸引并鼓励符合要求的人，到本组织中任职和工作的过程。对于初创企业，人员招聘程序一般如下：

（1）用人部门提出申请，申请包括所需人数、岗位、要求等。

（2）人力资源部门复核，由最高管理层审核并确定招聘计划。

（3）人力资源部根据用人部门需求人员申请单，确定招聘的职位名称和人员数量，同时确定所需人员资格及条件限制，如该职位所限制的学历、要求的年龄、所需能力和经验等。

（4）确定招聘岗位的应提供的待遇条件。

（5）通过不同渠道发布招聘需求，如公司内部、网络、报纸、人才市场等。

（6）根据应聘人员资料状况，安排面试时间、场地和面试方式，面试中一般人力资源管理部门考察通用的素质能力，业务部门考察业务能力。

（7）确定录用人员，办理入职。

招聘按途径主要有外部招聘和内部招聘两种，各有优劣。外部招聘是组织根据制定的标准和程序，从组织外部选拔符合空缺职位要求的员工。外部招聘具有以下优势：具备难得的"外部竞争优势"；有利于平息并缓和内部竞争者之间的紧张关系；能够为组织输送新鲜血液；能给竞争者有一个自我发展的空间。外部招聘也会有很多的局限性，主要表现在：外聘者对组织缺乏深入了解；组织对外聘者缺乏了解；对内部员工积极性造成打击等。

内部招聘是指组织内部成员的能力和素质得到充分确认之后,被委以比原来责任更大、职位更高的职务,以填补组织中由于发展或其他原因而空缺了的管理职务。内部提升制度具有以下优点:有利于调动员工的工作积极性;有利于吸引内部人才;有利于保证选聘工作的正确性;有利于被聘者迅速开展工作。当然,内部提升制度也可能会带来如下一些弊端:可能会导致组织内部"近亲繁殖"现象的发生;可能会引起同事之间的矛盾等。

二、人员甄选

人员甄选,也叫人员选拔,是指通过运用一定的工具和手段对已经招募到的求职者进行鉴别和考核,区别他们的个人、知识和技能等,预测他们的未来工作绩效,从而最终挑选出企业所需要的、恰当的职位空缺填补者。

1. 人员甄选的内容

(1)知识。知识是系统化的信息,可分为普通知识和专业知识。普通知识也就是我们所说的常识,而专业知识是指特定职位所要求的特定的知识。在人员甄选过程中,专业知识通常占主要地位。应聘者所拥有的文凭和一些专业证书可以证明他掌握的专业知识的广度和深度。知识的掌握可分为记忆、理解和应用三个不同层次,会应用所学知识才是企业真正需要的。所以,人员甄选时不能仅以文凭为依据判断候选者掌握知识的程度,还应通过笔试、测试等多种方式进行考察。

(2)能力。能力是引起个体绩效差异的持久性的个人心理特征。能力通常被分为一般能力与特殊能力。一般能力是指在不同活动中表现出来的一些共同能力,如记忆力、想象力、观察力、注意力、思维能力、操作能力等。这些能力是我们完成任何一种工作不可缺少的能力。特殊能力是指在某些特殊活动中所表现出来的能力,如设计师需要具有良好的空间知觉能力,管理者需要具有较强的人际能力、分析能力等,这也就是我们常说的专业能力。

(3)个性。每个人为人处事总有自己独特的风格,这就是个性的体现。个性是指人的一组相对稳定的特征,这些特征决定着特定的个人在各种不同情况下的行为表现。个性与工作绩效密切相关。个性特征通常采用自陈式量表或投射测量方式来衡量。

(4)动力因素。员工要取得良好的工作绩效,不仅取决于他的知识、能力水平,还取决于他做好这项工作的意愿是否强烈,即是否有足够的动力促使员工努力工作。在动力因素中,最重要的是价值观,即人们关于目标和信仰的观念。具有不同价值观的员工对不同企业文化的相融程度不一样,企业的激励系统对他们的作用效果也不一样。所以,企业在招聘员工时有必要对应聘者的价值观等动力因素进行鉴别测试。动力因素通常采用问卷测量的方法进行。

2. 人员选拔的方法

人员选拔的常用方法有面试和测评,很多初创企业一般选择通过面试直接录用,这样用人有很大的随意性,随着企业的发展,应该采用专业的人员测评的方式来进行人员选拔。

人员测评是要通过各种直接或间接的方法和手段来测量求职者是否具备工作所需的某种能力并推测其未来的工作绩效。主要方法包括：知识测试、能力测试、心理测试、行为模拟测试等。

（1）知识测试，主要是用来衡量求职者是否具备完成职位职责所要求的知识。

（2）能力测试可以分为三个类型：认知能力测试，主要测试求职者的思维能力、想象力、记忆力、推理能力、分析能力、数学能力、空间关系能力及语言能力等，一般通过词汇、计算、推理等类型的问题进行评价；运动和身体能力测试，测量一个人的力量、灵活性及协调性，运动测试包括手指灵活度、手的灵活度、手腕的运动速度、手臂的运动速度，身体能力测试则包括力量和耐力测试；成就测试，考察一个人已经拥有的能力，主要测试求职者已经具备的有关工作的能力水平。

（3）心理测试，主要进行个性和兴趣测试、投射测试、行为模拟测试。个性测试是测量求职者的个性特点及倾向。测量工具主要为问卷和投射。投射测试主要用于对人格、动机等内容的测量，它要求测量者对一些模糊不清、结构不明确的侧记做出描述或反映，通过对这些反映的分析来判断被测量者的内在心理特点。行为模拟测试是基于情景模拟的测试方法，指通过在一定情境下，求职者所表现出的与职位要求相关的行为方式，来判断求职者是否适合空缺职位。主要的工具是公文筐处理、无领导小组讨论、角色扮演、演讲、工作抽样法、评价中心技术。

以上选拔方法需要专业的人员来进行组织实施方能取得好的效果。对初创企业来说，人员甄选与选拔这一关非常关键，关系到人员录用及使用情况。因此，随着企业的发展，一定要专业的人员采用专业的流程与方式进行组织实施，否则将会对企业经营产生恶劣影响。

有一个小故事，说有一个农场，因捕鼠科科长离职而造成场内鼠患成灾，农场总经理命令人力资源部经理五天之内要招一个捕鼠科科长回来，否则也要走人。人力资源部经理接到这个指示后，回去赶紧写了一张小红纸条，贴在了农场的大门口，上面这样写道："本农场欲招捕鼠科科长一位，待遇优，福利好，有意者请来面试。"

第二天，农场门口来了这么七位应聘者：鸡、鸭、羊、狗、猪、猫、猫头鹰。人力资源部经理开始进行筛选：第一轮筛选的是学历，鸡、鸭都是北京大学的优秀毕业生，当然过关；羊和狗是大专毕业，也过关；猫和猫头鹰是高中毕业，人力资源部经理皱了皱眉头，也过关了，结果，第一关淘汰下来的只有一位，那就是只读到小学二年级的猪。

第二轮是笔试，这当然难不倒大学本科毕业的鸡和鸭；羊因为平时勤勉，也勉强过关；狗上学的时候不太认真，碰到这些题目有些为难，可是它一会儿时间内，已经给主考官鞠了六个躬，点了九次头，所以也过关了；猫头鹰本来是不会做的，可是它眼力好，偷看到了，所以也就抄过了关。只有猫因为坚持原则，不会做就是不会做，所以，这一轮被淘汰的只有猫一个人。

第三轮是答辩，总经理、农场场主和人力资源部经理三个人坐在那里，应聘者一个接一个地进来。第一个是鸡，它一进来就说："我在学校时是学捕鼠专业的，曾经就如何掌握鼠的习性与行动方式写过一篇著作。"三个人一碰头，这个好，留下了。第二个进来的是鸭，它说："我没有发表过什么著作，但是在大学期间，我一共发表了18篇有关鼠的论文,对于鼠的各个种类,我是了若指掌。"这个也不错,也留下了。第三个进来的是羊,羊说:"我没有那么高的学历,也没有发表过什么论文、著作。但是我有一颗持之以恒的心和坚硬的蹄子。你们只要帮我找到老鼠洞口,然后我就站在那里,高举着我的前蹄,看到有老鼠出来我就踩下去,十次当中应该会有两三次可以踩死,只要我坚持下去,相信有一天我会消灭老鼠的!"三个主考官被羊的这种精神感动了,于是也录取了。第四个进来的是狗,狗一进来就点头哈腰地说:"瞧三位慈眉善目的,一定都是十分优秀的成功人士⋯⋯"一顿马屁狂拍,三个人被拍得晕晕乎乎的,最终也录用了。最后一个是猫头鹰,没有高学历,没有什么论文著作,唯一的成绩就是从事捕鼠一年多来抓了五六百只的田鼠,但是又不会拍马屁,又长得恶形恶脸的,一点都不讨人喜欢,所以就被淘汰了。至此,整个招聘活动结束了,大家可以看到的是,真正会捕鼠的猫、猫头鹰,都被淘汰了。农场治理鼠害的结果可想而知。

所以企业在进行人员招聘时,一定要采用科学的手段,尽量不要受到主观因素干扰,这样才能真正选拔到企业需要的人才。

三、人员的录取和使用

《尚书·咸有一德》有云,"任官惟贤才",意思是只任用有德有才的人做官吏。后即以"任人唯贤"指用人只选任和提拔有德有才的人。现在企业经营环境日益复杂,对各种人才的要求也越来越高,用人唯贤能维持企业的长期可持续发展。人才的使用一般讲究将合适的人放在合适的位置上,因材器使。《史记·孟尝君列传》载:齐孟尝君出使秦被昭王扣留,孟一食客装狗钻入秦营偷出狐白裘献给昭王妾以说情放孟。孟逃至函谷关时昭王又令追捕。另一食客装鸡叫引众鸡齐鸣骗开城门,孟得以逃回齐。从中我们可以看到,人才使用的关键是把合适的人放在合适的位置上才能发挥他最大的作用。《论语·子路》:"君子易事而难说也,及其使人也器之。"也告诉我们企业应根据人才的能力和素质的不同来合理安排岗位。

企业高级人才的使用一般建议内部优先,一般来说,他们对企业内部比较了解,企业对他们是否符合企业需要也很了解。在《基业长青》一书中被列为"高瞻远瞩"的18家美国公司(在所在行业中第一流、广受企业人士崇敬、对世界有着不可磨灭影响、已经历很多代的CEO、已经历很多次产品或服务生命周期、1950年以前创立的企业)中,16家公司都是自己培养管理人员,特别是CEO。这些公司包括通用电气、摩托罗拉、宝洁公司、福特汽车公司、波音公司、3M公司等著名公司,在他们总长高达1700年的岁月中,只有四个CEO是外聘的,而且只在两家公司中出现过。对于初创企业来说,这条规则不是一成不变,企业录用人才的关键是看他能否满足职位的需要。甚至有些企业在初创期采用因人设岗的方式,原因就是这个人能够给企业带来大量的业务收入。

对于大学生新创办企业来说,虽然经常讲与志同道合的人一起创业,但在分工的过程中也应该关注每个人擅长的地方,如果没有合适的人选,就应该去招聘寻找,而不是凭着感觉和爱好进行岗位配置。随着企业的发展,企业就需要更多地关注专业化的招聘、甄选和配置了,这些都需要由专业的人员来实施。

第四节 员工培训

俗话说,"人非生而知之者",企业员工也一样,不是所有员工一开始就是专业的,即使员工当时是专业的,那么随着时间、技术、专业、市场等因素的变化,他们也需要进行成长提升,由企业为员工提供培训就是较好的方法之一。

一、员工培训概述

员工培训是指组织为开展业务及培育人才的需要,采用各种方式对员工进行有目的、有计划的培养和训练的管理活动。公开课、内训、外派培训等均为常见的员工培训及企业培训形式。

员工培训对企业有着重要的作用。首先企业培训有利于增强员工对企业的归属感和"主人翁"责任感。百事可乐公司曾经对深圳270名员工中的100名进行一次调查,结果显示这些人几乎全部参加过培训。其中80%的员工对自己从事的工作表示满意,87%的员工愿意继续留在公司工作。员工培训有利于促进企业与员工、管理者与员工及员工之间沟通;有利于提高员工综合素质,提高生产效率和服务水平,树立企业良好形象,增强企业盈利能力。美国权威机构监测结果显示,培训的投资回报率一般在33%左右。员工培训有利于企业适应市场变化,增强竞争优势,培养企业的后备力量,保持企业永继经营的生命力。企业不仅仅要注意引进、更新改造机械设备等方面的硬件投入,更要注重以提高人的素质为主要目标的软技术投入。员工培训有利于提高员工工作绩效。

员工培训按内容可以分为两种:员工技能培训和员工素质培训。员工技能培训是企业针对岗位的需求,对员工进行的岗位能力培训;员工素质培训是企业对员工素质方面的要求,主要有心理素质、个人工作态度、工作习惯等的素质培训。

二、员工培训的工作流程

员工培训首先要从整体上对企业的员工培训需求进行了解和确认,其次才是针对具体培训项目或课程的设计与实施。

员工培训项目的工作流程图,如图3-1所示。

以下是工作流程中几个重要环节及需要注意的事项:

(1)培训需求分析。培训需求分析是在计划于设计每项培训活动之前,采取一定的方法和技术,对组织及其成员的目标、知识、技能等方面所进行的系统研究,以确定是否需要培训和培训内容的过程。培训需求分析一般有组织分析、人员分析、任务分析三个层面。这个阶段需要注意的是:首先需要根据部门或岗位理想与现实差距,提出需求意向;其次是通过排他分析(确定影响因素、工具、结构、人为因素等)与因素确认(确认哪些问题是可以通过培训解决)来确定培训方向;最后是通过涉及岗位、涉及具体内容(技能、素质、知识)来确认培训需求。

(2)培训项目设计。培训项目设计是指根据企业现状及发展目标,系统指定各部门、岗位培训计划。培训部门必须对培训的内容、方法、讲师、教材、参加人员、经费、时间等做出详细的计划和安排。培训项目设计的内容主要是培训内容的设计、培训方法的设计、培训师和学院的确定、培训资源的合理分配和使用。需要注意的是,培训项目的设计必须以培训需求的分析为基础,界定清晰的培训目标,设计合理的方法,培训完成后还要对培训项目进行评估。

(3)培训效果评估。培训效果评估是指培训为什么发挥作用及培训实现其目标的程度。从企业培训的一般角度看:通过评估可以对培训效果进行正确合理的判断,以便了解某一项目是否达到原定的目标和要求;可以考察受训人知识技术能力的提高或行为表现的改变是否直接来自培训本身;找出培训的不足,总结教训;发现新的培训需求,为下一次培训提供依据;检查培训的费用效益;客观评价培训者的工作;为管理决策提供所需的信息。从企业战略角度来看,评估可以用作战略的培训要有细致的目标定位、可选方案的系统评价、成效的严格评价等,是一种分析方法。

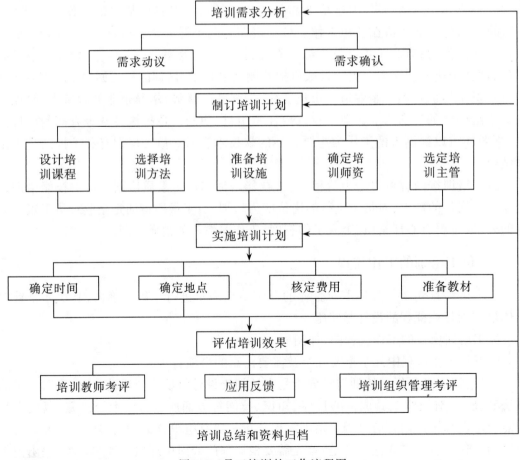

图3-1 员工培训的工作流程图

三、员工培训的方法

常见的员工培训方法有讲授法、视听技术法、讨论法、案例研讨法、角色扮演法、自学法、互动小组法、网络培训法、个别指导法、场景还原法等。

(1)讲授法。讲授法是一种传统的培训方式,优点是运用起来方便,便于培训者控制整个过程。缺点是单向信息传递,反馈效果差。常被用于一些理念性知识的培训,对于目标感非常强的学员来说,讲授法带来的内容更多,价值更大。

(2)视听技术法。视听技术法是通过现代视听技术(如投影仪、DVD、录像机等工具),对员工进行培训。优点是运用视觉与听觉的感知方式,直观鲜明。缺点是实践较差,且制作和购买的成本高,内容易过时。它多用于企业概况、传授技能等培训内容,也可用于概念性知识的培训。

(3)讨论法。讨论法按照费用与操作的复杂程序又可分成一般小组讨论与研讨会两种方式。研讨会多以专题演讲为主,中途或会后允许学员与演讲者进行交流沟通。优点是信息可以多向传递,与讲授法相比反馈效果较好,但费用较高。而小组讨论法的特点是信息交流时方式为多向传递,学员的参与性高,费用较低。小组讨论法多用于巩固知识,训练学员分析、解决问题的能力与人际交往的能力,但运用时对培训教师的要求较高。

(4)案例研讨法。案例研讨法主要通过向培训对象提供相关的背景资料,让其寻找合适的解决方法。这一方式使用费用低、反馈效果好,可以有效训练学员分析解决问题的能力,另外,培训研究表明,案例、讨论的方式也可用于知识类的培训,且效果更佳。优点是可以帮助学员学习分析问题和解决问题的技巧,能够帮助学员确认和了解不同解决问题的可行方法。局限性是需要较长的时间,可能同时激励与激怒不同的人,与问题相关的资料有时可能不甚明了,影响分析的结果。

(5)角色扮演法。角色扮演法是让受训者在培训教师设计的工作情况中扮演其中角色,其他学员与培训教师在学员表演后做适当的点评。由于信息传递多向化、反馈效果好、实践性强、费用低,因而多用于人际关系能力的训练。优点是能激发学员解决问题的热情,可增加学习的多样性和趣味性,能够激发热烈的讨论,使学员各抒己见,能够提供在他人立场上设身处地思考问题的机会,可避免可能的危险与尝试错误的痛苦。局限性是观众的数量不宜太多,演出效果可能受限于学员过度羞怯或过深的自我意识。因此采用角色扮演法培训时应准备好场地与设施,使演出学员与观众之间保持一段距离,演出前要明确议题所遭遇的情况,谨慎挑选演出学员与角色分配,鼓励学员以轻松的心情演出,可由不同组的学员重复演出相同的情况,可安排不同文化背景的学员演出,以了解不同文化的影响。

(6)自学法。自学法较适合于一般理念性知识的学习,由于成人学习具有偏重经验与理解的特性,让具有一定学习能力与自觉的学员自学是既经济又实用的方法,但此方法也存在监督性差的缺陷。

(7)互动小组法。互动小组法主要适用于管理人员的实践训练与沟通训练。让学员在培训活动中的亲身体验来提高他们处理人际关系的能力。其优点是可明显提高人际关系与沟通的能力,但其效果在很大程度上依赖于培训教师的水平。

(8)网络培训法。网络培训法是一种计算机网络信息培训方式,投入较大。但由于使用灵活,符合分散式学习的新趋势,节省学员集中培训的时间与费用。这种方式信息量大,新知识、新观念传递优势明显,更适合成人学习。因此,特别为实力雄厚的企业所青睐,也是培训发展的一个必然趋势。

(9)个别指导法。个别指导法表现为"师傅带徒弟""学徒工制"等,是由一个在年龄上或经验上资深的员工,来支持一位较资浅者进行个人发展或生涯发展的体制。师傅的角色包含了教练、顾问以及支持者。身为教练,会帮助资浅者发展其技能;身为顾问,会提供支持并帮助他们建立自信;身为支持者,会以保护者的身份积极介入各项事务,让资浅者得到更重要的任务,或运用权力让他们升迁、加薪。这种方法的优点是在师傅指导下开始工作,可以避免盲目摸索,有利于尽快融入团队,可以消除刚刚进入工作的紧张感,有利于传统的优良工作作风的传递,可以从指导人处获取丰富的经验。

(10)场景还原法。场景还原法的主要方式就是让新员工有一个途径从项目、任务、客户、同事等多个维度来了解事情发生的前因后果和上下文,而这个途径就是"活动流"。

对新创业企业来说,针对不同的培训项目与培训对象应选择合适的培训方法,同时还要充分地考虑到成本。随着企业的发展,创业企业就应该请专业的培训管理人员对整个企业的培训管理进行整体设计,对具体的员工培训进行计划、实施、控制、评估、反馈等。

第五节 绩效管理

对很多大学生创业公司来说,刚开始人数较少,没有必要进行正式的绩效考评,但随着公司的发展,绩效考评就显得必要了。有研究表明:1~20人规模的公司,没有必要进行正式的绩效考评,原因是管理者与员工、员工与员工之间工作状况相互比较了解;公司忙时人人是"救火队员",员工的工作责任和任务经常变化,不容易考量;口头的表扬、批评及员工之间的交流,比较容易形成较为准确的评价;也不需要专门的人负责人事工作。对于20~60人规模的公司,需要进行简单的绩效考评。原因是:管理者与员工、员工与员工之间工作状况相互不太了解;员工的工作责任和任务比较稳定,但还是有大量的"救火队员";形成了组织结构,但变动频繁;员工之间形成较多的小团体,不同团体之间的员工很难有非正式交流,所以很难形成较为准确的客观评价;这类企业需要有专人负责人事工作(设人力资源领导)。对于60人以上规模的企业,必须进行系统的绩效考评。原因是:管理者与员工、员工与员工之间工作状况相互不太了解;员工的工作责任和任务比较稳定,"救火队员"在减少;形成了较稳定组织结构;员工之间有些根本不认识;这类企业需要独立的人力资源部门进行系统的绩效管理。

一、绩效管理概述

绩效是组织期望的结果,是组织为实现其目标而表现出的有效输出。绩效管理,是指各级管理者和员工为了达到组织目标,共同参与的绩效计划制订、绩效辅导沟通、绩效考核评价、绩效结果应用、绩效目标提升的持续循环过程,绩效管理的目的是持续提升个人、部门和组织的绩效。

子贡赎人的故事很多人一定听说过,鲁国有一道法律:如果鲁国人在外国见到同胞遭遇不幸,沦落为奴隶,只要能够把这些人赎回来帮助他们恢复自由,就可以从国家获得补偿和奖励。孔子的学生子贡,把鲁国人从外国赎回来,但拒绝了国家的补偿。孔子说:"赐(端木赐,即子贡),你错了!向国家领取补偿金,不会损伤到你的品行;但不领取补偿金,鲁国就没有人再去赎回自己遇难的同胞了。"子路救起一名溺水者,那人感谢他送了一头牛,子路收下了。孔子高兴地说:"鲁国人从此一定会勇于救落水者了。"从中我们可以看到,绩效考核不是一个道德的问题,更多的是一个激励的问题,它关系到企业的长远发展。

绩效管理有利于促进组织和个人绩效的提升,企业通过设定科学合理的组织目标、部门目标和个人目标,为企业员工指明了努力方向。管理者通过绩效辅导沟通及时发现下属工作中存在的问题,给下属提供必要的工作指导和资源支持,下属通过工作态度以及工作方法的改进,保证绩效目标的实现。

在绩效考核评价环节,对个人和部门的阶段工作进行客观公正的评价,明确个人和部门对组织的贡献,通过多种方式激励高绩效部门和员工继续努力提升绩效,督促低绩效的部门和员工找出差距改善绩效。在绩效反馈面谈过程中,通过考核者与被考核者面对面的交流沟通,帮助被考核者分析工作中的长处和不足,鼓励下属扬长避短,促进个人得到发展;对绩效水平较差的组织和个人,考核者应帮助被考核者制订详细的绩效改善计划和实施举措;在绩效反馈阶段,考核者应和被考核者就下一阶段工作提出新的绩效目标并达成共识,被考核者承诺目标的完成。

在企业正常运营情况下,部门或个人新的目标应超出前一阶段目标,激励组织和个人进一步提升绩效,经过这样绩效管理循环,组织和个人的绩效就会得到全面提升。一方面,绩效管理通过对员工进行甄选与区分,保证优秀人才脱颖而出,同时淘汰不适合的人员;另一方面,通过绩效管理能使内部人才得到成长,同时能吸引外部优秀人才,使人力资源能满足组织发展的需要,促进组织绩效和个人绩效的提升。

绩效管理有利于促进企业管理流程和业务流程优化,企业管理涉及对人和对事的管理,对人的管理主要是激励约束问题,对事的管理就是流程问题。在绩效管理过程中,各级管理者都应从公司整体利益以及工作效率出发,尽量提高业务处理的效率,应该在上述四个方面不断进行调整优化,使组织运行效率逐渐提高,在提升了组织运行效率的同时,逐步优化了公司管理流程和业务流程,保证组织战略目标的实现。

企业一般有比较清晰的发展思路和战略,有远期发展目标及发展规划,在此基础上根据外部经营环境的预期变化以及企业内部条件制订出年度经营计划及投资计划,在此基础上制订企业年度经营目标。企业管理者将公司的年度经营目标向各个部门分解成为部门的年度业绩目标,各个部门向每个岗位分解核心指标就成为每个岗位的关键业绩指标。

二、绩效管理的流程

1. 确定组织目标

绩效管理的第一步就是明确组织目标指向,将有助于实现目标、凝聚员工,使员工们体验目标实现的成就。此外,管理者要意识到,没有目标、没有计划,也就谈不上绩效。

2. 制订绩效计划

企业在进行绩效考核时应根据每个岗位的特点提炼出关键业绩指标,编制规范的考核基准书,作为考核的契约。设计绩效考核的流程,对考核的程序进行明确规定,同时要对考核结果的应用做出合理的安排,主要体现与绩效奖金的挂钩,同时应用于工作改进、教育训练与职业规划。

3. 实施绩效考评

企业根据既定的绩效管理计划进行绩效考评实施。

4. 绩效的反馈、评价与改进

企业依据绩效管理方案周期性分析评估,持续改进、完善绩效管理及企业各方面管理。绩效考核的结果应当和岗位晋升、员工培训、薪酬福利等进行充分的挂钩,促进绩效管理取得良好效果。

三、常见的绩效考评的方法

按考评时间分类:可分为日常考评与定期考评。日常考评是指对被考评者的出勤情况、产量和质量实绩、平时的工作行为所做的经常性考评;定期考评是指按照一定的固定周期所进行的考评,如年度考评、季度考评等。

按考评结果的表现形式分类:可分为定性考评与定量考评。定性考评的结果表现为对某人工作评价的文字描述,或对员工之间评价高低的相对次序以优、良、中、及、差等形式表示;定量考评的结果则以分值或系数等数量形式表示。

以下对几种较为典型的考评方法进行简单介绍:

1. 目标考核法

目标考核法,即按一定的指标或评价标准来衡量员工完成既定目标和执行工作标准的情况,根据衡量结果给予相应的奖励。它是在整个组织实行"目标管理"的制度下,对员工进行考核的方法。这种方法是目标管理原理在绩效评估中的具体运用,与组织的目标管理体系以及工作责任制等相联系,深受众多企事业组织的青睐。其步骤分为:确定总体目标和执行各层的具体目标;制订计划和业绩评价标准;业绩评价;检查调整。

2. 平衡计分卡

平衡计分卡是从财务、客户、内部运营、学习与成长四个角度,将组织的战略落实为可操作的衡量指标和目标值的一种绩效管理体系。设计平衡计分卡的目的就是要建立"实现战略制导"的绩效管理系统,从而保证企业战略得到有效的执行。因此,人们通常称平衡计分卡是加强企业战略执行力的最有效的战略管理工具。

3. 360度考评

360度考评是常见的绩效考核方法之一,最早是由被称为"美国力量象征"的典范企业英特尔首先提出并加以实施的;其是指与被考核者在工作中有较多工作接触、对被考核者的工作表现比较了解的不同方面的人员,从不同的角度对被考核者进行绩效评估,评估完成后根据确定的不同评价者的权重得出一个综合的评价结果。这些评价者包括:来自上级监督者的自上而下的评价、来自下属的自下而上的评价、来自同级的评价、来自企业内部的支持部门和供应部门的评价、来自公司内部和外部的客户的评价,以及本人的自我评价。

对于大学生创业者来说,初创期公司建议使用目标管理考评,目标考核的优点是:企业目标管理=个人目标管理+小组目标管理+团队目标管理,有利于把企业目标和个人积极性联系起来。随着企业发展,也可以采用关键指标(KPI)考评,关键指标考评主要过程是先确定公司指标,然后分解成部门指标,最后分解到岗位指标。通过描述被考核对象的增殖工作产出,从每项产出中提取指标,划分增殖产出等级、重要性,给予权重,追踪实际绩效与指标差距。关键指标考评可以和平衡记分卡、360度考评等方式结合使用,需要企业有专门的绩效管理人员设计实施。在实施的过程中,我们可以对企业目标按平衡计分卡进行分类,在每个维度下设计出关键指标,再通过360度考评的方式对关键指标进行评价。这里面需要注意的是:关键指标及权重设计要合理,指标的评价要容易衡量,评价者选取要合适。

第六节 薪酬管理

在校大学生创业过程中有一个很难的事情就是薪酬的设计与管理,他们在创业阶段往往参考同行业的薪酬状况,然而不同企业面临的状况又不一样。还有就是他们使用了很多在校的兼职学生,这种情况下该如何赋薪呢?该如何给自己赋薪呢?因此,他们需要对薪酬管理进行一个大概的了解。

一、薪酬与薪酬管理

薪酬是指员工向其所在单位提供所需要的劳动而获得的各种形式补偿,是单位支付给员工的劳动报酬,薪酬包括经济性薪酬和非经济性薪酬两大类。薪酬代表员工和组织建立利益交换契约关系,是组织成本支持,也是员工主要的经济来源,还是劳动力市场上人们选择职业的一个指示器。企业管理目标是吸引和留住组织需要的优秀员工;鼓励员工积极提高工作所需要的技能和能力;鼓励员工高效率地工作;创造组织所希望的文化氛围;控制运营成本。

员工个人薪酬往往取决于个人工作能力、工作绩效、工作表现及发展潜力等多种因素,而企业薪酬水平往往取决于企业支付能力、市场薪酬水平、当地风俗习惯、市场供需状况等多种因素。企业薪酬分为经济性薪酬和非经济性薪酬。

经济性薪酬分为直接经济性薪酬和间接经济性薪酬。直接经济性薪酬是单位按照一定的标准以货币形式向员工支付的薪酬;间接经济性薪酬不直接以货币形式发放给员工,但通常可以给员工带来生活上的便利、减少员工额外开支或者免除员工后顾之忧。

非经济性薪酬是指无法用货币等手段来衡量,但会给员工带来心理愉悦效用的一些因素,包括货币性薪酬和非货币性薪酬。货币性薪酬包括直接货币薪酬、间接货币薪酬和其他的货币薪酬。其中直接货币薪酬包括工资、福利、奖金、奖品、津贴等;间接货币薪酬包括养老保险、医疗保险、失业保险、工伤及遗嘱保险、住房公积金、餐饮等;其他货币性薪酬包括有薪假期、休假日、病事假等。非货币性薪酬包括工作、社会和其他方面。其中工作方面包括工作成就、工作有挑战感、责任感等的优越感觉;社会方面包括社会地位、个人成长、实现个人价值等;其他方面包括友谊关怀、舒适的工作环境、弹性工作时间等。

薪酬管理是在组织发展战略指导下,对员工薪酬支付原则、薪酬策略、薪酬水平、薪酬结构、薪酬构成进行确定、分配和调整的动态管理过程。薪酬管理要为实现薪酬管理目标服务,薪酬管理目标是基于人力资源战略设立的,而人力资源战略服从于企业发展战略。

薪酬管理是人力资源管理中的重要内容。良好的薪酬管理可以帮助企业更有效地吸引、保留和激励员工,从而起到增强企业竞争优势的作用;同时,薪酬管理在组织中又是一个非常敏感的话题,它与组织员工的利益密切相关。

二、薪酬体系

薪酬管理包括薪酬体系设计、薪酬日常管理两个方面。薪酬体系是薪酬管理所依据的标准。比较流行的几种薪酬体系有能力薪酬体系、技能薪酬体系、职位薪酬体系,它们的特征状况见表3-2。

表3-2 三种类型薪酬体系比较

	能力薪酬体系	技能薪酬体系	职位薪酬体系
薪酬结构	以能力开发和市场为基础	以经过认证的技能以及市场为基础	以市场所完成的工作为基础
价值评价对象	能力	技能	职位
价值的量化	能力水平	技能水平	职位报酬要素的权重

(续表)

	能力薪酬体系	技能薪酬体系	职位薪酬体系
薪酬转化机制	能力认证及市场定价	技能认证及市场定价	职位价值及市场定价
薪酬提升途径	能力提高	获得技能	晋升
管理者关注重点	确保能力能够带来价值增值 提供能力开发的机会 通过能力的认证和工作的安排来控制成本	有效利用技能 提供培训 通过培训、技能认证和工作安排来控制成本	员工与工作的匹配 晋升与配置 通过提高生产率、薪酬和预算控制成本
员工关注的重点	寻求能力的改善	寻求技能的提高	寻求晋升的机会
程序	能力的分析和认证	技能的分析和认证	职位分析、职位评价
优点	持续学习 灵活性 水平流动	持续学习 灵活性 人员使用数量的精简	清晰的期望 有进步的感觉 根据完成工作的价值支付报酬
缺点	要求很高的成本控制能力	要求很高的成本控制能力	潜在的灵活性不足

除了这几种常见的薪酬体系外，当前很多企业更多地开始采用绩效薪酬体系。绩效薪酬体系是对员工超额工作部分或工作绩效突出部分所支付的奖励性报酬，旨在鼓励员工提高工作效率和工作质量。它是对员工过去工作行为和已取得成就的认可，通常随员工业绩的变化而调整。其中包括"绩效加薪""一次性奖金"和"个人特别绩效奖"三种比较常用的形式。绩效薪酬体系往往和绩效考核结果进行紧密结合。

大学生新创业公司建议使用宽带薪酬，对于核心团队成员，设计长期激励方案，实现长期共同发展。薪点制等较为复杂的薪酬设计需要在公司发展相对稳定成熟时使用较好。

宽带薪酬就是在组织内设计少数跨度较大的工资范围，但同时将每一个薪酬级别所对应的薪酬浮动范围拉大，从而形成一种新的薪酬管理系统及操作流程。宽带中的"带"意指工资级别，宽带则指工资浮动范围比较大。与之对应的则是窄带薪酬管理模式，即工资浮动范围小，级别较多。目前国内很多企业实行的都是窄带薪酬管理模式。

在宽带薪酬体系设计中，员工不是沿着公司中唯一的薪酬等级层次垂直往上走，相反，他们在自己职业生涯的大部分或者所有时间里可能都只是处于同一个薪酬宽带之中，他们在企业中的流动是横向的，随着能力的提高，他们将承担新的责任，只要在原有的岗位上不断改善自己的绩效，就能获得更高的薪酬，即使是被安排到低层次的岗位上工作，也一样有机会获得较高的报酬。某公司基于宽带薪酬的岗位技能工资如图3-2所示。

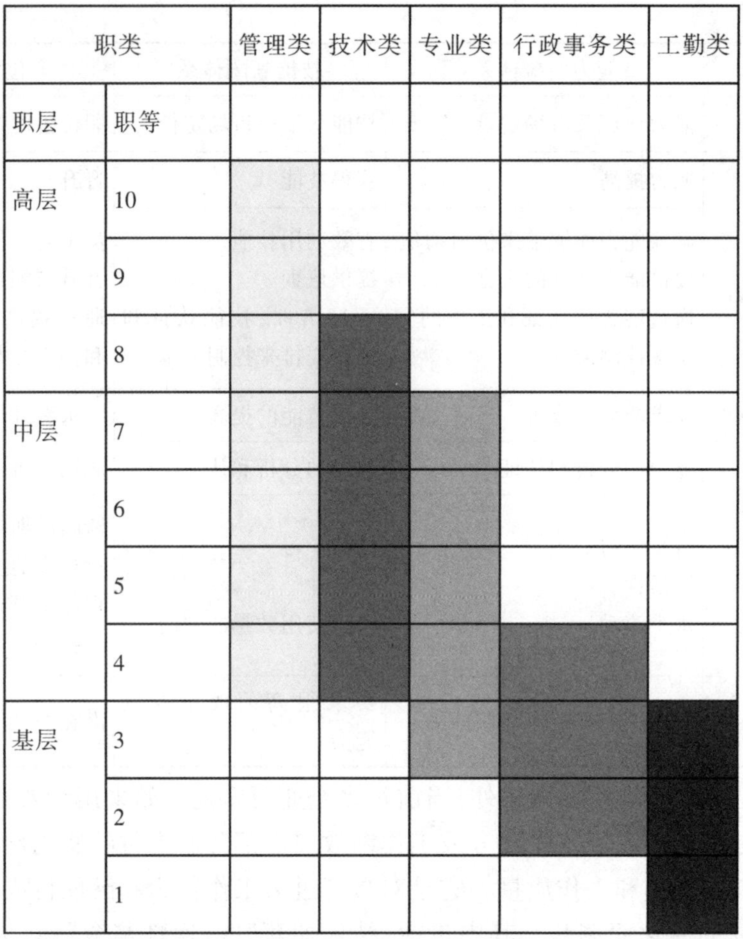

职类		管理类	技术类	专业类	行政事务类	工勤类
职层	职等					
高层	10					
	9					
	8					
中层	7					
	6					
	5					
	4					
基层	3					
	2					
	1					

图 3-2 某公司基于宽带薪酬的岗位技能工资

三、岗位工资或能力工资的设计程序

新创业企业由于还没有进入稳定期,应更多地采用岗位工资或者能力工资的形式,具体的设计程序如下:

(1)确定岗位工资总额或能力工资总额。
(2)根据企业战略等确定岗位工资或能力工资的分配原则。
(3)岗位分析与评价或对员工进行能力评价。
(4)根据岗位(能力)评价结果确定工资等级数量及划分等级。
(5)工资调查与结果分析。
(6)了解企业的财务支付能力。
(7)根据企业工资策略确定各工资等级的等中点。
(8)确定每个工资等级之间的工资差距。
(9)确定每个工资等级的工资幅度(各等级的最高工资和最低工资之间的幅度)。
(10)确定工资等级之间的重叠部分大小。
(11)确定具体计算办法。

对于大学生新创业企业来说,由于使用了较多的兼职人员,薪酬设计需要注意兼职人员的特性及其对企业的贡献状况,更多的与业绩挂钩。其实岗位工资或技能工资也是可以和绩效进行充分结合的,薪酬设计不拘一格,适合企业发展就好,如可以设计时将能力工资、岗位工资、绩效工资进行结合,将员工工资总额分三块,能力工资和员工的能力素质、学历、工作经验等挂钩,岗位工资和岗位价值及重要性挂钩,绩效工资和员工工作绩效挂钩,这样设计也是可行的。

第七节 大学生创业企业人力资源管理常见问题

在大学生创业过程当中,人力资源管理能够帮助创业团队在各个时期稳定军心,推动创业平稳发展,因此在各个时期都要重视。大学生在创业开始时由于专业知识不足等往往忽略内部人力资源管理建设,给企业发展带来很多问题,甚至使得企业多走很多弯路。大学生创业企业人力资源管理存在的问题主要体现在以下方面:

1. 初创团队成员分裂流失

2014年6月17日,一个创业团队突然散伙。在无数个创业故事中,也许这个故事不是最具代表性的,但很可能是最具戏剧性的。从桃园结义到反目成仇,暗流涌动,散伙双方各执一词,如罗生门。从轰轰烈烈在朋友圈招募创业伙伴,到团队解散,只经历了10个多月。这个团队的创业项目叫做"泡面吧"。这个故事的主角是三位年轻的创业者——22岁的俞昊然和同是26岁的王冲和严霁玥。

【案例阅读】

桃园结义

2012年年底,俞昊然在美国伊利诺依大学香槟分校的宿舍写出了泡面吧的原始代码。这是一个类似于CodeCademy的在线教育网站,提供在线虚拟编译环境,并以游戏化的过关方式教授用户编写程序。

严霁玥自纽约大学教育学专业毕业,辞去工作加入团队;正在北京大学读研究生的王冲离开学校也加入团队。俞昊然负责技术,王冲负责融资,王冲和严霁玥负责运营,公司核心团队形成。据公开报道,俞昊然、王冲和严霁玥在百度暑假夏令营项目相识,在创立泡面吧之前,三个小伙伴并未在一家企业或一个商业项目中共事过。2013年年底,泡面吧成立众学致一网络科技(北京)有限责任公司,引入天使轮融资100万元,2014年4月底,网站正式上线。

全职之争

泡面吧的团队配置中存在一个重大瑕疵,就是创始人不全职。俞昊然一边在美国念书一边编写泡面吧代码,属于兼职身份;而王冲和严霁玥全职,在国内负责泡面吧的产品运营和融资。在泡面吧和天使投资人签署的融资协议中,有专门针对俞昊然的条款,要求其必须在 2014 年 6 月 30 日前回国进入全职创业的状态,如果俞昊然不能按时履行约定,他就会被解聘,名下的股权也将收归天使投资人所有。

对此,俞昊然声称,协议条款并未获得他的同意,协议中"俞昊然"的签名也是伪造的;王冲和严霁玥的说法是,由于当时俞昊然在美国,签名经俞昊然同意后由严霁玥代签。

股权之争

据报道,在创业初期,俞昊然与王冲等人拟定了一份协议,实际上算是一份创业意向书,规定了分工、股权、期权和决策机制等问题,但这份意向书并未签署。

一直以来,俞昊然都认为自己是泡面吧当仁不让的老大,持有公司最大的股权。但在融资的过程中,王冲作为与投资人接触和谈判的主要人员,逐渐成为公司的一号人物。在工商登记注册资料中,泡面吧初始股权结构为:王冲占 65%,俞昊然占 25%,严霁玥占 10%。

对此,王冲的解释是,投资人需要公司有人一股独大,这样,在创始人出现纷争(如战略分歧和利益分歧)的时候,由大股东统一决策。为此,王冲代持了 16.67% 的期权,俞昊然为了能够融资成功也同意了这个方案。但毕竟俞昊然是公司创始人,王冲是后来者,王冲扣除期权后持股比例依然高于俞昊然,三个小伙伴怎么处理这个问题呢?

王冲的说法是,由俞昊然提出,双方约定"股权平均,优先稀释",也就是在后续融资过程中,首先稀释王冲的股份,直到王冲股份降至与俞昊然接近时,再稀释王冲和俞昊然的股份,直到王冲、俞昊然、严霁玥三人股份相近。此方案未见诸文字。

然而俞昊然的说法却截然不同,他说在引进天使投资之前,他与王冲曾口头约定,为满足天使投资人的要求,王冲暂为第一大股东,等天使资金入账之后,两人"股份对调"。此方案也未见诸文字。

2014 年 5 月 17 日,俞昊然办理休学手续返回北京。2014 年 5 月 26 日,俞昊然和王冲等人来到俞昊然的家乡合肥,找到俞昊然的父亲,再次协商股权问题,俞父让双方把股权约定付诸文字,但后续各方在报道中均未出示过类似的文件。

多次讨论均未见诸文字,说明这是一个始终未解开的结。股权之争的背后不仅是财富的争夺,更重要的是老大位置的争夺,在所有权上,谁是老大;在决策权上,谁说了算;在分红权上,谁拿大头;甚至在面子上,谁拍照站中间,谁说话声音大,都是有形和无形的位置展示。

黑色 15 分钟

在暴风雨来临的前夜,这一场股权纷争尚无定论,但终究会有一个收场,一种是携手共进,另外一种是分道扬镳。财散人聚,财聚人散,这是创业的共同规律,只是泡面吧的走法更加戏剧化而已。

2014年6月16日，泡面吧A轮融资走到了最后一步，收到了多家投资机构给出的风险投资协议书。据报道，其中三家投资机构给出的估值是投资200万美元，占股15%；一家给出的估值是300万美元，占股20%，公司总估值接近1亿元人民币。也就是说，公司股权每变化一个百分点，都是接近百万元人民币的纸面财富。

6月17日晚，三位创始人在位于苏州街的公寓里开始讨论泡面吧的未来。一开始，小伙伴们还在讨论协议细则，但很快再次就股权和谁是老大的问题发生争执，依然是"一股独大，股权对调"方案和"股权平均，优先稀释"方案争执不下。

在争执过程中，俞昊然说："你们还认不认其实我是现在这个项目的创始人，我在全面主导着这个项目？"严霁玥回答："王冲现在比你重要，将来王冲也比你更重要。"

于是，俞昊然说："我不干了，你们自己玩吧。我爸说的没错，你们就是欺负我。"然后走出了谈判的房间。

15分钟后，俞昊然回到房间说："我脑袋一热，做了几件比较激进的事情。"

这几件激进的事情包括：删除了Github（代码托管网站）上的全部代码，自己保留了一个副本；拟好了发给全体员工和投资人的邮件，要"说出真相"，并设定在一个半小时后自动发出，等等。

在这一前提下，俞昊然提出了他的谈判条件：第一，要回美国完成学业；第二，要做CEO；第三，要做大股东。

此后，双方谈判未果，王冲和严霁玥离开泡面吧团队，项目A轮融资失败，1亿元人民币纸面财富蒸发。

资本的选择

离开泡面吧的两组团队都选择了继续开发在线编程网站。俞昊然带领原泡面吧团队创立了"计蒜客"，王冲和严霁玥创立了"萌码"，双方产品于2014年7月和10月先后上线。面对相互竞争的两个团队，如果您是天使投资人，会选择投资哪一个团队呢？从识人的角度，谁更靠谱？从"人剑合一"的角度，谁更具备核心竞争优势？

根据北京市企业信用信息网公开发布的信息，我们看到泡面吧天使投资机构的合伙人之一，以个人身份成为计蒜客的股东。2014年10月，计蒜客宣布获得紫辉创投1500万元天使投资，这个金额与其说是天使，不如说是Pre-A。萌码也宣布获得了天使投资，但投资方及金额未公布。

显然，资本认为技术是在线编程教育这个细分行业的核心竞争力。

故事结束之后

故事结束了，历史才刚刚开始。

截至2015年年底，计蒜客的课程内容超过萌码，双方公开披露的学员数量接近。从百度指数来看，双方的搜索指数也接近。可以说，计蒜客和萌码之间并未拉开显著差距。

任何一个赛道上永远不缺乏追赶者,2014年11月,另外一家企业"猿圈"从招聘的角度切入在线编程教育市场。猿圈打通了学生学习和企业招聘这两个环节,它的特点是根据企业招聘职位的能力需求设计在线编程任务,程序员基于虚拟环境在线编写代码,完成任务即获得企业面试机会,如果不能完成任务,则导向课程学习。

猿圈团队无论是技术能力,还是企业合作资源,都优于计蒜客和萌码。项目2014年上线,截至2015年年底,已经拥有1000家合作企业,一年内实现高速增长和企业盈利。

前有拦路虎,后有追兵,不知道王冲和俞昊然在激辩股权时有没有想过,追赶者会来得那么凶猛,速度那么快;有没有想过1亿元人民币只是纸面财富,打倒行业巨头才能收获市场和利润。

(案例来源:sohu财经,小麦人才坊)

以上案例只是众多创业团队分裂之中的一个而已,大学创业团队分裂已经成为当今我国大学生创业团队的常见问题,这个问题往往发生在企业从创业阶段向集体化阶段过渡的时期。创业初期,创立者将所有的精力都投入到技术、生产、市场等活动中,这个时期生存是第一位的,企业管理还不规范,大家也凭着理想和热情奋斗,不那么计较得失。当企业开始走向盈利,创业团队中的很多矛盾就很容易暴露出来,而这些矛盾正是创业团队分裂的主要原因。例如,随着企业规模的增长,有些成员因其能力已经不适应企业经营管理的需要;创业团队成员的经营理念与方式不一致,团队思想没有统一,有些成员不认可公司的目标和策略价值观有冲突;创业成员之间因为性格、个性、兴趣不合,导致磨合出现问题,创业活动难以正常开展;团队在创立初期没有确定一个明确的利润分配方案,随着企业的发展、利润的增加,在利润分配时出现争议等都会导致创业团队解散。

从人力资源管理的角度来看,在创建一个团队的时候,不仅仅要考虑相互之间的关系,团队成员应该在性格、能力、专业等多方面形成互补,这在未来的人力资源配置上会起到很重要的作用。团队每一个成员都是公司人力资源的核心,在团队已经组建以后,无论是有核心主导的创业团队还是群体性的创业团队,都应从意识上理解要保持团队的稳定性的重要性。这就需要企业在创业初期就要对未来的问题有预见性,提前做好契约,同时时刻保持团队良好的沟通。在企业发展过程中要有企业逐渐规范的心理准备,在退出企业管理时应心平气和,其他团队也应当保证退出者的利益。

2. 不同阶段的人力资源管理与企业的适应问题

大学生创业企业经过创业初期的艰难前行后会逐渐进入稳定期,人力资源管理便越发重要。笔者在指导学生创业的过程中看到,有些创业者前期是有了一定的盈利,市场也逐渐稳定,但是这个时候却进入了发展瓶颈,很难再进一步扩大,创始人还是凭借自我的既往经验进行管理,他们没有意识到自己的企业管理规范存在问题,甚至有些创业团队开始做与原来项目无关的新项目,这样他们就相当于不停地做不同的生意,发展速度和规模也很难再有大的起色。

此阶段的大学生创业团队应该认识到专业管理的重要性,甚至需要请专业的人员帮助进行诊断和提升,他们需要根据专业人力资源管理部门建立、人力资源规划、岗位人才招聘和分配、培训与潜能开发、绩效管理、薪酬福利及劳动关系管理等进行专业的人力资源管理。

本 章 要 点

(1)工作分析与工作设计。
(2)组织结构选择与设计。
(3)人员招聘、甄选与使用。
(4)员工培训内容方法及程序。
(5)理解绩效管理概述、程序及常见绩效考核方法。
(6)薪酬、薪酬管理、薪酬体系概述及岗位或技能工资设计程序。
(7)大学生创业过程中的人力资源管理问题及解决方式。

拓 展 阅 读

一、多余的士兵

一位年轻的炮兵军官上任后,到下属部队视察操练情况,发现有几个部队操练时有一个共同的情况:在操练中,总有一个士兵自始至终站在大炮的炮筒下,纹丝不动。经过询问,得到的答案是:操练条例就是这样规定的。原来,条例因循的是用马拉大炮时代的规则,当时站在炮筒下的士兵的任务是拉住马的缰绳,防止大炮发射后因后坐力产生的距离偏差,增加再次瞄准的时间。现在大炮不再需要这一角色了,但条例没有及时调整,出现了不拉马的士兵。这位军官的发现使他受到了国防部的表彰。

思考:
(1)为什么会有一个多余的士兵?本质原因是什么?
(2)创业过程中工作设计是否重要?需要考虑哪些因素?

二、猎狗的故事

一条猎狗在森林里追赶一只兔子,追了很久仍没有捉到,眼睁睁地看着兔子从自己的嘴边逃生了。牧羊犬正好看到了此情景,它讥笑猎狗说:"你比兔子大那么多,结果却跑不过一只兔子,太给你们狗族丢脸了。"猎狗回答说:"你知道什么!我们两个完全为着不同的目的而奔跑。我仅仅为了一顿饭而跑,兔子却是为了性命而跑呀!"

这话被猎人听到了,猎人想:猎狗说得对啊,如果我要想得到更多的猎物,看来得想个好法子。于是,猎人又买来几条猎狗,凡是能够在打猎中捉到兔子的,就可以得到几根骨头,捉不到的就没有饭吃。这一招果然有用,猎狗们每天都全力以赴地追着兔子,因为谁都不愿意看着别人有骨头吃,自己被冷落在一旁挨饿。

这样过了一段时间后,问题又出现了。大兔子非常难捉到,小兔子好捉。但捉到大兔子得到的骨头和捉到小兔子得到的骨头差不多,一些善于观察的猎狗发现这个漏洞后,便专门去捉小兔子。渐渐地,大家都发现了这个漏洞,所有的猎狗都弃大兔子专捉小兔子。猎人眼看着猎物越来越少,便对猎狗说:"最近你们捉的兔子越来越小了,为什么?"猎狗们说:"反正捉到大兔子和小兔子得到的骨头是一样,我们又何必费那么大的力气去捉那些大兔子呢?"猎人经过思考后,决定不将分得骨头的数量与是否捉到兔子挂钩,而是采用一种奖赏与兔子重量挂钩的新制度,即每过一段时间,就定期统计猎狗捉到兔子的总重量,猎狗所获得的奖赏与兔子的重量成正比。新制度实施后,猎狗的积极性非常高,猎狗们捉到兔子的数量和重量都增加了。

然而,过了一段时间,猎人发现,猎狗们捉兔子的数量又少了,而且越有经验的猎狗,捉兔子的数量下降得就越厉害。于是猎人又去问猎狗。猎狗说:"我们把最好的时间都奉献给了您,主人,但是我们随着时间的推移会变老,当我们捉不到兔子的时候,您还会给我们骨头吃吗?"针对猎狗的担忧,猎人做出了论功行赏的决定,规定如果猎狗捉到的兔子超过了一定的数量后,即使捉不到兔子,每顿饭也可以得到一定数量的骨头。猎狗们都很高兴,大家都努力去达到猎人规定的数量。

一段时间过后,终于有一些猎狗达到了猎人规定的数量。这时,其中有一只猎狗说:"我们这么努力,只得到几根骨头,而我们捉的猎物远远超过了这几根骨头。我们为什么不能为自己捉兔子呢?"于是,有些猎狗离开了猎人,自己捉兔子去了。猎人意识到猎狗正在流失,并且那些流失的猎狗像野狗一般和自己的猎狗抢兔子。情况变得越来越糟,猎人不得已引诱了一条野狗,问它到底野狗比猎狗强在哪里。野狗说:"猎狗吃的是骨头,吐出来的是肉啊!"接着又道:"也不是所有的野狗都顿顿有肉吃,大部分最后骨头都没得舔!不然也不至于被你诱惑。"于是猎人进行了改革,使得每条猎狗除基本骨头外,可获得其所猎兔肉总量的 $n\%$,而且随着服务时间加长、贡献变大,该比例还可递增,并有权分享猎人总兔肉的 $m\%$。就这样,猎狗们与猎人一起努力,将野狗们逼得叫苦连天,纷纷强烈要求重归猎狗队伍。

日子一天一天地过去,冬天到了,兔子越来越少,猎人们的收成也一天不如一天。而那些服务时间长的老猎狗们老得不能捉兔子,但仍然在无忧无虑地享受着那些它们自以为应得的大份食物。终于有一天猎人再也不能忍受,把它们扫地出门,因为猎人需要更身强力壮的猎狗……

被扫地出门的老猎狗们得了一笔不菲的赔偿金,于是它们成立了 Micro-Bone 公司。它们采用连锁加盟的方式招募野狗,向野狗们传授猎兔的技巧,它们从猎得的兔子中抽取一部分作为管理费。当赔偿金几乎全部用于广告后,他们终于有了足够多的野狗加盟。公司开始盈利。一年后,它们收购了猎人的全部家当……

Micro-Bone 公司许诺给加盟的野狗能得到公司 $n\%$ 的股份,这实在是太有诱惑力了。这些自认为是怀才不遇的野狗们都以为找到了知音:终于做公司的主人了,不用再忍受猎人们呼来唤去,不用再为捉到足够多的兔子而累死累活,也不用眼巴巴地乞求猎人多给两根骨头而扮得楚楚可怜。这一切对这些野狗来说,比多吃两根骨头更加受用。于是,野狗们拖家带口地加入了Micro-Bone,一些在其他猎人门下的年轻猎狗也开始蠢蠢欲动,甚至很多自以为聪明实际愚蠢的猎人也想加入。好多同类型的公司像雨后春笋般地成立了,BoneEase,Bone.com,ChinaBone……一时间,森林里热闹起来。

"天下熙熙皆为利来,天下攘攘皆为利往。"老板创办企业是为了获取利润,员工到企业就职是为了获取收入,总之,一个"利"字,决定了企业与员工之间的合作与利益此消彼长的关系。然而,利益分配并不是无章可循,企业可以从人性的角度出发,通过实施有效的薪酬管理实现企业与员工之间的利益双赢。

思考:
(1)猎狗最初的时候为什么不努力追赶兔子?
(2)猎人薪酬管理方式的改变,为什么只能在一定阶段起作用?
(3)大学生在创业管理过程中如何使管理方法适应企业发展?

思 考 题

(1)工作分析有哪些方法?
(2)工作设计有哪些内容和方法?
(3)影响组织结构设计的重要因素有哪些?
(4)企业组织结构有哪些基本形式,大学生初创企业应如何选择组织结构形式?
(5)人员的招聘、甄选和使用对初创企业有哪些重要作用?
(6)员工培训有哪些常见方法?
(7)绩效管理对初创企业有哪些作用?
(8)薪酬管理对初创企业有哪些作用?初创企业应该怎样选择薪酬模式?

第四章　新创企业营销管理实务

学习目标

（1）了解新创企业营销的基本特征。
（2）了解新创企业营销的流程和步骤。
（3）了解新创企业营销运作中的关键成功要素。
（4）掌握目标市场细分与定位的基本方法。
（5）掌握新创企业市场营销过程中的销售渠道选择、定价策略、品牌与包装策略与客户管理方式。
（6）掌握市场营销策略组合的策略及运用方法。
（7）能通过市场调研与分析，设计出新创企业的市场营销计划方案。
（8）能根据新创企业的不同阶段，制定不同的市场营销组合策略。

> 一切都是成本，只有营销和创新才能带来利润。
> ——"现代管理学之父"　彼得·德鲁克
> 大多数情况下，一个新创企业成功或失败的原因不是技术而是营销。
> ——沃顿商学院教授　伦纳德·洛迪士

导入案例　　　　　　　　　　洛迪士教授的观点

"大多数情况下，一个新创企业成功或失败的原因不是技术而是营销。"洛迪士教授特别强调营销对新创企业的重要性。

"我曾经对14位风险投资家做过深入访谈，他们一共给200家新创企业提供过风险投资。我让他们就各项企业管理职能对企业成功的重要程度打分，结果在总分为7分的情况下，营销职能的得分为6.7分，高于所有其他企业管理职能。对这些风险投资家的经验判断简单统计之后，我得出一个结论，如果预先运用新创企业营销分析，企业的失败率可以降低60%。"洛迪士是沃顿商学院的营销学教授，同时也是"创业者营销"这门课的首创者。他曾经就新创企业营销做过大量的研究，参与创建了40多家新兴企业，如此丰富的管理实践经历，使得他的每一个论断似乎都有根有据，极具有说服力。

"1997年,有人做了另一项调查,要求美国增长最快的500家企业的CEO们列出他们自己企业最大的强项和弱项。结果如何,大家请看!"洛迪士教授切换了一下讲义,屏幕上出现了下面这张表。

美国500家增长最快的私有企业最大的弱项和强项

项　目	强　项	弱　项
销售和营销战略	145	19
人员管理	112	89
财务战略	53	75
信息技术	28	19
产品创新	12	2
其他	59	35

"注意,与其他战略资源相比,销售和营销战略被认为是他们最大的强项。"洛迪士教授对调查结果做出了这样的结论。

"调查数据和实践经验都告诉我们,营销在产品和服务的开发、生产和销售中起关键作用,它是帮助企业家的产品在目标市场上表现出比竞争产品具有更高认知价值的工具。其中分销渠道如何建立和管理,是新创企业营销中的重要课题。"阐明了营销对创业家的重要性之后,话题开始过渡到这堂课的正题。

讨论:

(1)关于新创企业营销,洛迪士教授的观点是什么?

(2)营销在新创企业经营中怎么发挥作用的?

(3)查阅资料并讨论营销的基本概念。

新创企业是各种新兴产业的主要缔造者,是创新和民族产业发展的重要源泉,是创造新经济和建设创新型国家的重要力量。新创企业是指从企业创立,甚至是企业创意筹备开始,到企业摆脱生存困境,开始步入规范化管理之前这一阶段的企业。如果按照企业"初创、成长、成熟、衰退"的四个阶段生命周期来看,新创企业显然是指处在生命周期第一个阶段的企业,它并非成熟大企业的小版本,其所处环境、思维方式、行为特征等都大不相同。与成熟大企业追求结构稳定,提高已有资源的收益不同,新创企业的首要任务是摆脱生存困境,并动用各种资源去实现商业机会。创业开张首要的问题是,让客户认识你,你用什么办法赢得客户。市场营销就是培养客户(培养感情)、稳固客户、构建忠诚客户群的过程。

第一节 新创企业营销的内涵与过程

关于新创企业的营销,目前研究成果并不多,大多是根据传统营销的 4P(product, price, place, promotion)、4C(customer, cost, convenience, communication)等理论结合新创企业进行的分析。但是由于新创企业处于变化、复杂、混乱、矛盾、资源匮乏的情形,这种情况下,创业者一方面需要通过自我展示和包装来寻求资金、人才、技术及政府的支持,解决资源匮乏的问题;另一方面,还必须通过积极地识别和开发市场机会,通过创新的方法开发并维系潜在客户。所以新创企业既要"卖产品和服务",还要"卖自己",而这二者对于新创企业来说同等重要。生存是第一位,新创企业的营销有其自身独有的内涵和特征。

一、新创企业营销的内涵与特征

关于新创企业营销,目前众说纷纭,尚无一个统一的定义或公认的体系。一般来说新创企业营销,就是指创业者在创业初期根据宏观、微观环境分析,结合自身所具备的优劣势,找准企业产品和服务的方向,以合适的价格、快捷的渠道、有效的促销方式将企业的产品或服务送到消费者手中,实现企业的长期可持续发展。简单地说,就是新创企业家结合企业内外部环境、机会,获取企业生存发展所必需的各种资源的过程,往往是一种崭新的创业模式。今天,对于大多数年轻的创业者来说,既缺乏资金和社会关系,又缺乏商业经验,所拥有的只是创业激情和某种新产品的原始构思或某种新技术的初步设想。要获得成功,除了勇气、勤奋和毅力外,还必须依赖于有效的新创企业营销来获得创业所需的各种资源。

同传统的营销模式相比,新创企业营销拥有一些独特的属性。南开大学教授张玉利指出,创业活动的本质在于机会导向、创造性的资源整合、价值创造、超前行动和创新与变革。新创企业通常资源比较匮乏,在开展营销活动时一定要清楚,首要任务是生存下来,并迅速积累资金。因此,新创企业不可能像成熟大企业那样依赖已有的经验法则、公式化的思维方式、重心放在营销策略的组合使用上为现有的市场服务,而必须积极整合各种资源,以超前的认知和行动,积极从事产品和市场的创新,并依赖创造性的营销手段,迅速打开局面。因此,新创企业的营销特征主要表现在以下几方面:

(1)新创企业营销的首要任务是生存。新创企业往往没有市场基础,也没有足够的现金流支撑其长线经营,这需要他们在更短的时间内迅速打开市场,获得客户认同,摆脱企业生存困境,从而也就使得其对市场份额的追求变得最为紧迫。

(2)新创企业营销的目标具有阶段性。新创企业营销的各个阶段,其目标和任务都不一样。成功的新创企业营销可能需要经历凝聚创业团队的项目创意营销阶段、吸引投资者关注的商业计划营销阶段、寻求市场认同的产品/服务营销阶段,以及塑造品牌形象的企业营销阶段等。

(3)新创企业营销以机会为导向。新企业内部资源有限,生存能力较差,外部环境的细微变化都可能决定企业的存亡。因此,新创企业的营销者不能受制于企业的资源,也不能拘泥于固定的思维模式,而是着眼于企业的未来发展机会,积极地探索新方法来赢得客户,并具有很强的资源整合能力,以创新性的手段,最大限度地调动外部资源。

(4)新创企业营销更加注重关系。新创企业拥有较少的市场知名度,其营销者往往也就是创业者,并非营销专才,初期也没有专门的营销部门协助。因此,一些通行的营销法则和营销方案可能对于新创企业的适用性较弱。在实际营销过程中,创业者往往更依赖于亲戚、朋友或企业战略联盟组成的网络关系来实施营销。

(5)新创企业营销策略灵活多变。新创企业营销的实施环境更为动荡,具有很大的不确定性,这也使得创业者的营销策略必须更加灵活。一方面,其灵活多变的特征有助于创业者积极发挥优势,促进企业快速成长;另一方面,高度灵活的营销策略实施能够使企业更好地适应动荡的经济环境。

二、新创企业营销机制与过程

当前对于新创企业营销的研究很少,研究者们提出"创业营销"这一与新创企业营销相关的名词。但在学术领域,"创业营销"一词的使用既包括新创企业的营销活动,也包括成熟大企业开始实施的创业导向的营销战略。本书主要仅指新创企业的营销管理。

新创企业营销的根本驱动因素是创业精神,是整个组织所表现出来的创业精神。对于大多数创业者来说,既缺乏资金,又缺乏商业经验,所拥有的更多是创业激情和某种新产品或新技术的构想。要获得成功,除了勇气、勤奋和毅力外,还必须依赖于有效的创业营销来获得创业所需的各种资源。因此,新创企业营销,就是创业者凭借创业精神、创业团队、创业计划和创新成果,不拘泥于企业外部环境和内部条件的约束,获取企业生存发展所必需的各种资源,并通过创造性地有机整合机会、资源和顾客价值来驱动市场,取得具有挑战性的组织绩效的过程。新创企业营销激励如图4-1所示。

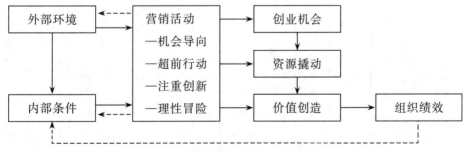

图4-1 新创企业营销激励

在竞争激烈的复杂市场环境中,新创企业面临着残酷的生存危机,也面对着瞬息万变的市场机会。作为机会驱动者,新创企业首先应着眼于外部市场,而不是完全被自身内部所掌握的知识所驱动,也不应囿于当前的产品和服务。新创企业的营销者在认真审视内部条件和外部机会的时候,要有在一定程度上主动改善甚至改变外部环境的勇气,而不是一味地调整和适应,否则永远走不出竞争的"红海"。

创业精神驱动下的新创企业营销活动,应贯彻机会导向、超前行动、注重创新、理性冒险的创业精神,积极获取企业创业发展的各种资源,获得团队内部的共识、投资者的关注、市场的认可。

(1)机会导向。认知和探索机会是创业活动的基础,也是新创企业营销的核心维度。新创企业的营销人员通过努力扩大当前顾客所能表达的需求以外的机会范畴,拓展产品和市场的边界,以规避现有市场的支配。

(2)超前行动。机会是有时效性的,甚至稍纵即逝。新创企业的营销活动必须突出速度,善于抓住转瞬即逝的机会,并迅速扩大市场份额。

(3)注重创新。新创企业的产生过程就是一个创新的过程,但唯有持续创新才能获得持续的竞争优势,这包括技术创新、组织创新、市场创新和管理创新。

(4)理性冒险。创业精神与理性冒险并不矛盾。新创企业的营销者通过努力识别风险,并不一味地规避风险或使风险最小化,而是以理性的态度应对风险,果断地进行市场决策和采用各种促进销售的手段来赢得市场。

新创企业营销既要通过动用各种手段获取实现创业机会的各种资源,更需要有整合他人资源为营销目的服务的能力。价值创造是销售得以实现的先决条件。新创企业的营销者需要发现未被利用的顾客价值源泉,组织一切可能的资源来创造顾客价值。即新创企业通过创造性地有机整合机会、资源和顾客价值来驱动市场,取得具有挑战性的组织绩效。对于新创企业来说,组织绩效有财务和非财务的,但首要的组织绩效指标显然还是企业具备足够的生存能力,然后才是不断改善企业内部的文化、结构和资源条件,实现企业"由外而内"的不断成长。

一般来说,新创企业营销的过程要比传统营销简单,这是由其资源禀赋以及企业特征所决定的。成熟企业往往拥有一个专职的营销部门来实施营销工作,同时也拥有充分的资源予以支持。由于新创企业营销所能够使用的资源要少得多,很多新创企业中,很少有专门的营销部门,所以,新创企业营销过程要相对简单,目标也更为直接。新创企业营销过程如图4-2所示。

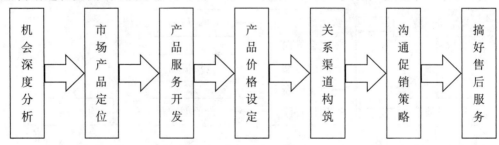

图4-2 新创企业营销过程

整个新创企业营销过程的七个环节,可以归纳为三个阶段,即战略阶段、策略阶段和客户维护阶段。

(1)战略阶段主要包括机会深度分析和市场产品定位两个环节。主要是结合企业的内外部环境和条件,通过市场调查,进行创业机会的深度分析。市场定位是新创企业营销管理的核心。企业创立之初就要认真研究市场机会,拓展产品和市场的边界,从广阔的行业市场中寻找最适合的消费者群体,创新市场需求,从满足需求的角度去认识产品,创新产品价值,寻求自身特色和优势,采用利基市场(Niche Market)战术。

(2)策略阶段主要包括产品开发、价格设定、渠道构筑和沟通促销四个环节。大众化以及技术容易被仿造的产品不是小企业的优势,应选择开发满足客户独特需求、客户价值显著、效果立竿见影的产品或服务,并且制定科学合理的产品价格。新创企业绝大部分面临的是产品不为消费者认知,更谈不上企业被社会认知。营销者在有效使用广告费用的同时,能灵活运用各种广告宣传工具进行企业宣传,如开展事件营销、选择有实效的赞助方式、撰写软文、选择合适的媒体投放、充分发挥关系网络、互联网等各种资源的作用等。新创企业渠道的功能诉求有别于相对成熟的企业,应更关注信息传递、收集信息、树立形象、客户服务的作用;渠道结构应尽可能扁平化,以减少产品流通环节,让利给消费者,提高产品价格竞争力。

(3)客户维护阶段就是最后一个环节——搞好售后服务。新创企业客户本就不多,如果售后服务不好,导致客户因为不满意而用脚投票或者影响一大批潜在客户,那么对于新创企业来说就是得不偿失了。反之,如果能够因为服务好而提高客户满意度并且带来大量的潜在客户,对于新创企业来说则是事半功倍。

创业活动具有高度的复杂性和动荡性,其本质在于机会导向、创造性的资源整合、价值创造、超前行动和创新与变革。因此,基于创业机会的成长性特点,与其对应的新创企业的营销活动也呈现出与成熟企业不一样的特征,变得更加关注企业的生存、机会导向和创新等。

第二节 新创企业营销市场及产品定位

新创企业营销的要旨在于首先进行合理的定位,从而使得资源匮乏的企业能够支撑市场营销过程的推进,企业也不会受到现有成熟企业的倾轧。这一定位主要针对创业机会的核心特征。这一点作者在《创新创业基础》一书关于商业模式的章节中已经有了详细的阐述。创业机会的核心特征主要有两个方面:市场层面的特征以及产品层面的特征。

一、在市场细分过程中发现市场机会

1. 市场细分是新创企业营销成败的关键

市场细分是现代市场营销观念的产物。它是指按照消费需求的差异性把某一产品(或服务)的整体市场划分为不同的子市场的过程。

市场细分和目标营销是第二次世界大战后市场营销思想和战略的新发展,是20世纪50年代由美国市场营销学家温德尔·史密斯(Wendell R. Smith)首先提出的一个新概念,此后受到广泛重视和普遍应用,现在已成为企业市场营销战略的一个核心内容,是决定企业营销成败的一个关键性问题。

新创企业开展市场细分的原因在于：

（1）市场行为的差异性及由此决定的购买者动机和行为的差异性。市场需求的差异性取决于社会生产力的发展水平、市场商品供应的丰富程度以及消费者的收入水平。除了对某些同质商品，消费者有相同的需求外，消费者的需求总是各不相同的，这是由人性、年龄、地理位置、文化背景、职业等方面的差异所决定的。

（2）市场需求的相似性。从整体上看人们的消费需要是千差万别的，然而在这种差别之中又包含着某种共性。这种交叉中的相似性和差异性就使市场具有可聚可分的特点，为企业按一定标准细分市场并从中选择自己的目标市场提供了客观可能性。

（3）买方市场的形成。由于现代市场经济的高度发展，买方市场的全面形成和卖方之间市场竞争的日益激化，有厚利可图的市场越来越少，企业只有依靠市场细分来发掘未满足的市场需要，寻求有吸引力的、符合自己目标和资源的营销机会，才能在市场竞争中取胜。

2. 开展市场细分是新创企业营销必须的第一步

（1）有利于企业发现新的市场机会，选择新的目标市场。通过市场细分，企业可了解市场各部分的购买能力、潜在需求、顾客满足程度和竞争状况等，从而及时发现新的市场机会和问题，及时采取对策，夺取竞争优势。

（2）有利于巩固现有的市场阵地。通过市场细分充分把握各类顾客的不同需要，并投其所好地开展营销活动，就可稳定企业的现有市场，这对于发展余地不大的成熟行业和不愿或不能转向新市场的企业来说意义尤其重大。

（3）有利于企业的产品适销对路。企业选择一个或几个细分市场作为目标市场，就可更加深入地研究这些市场的需求的具体特点，集中人力、物力和财力，生产出满足目标市场需要的产品，从而取得更大的经济效益。

（4）有利于企业制定适当的营销战略和策略，把有限的资源集中用在目标市场上，以取得最好的经济效益。这样一方面企业在市场细分的基础上针对目标市场的特点制定战略和策略，做到"知己知彼"；另一方面，企业只是面对一个或几个细分市场，可及时捕捉信息，按需求变化调整发展策略。

3. 新创企业如何开展消费者市场细分

消费者市场上的需求千差万别，影响因素也是错综复杂。对消费者市场的细分没有一个固定的模式，各行业、各企业都可根据自己的特点和需求，采用适宜的标准进行细分，以求得最佳的市场机会。常用的几个具有代表性的市场细分标准主要有地理环境、经济文化、商品用途、购买行为等，每一细分标准中又包含不同的具体细分变数。

（1）地理环境因素。消费者所处的地理环境和地理位置，包括地理区域、地形、气候、人口密度、生产力布局、交通运输和通信条件等。由于地理条件的不同，会形成不同的消费习惯和偏好，同时，市场潜量和营销费用也会因地理位置的不同而有所不同。

（2）人口和社会经济状况因素。包括消费者的年龄、性别、家庭规模、收入、职业、受教育程度、宗教信仰、民族、家庭生命周期、社会阶层等。按年龄细分是各种市场细分中最常见的方法，适用范围广泛。

(3) 商品的用途。一是要分析商品用在消费者吃、喝、穿、用、住、行的哪一方面；二是要分析不同的商品是为了满足消费者的哪一类（生理、安全、社会、自尊、自我实现）需要，从而决定采用不同的营销策略。

(4) 购买行为。主要是从消费者购买行为方面的特性进行分析。如购买动机、购买频率、偏爱程度及敏感因素（质量、价格、服务、广告、促销方式、包装）等方面判定不同的消费者群体。

客户细分的方法有很多，但是都需要打破常规的商业逻辑，创造性地思考行业现状，创新地分析企业、客户、产品之间的关系。下面是常用的一些方式：

①需要彻底地质疑现有的关于谁是客户的思维定势，确定可以细分的客户范围。需要超越目前所卖的产品或服务去思考，识别出产品所隐含的功能。可以通过问"我们的产品满足的是客户的什么需求"并探寻企业现在没有服务但有类似需求的客户来达到。

②从不同的角度开始思考，寻找并确定一个合适的客户细分标准。这个标准可以有很多，如地域、消费者特征、消费者行为等。用这个标准将客户细分为若干区块，每个区块就是一个可能的细分客户市场。通过问"我们应该如何做才能吸引这些客户"来确定企业的目标客户及发展方向。

③根据企业的资源和能力来选择客户。这种方法成功的关键是需要找到需求和企业的独特资源能力相匹配的客户。

企业不可能做所有人的生意，所以客户细分是任何新创企业都要认真对待的。新创企业要学会抵御诱惑，放弃大部分的可能性，集中所有力量去寻找并满足适合自己的独到的细分客户，方能在激烈的竞争中赢得属于自己的市场份额！不同的企业需要不同的客户细分群体，有的大、有的小，有很多还是重合的，一个好的细分方法需要尽可能地找到更多的独立的细分群体。需要从下面几条原则来判断找到的细分客户市场是否是独立的细分群体：

①是否需要和提供明显不同的产品/服务来满足客户群体的需求。

②客户群体是否需要通过不同的分销渠道来接触。

③客户群体是否需要不同类型的关系；客户群体的盈利能力（收益性）是否有本质区别。

④客户群体是否愿意为提供物（产品/服务）的不同方面付费。

二、新创企业目标市场选择

1. 目标市场和目标市场营销的含义

目标市场是指在需求异质性市场上，企业根据自身能力所确定的欲满足的现有和潜在的消费者群体的需求。

目标市场营销是指企业通过市场细分选择了自己的目标市场，专门研究其需求特点并针对其特点提供适当的产品或服务，制定一系列的营销措施和策略，实施有效的市场营销组合。

为有效地实现目标市场营销,新创企业必须相应地采取三个重要的步骤:

(1)市场细分。这是在市场调研和预测的基础上,将整个市场区分为几个不同的购买者群体,对不同的群体销售不同的产品或提供不同的服务。

(2)选择目标市场。这是选择对本企业有吸引力的一个或几个细分的小市场(子市场)作为自己的目标市场,实行目标营销。

(3)市场定位。这是为本企业的产品确定一个在市场上竞争的有利地位,即在目标顾客心目中树起适当的产品形象,做好市场定位工作。

2. 三种目标市场营销战略及优缺点

新创企业可以开展的三种目标市场营销战略是:无选择性市场营销、选择性市场营销和集中性市场营销。

(1)无选择(差异)性市场营销。企业面对整个市场,只提供一种产品,采用一套市场营销方案吸引所有的顾客。它只注意需求的共性。

优点:生产经营品种少、批量大,节省成本的费用,提高利润率。

缺点:忽视了需求的差异性,较小市场部分需求得不到满足。

(2)选择(差异)性市场营销。企业针对每个细分市场的需求特点,分别为之设计不同的产品,采取不同的市场营销方案,满足各个细分市场上不同的需要。

优点:适应了各种不同的需求,能扩大销售,提高市场占有率。

缺点:因这差异性营销会增加设计、制造、管理、仓储和促销等方面的成本,会造成市场营销成本的上升。

(3)集中性市场营销。企业选择一个或少数几个子市场作为目标市场,制订一套营销方案,集中力量为之服务,争取在这些目标市场上占有大量份额。

优点:由于目标集中能更深入地了解市场需要,使产品更加适销对路,有利于树立和强化企业形象及产品形象,在目标市场上建立巩固的地位;同时由于实行专业化经营,可节省生产成本和营销费用,增加盈利。

缺点:目标过于集中,把企业的命运押在一个小范围的市场上,有较大风险。

3. 新创企业目标市场营销战略选择的因素

上述三种市场营销战略各有利弊,它们各自适用于不同的情况,企业在选择营销战略时,必须全面考虑各种因素,权衡得失,慎重决策。这些因素主要有:企业的实力,产品差异性的大小,市场差异性的大小,产品生命周期的阶段,竞争者的战略等。

三、新创企业市场定位

市场定位,就是针对竞争者现有产品在市场上所处的位置,根据消费者或用户对该种产品某一属性或特征的重视程度,为产品设计和塑造一定的个性或形象,并通过一系列营销活动把这种个性或形象强有力地传达给顾客,从而适当确定该产品在市场上的位置。新创企业的市场定位工作一般应包括三个步骤:

1. 调查研究影响定位的因素

适当的市场定位必须建立在市场营销调研的基础上,必须先了解有关影响市场定位的各种因素。这主要包括:竞争者的定位状况,目标顾客对产品的评价标准,目标市场潜在的竞争优势,选择竞争优势和定位战略等。

2. 确定企业市场定位的方法

企业通过与竞争者在产品、促销、成本、服务等方面的对比分析,了解自己的长处和短处,从而认定自己的竞争优势,进行恰当的市场定位。市场定位的方法有很多,且还在不断开发中,一般包括七个方面:

(1)特色定位,即从企业和产品的特色上加以定位。
(2)功效定位,即从产品的功效上加以定位。
(3)质量定位,即从产品的质量上加以定位。
(4)利益定位,即从顾客获得的主要利益上加以定位。
(5)使用者定位,即根据使用者的不同加以定位。
(6)竞争定位,即根据企业所处的竞争位置和竞争态势加以定位。
(7)价格定位,即从产品的价格上加以定位。

3. 准确地传播企业的定位观念

企业在做出市场定位决策后,还必须大力开展广告宣传,把企业的定位观念准确地传播给潜在购买者。

可供新创企业选择的市场定位战略:

(1)"针锋相对式"定位。把产品定在与竞争者相似的位置上,同竞争者争夺同一细分市场。实行这种定位战略的企业,必须具备以下条件:①能比竞争者生产出更好的产品;②该市场容量足够吸纳这两个竞争者的产品;③比竞争者有更多的资源和实力。

(2)"填空补缺式"定位。寻找新的尚未被占领,但为许多消费者所重视的位置,即填补市场上的空位。实行这种定位战略有两种情况:一是这部分潜在市场即营销机会没有被发现,在这种情况下,企业容易取得成功;二是许多企业发现了这部分潜在市场,但无力去占领,这就需要有足够的实力才能取得成功。

(3)"另辟蹊径式"定位。当企业意识到自己无力与同行业强大的竞争者相抗衡从而获得绝对优势地位时,可根据自己的条件取得相对优势,即突出宣传自己与众不同的特色,在某些有价值的产品属性上取得领先地位。

第三节　新创企业产品策略

一、产品整体概念

人们通常理解的产品是指具有某种特定物质形状和用途的物品,是看得见、摸得着的东西,这是一种狭义的概念。广义的产品则是指人们通过购买而获得的能够满足某种需求和欲望的商品和服务总和，它既包括具有物质形态的产品实体，又包括非物质形态的利益，这就是"产品的整体概念"。产品的整体概念包含五个层次，分别是核心产品、形式产品、期望产品、延伸产品、潜在产品。

(1)核心产品是指向顾客提供的产品的基本效用和利益。从根本上讲，每个产品实质上都是为解决问题而提供的服务。例如，消费者购买口红的目的不是为了得到某种颜色、某种形状的实体，而是为了通过使用口红提升自身的形象和气质。

(2)形式产品是指核心产品借以实现的形式或目标市场对需求的特定满足形式。形式产品一般有五个特征，即品质、式样、特征、商标及包装。核心产品必须通过形式产品才能实现。

(3)期望产品是指购买者在购买产品时期望得到的与产品密切相关的一整套属性和条件。旅馆的客人期望得到清洁的床位、洗浴香波、浴巾、电视等服务。

(4)延伸产品是指顾客在购买形式产品和期望产品时，附带获得的各种利益的总和，包括说明书、保证、安装、维修、送货、技术培训等。

(5)潜在产品是指现有产品包括所有附加产品在内的，可能发展成为未来最终产品的潜在状态的产品。潜在产品指出了现有产品可能的演变趋势和前景。如彩色电视机可发展为录放映机、电脑终端机等。

二、新创企业产品开发思路

新创企业在充分认识产品整体概念的基础上，应努力在四个层次上开展营销活动，只有尽可能地增加产品的价值，降低顾客购买时付出的成本，才能在创业初期解决生存问题、在发展阶段解决持续经营的问题。

(1)开发核心产品，满足不同细分市场的利益。对消费者进行市场细分，根据不同细分市场消费者需求存在的差异，开发不同的产品，在成功定位的基础上有效地满足不同消费者对产品需求的利益。

(2)设计形式产品体现产品核心利益。产品的核心部分需要通过有形部分体现出来，因此，产品应在口味、包装、品牌等有形部分体现产品的核心部分，并有效地传递产品的核心利益。

(3)准确把握期望产品，提升顾客满意度。产品的期望部分是顾客对产品的内在判断、要求和期望，是顾客购买时对产品核心利益、有形部分、延伸部分和潜在产品内在判断的标准。顾客是否满意主要取决于顾客感知价值和顾客期望之间的对比关系，顾客感知价值越接近于甚至超出顾客期望，顾客满意度越大，反之越小。因此，企业应在准确把握顾客期望产品的同时，通过有形部分提高顾客的感知价值，从而提高顾客满意度，在此基础上，进一步培养顾客忠诚。

(4)拓展延伸产品，增加顾客感知价值。企业可以通过增加产品的延伸部分，给顾客以惊喜，增加顾客的感知价值，提高顾客的满意度。这样，一方面顾客会对该企业的产品形成依赖，形成顾客忠诚；另一方面，顾客会对该产品进行口头的免费宣传，从而为企业的经营赢得主动权。

经营企业在正确理解产品整体概念的基础上，针对不同部分开展研发、设计、生产、营销等活动，会有效地提高产品的价值，从而增强产品的竞争力，为企业的生存和发展创造良好的机会。

为目标客户创造价值的系列产品和服务，就是客户实际可以从企业得到的有价值的产品和服务的组合。它解决了客户的难题或者满足了客户需求，是客户选择你而非别人的重要原因。产品策略需要明白一个关键问题：客户需要的是解决问题，而不是产品。所以从提供解决方案的角度而不是提供产品的角度进行产品的设计和创新往往能够另辟蹊径，找到独到的商业模式。图4-3是客户价值主张的几个要素，也是从客户角度进行产品设计和创新的方向。

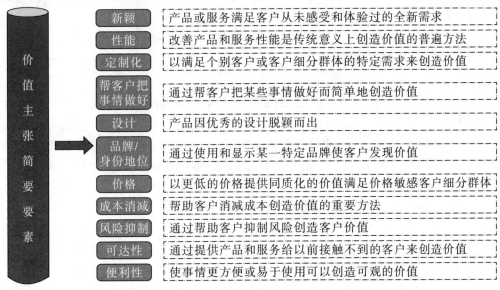

图4-3 客户价值主张要素

新颖：有些价值主张满足客户从未感受和体验过的全新需求，因为以前从来没有类似的产品或服务。这通常但不总是与技术有关，举例来说，移动电话围绕移动通信开创了一个全新的行业。

性能：改善产品和服务性能是一个传统意义上创造价值的普遍方法。个人计算机（PC）行业在刚开始时严重依赖于这个因素来推动市场的发展。利用摩尔定律不断向市场推出更强劲的机型，取得了飞速的发展。但性能的改善总有其天花板，近几年更快速的PC、更大的磁盘存储空间和更好的图形显示都未能在用户需求方面促成对应的增长。

定制化：定制产品和服务以满足个别客户或客户细分群体的特定需求来创造价值。近几年来，由于整个社会的物质基础逐步丰富，消费者的个性主张越来越强烈，大规模定制和客户参与制作的概念显得尤为重要。

帮客户把事情做好：可以通过帮客户把某些事情做好而简单地创造价值。罗尔斯·罗伊斯公司的航空公司客户完全依赖它所制造和服务的引擎发动机，这样客户可以把业务焦点放在自己的航线运营上，集中精力把运营做好。作为回报，航空公司按引擎用时向罗尔斯·罗伊斯公司支付费用。

设计:设计是一个重要但又很难衡量的要素。产品可以因为优秀的设计脱颖而出,在时尚和消费电子产品行业,设计是价值主张中一个特别重要的部分。1977年推出的"苹果Ⅱ"电脑,将苹果公司带入了第一次辉煌。这款产品一反过去个人电脑沉重粗笨、设计复杂、难以操作的形象,设计新颖、功能齐全、价格便宜、使用方便,看上去就像一台漂亮的打字机。这也是当时全球第一台有彩色图形界面的微电脑,因此被公认为是个人电脑发展史上的里程碑。在当年的美国西海岸计算机展览会上,"苹果Ⅱ"一鸣惊人。人们都不敢相信这部小机器竟能在大荧光屏上连续显示出壮观的、如同万花筒般的各种色彩。几千名消费者拥向展台,观看、试用,订单纷纷而来。几年时间里,苹果电脑的旋风便席卷大半个美国,苹果几乎成为个人电脑的代名词,一场"个人电脑革命"也随之在美国轰轰烈烈地展开。

品牌/身份地位:客户可以通过使用和显示某一特定品牌而发现价值。例如,佩戴一块劳力士手表象征着财富。此外,滑板者可能穿戴最新的"underground"品牌来显示他们很"潮"。

价格:以更低的价格或者免费提供同质化的价值是满足价格敏感客户细分群体的通常做法。经济航空公司,诸如美国西南航空公司、易捷航空公司和中国春秋航空公司都设计了全新的商业模式,以便使低价航空旅行成为可能。另一个基于价格的价值主张例子可以在印度塔塔集团设计和制造的Nano新型汽车中找到。它以令人惊叹的低价使印度全民都买得起汽车。免费产品和服务正开始越来越多地渗透到各行各业。从免费报纸到免费电子邮件、免费移动电话服务无所不包。

成本削减:帮助客户削减成本是创造价值的重要方法。例如,Salesforce.com公司销售在线的客户关系管理系统(CRM)的应用,这项服务减少了购买者的开销并免除了用户自行购买、安装和管理CRM软件的麻烦。

风险抑制:当客户购买产品和服务的时候,帮助客户抑制风险也可以创造客户价值。对于二手汽车买家来说,为期一年的服务担保规避了在购买后发生故障和修理的风险。支付宝的产生为淘宝的电子商务交易双方规避了货物或金钱损失的风险。

可达性:把产品和服务提供给以前接触不到的客户是另一个创造价值的方法。这既可能是商业模式创新的结果,也可能是新技术的结果,或者兼而有之。例如,银行提供按揭贷款帮助客户购买房屋,使得资金欠缺的客户能够实现购房消费的梦想,满足拥有房屋的需求,这极大地创造了客户的价值,也推动了整个房地产行业和金融业的飞速发展。

便利性/可用性:使事情更方便或易于使用可以创造可观的价值。苹果公司的iPod和iTunes为用户提供了在搜索、购买、下载和收听数字音乐方面前所未有的便捷体验。

三、新创企业如何制定品牌策略

1. 新创企业品牌设计要求

(1)简洁醒目,易读易懂。品牌应使人在短时间内产生印象,易于理解记忆并产生联想。

"美加净""佳洁士",其品牌易记易理解,被誉为商品品牌的文字佳作。

"M"这个很普通的字母,对其施以不同的艺术加工,就形成表示不同商品的标记或标志:棱角圆润、鲜艳金黄色拱门的"M"是麦当劳的标记,给人以亲切之感,已出现在全世界73个国家和地区的数百个城市的闹市区,成为人们喜爱的快餐标志。

(2)构思巧妙,暗示属性。品牌是企业形象的概括,反映企业个性和风格,产生信任。

Benz(本茨)先生作为汽车发明人,以其名字命名的奔驰车,100多年来赢得了顾客的信任,其品牌一直深入人心。那个构思巧妙、简洁明快、特点突出的圆形的汽车方向盘似的特殊标志,已经成了豪华优质高档汽车的象征。

(3)富蕴内涵,情意浓重。品牌可引起顾客强烈兴趣,诱发美好联想,产生购买动机。

"红豆"是一种植物,是人们常用的镶嵌饰物,是美好情感的象征。同时,"红豆"也是江苏红豆集团的服装品牌和企业名称,其英文是"The seed of love"(爱的种子)。提起它,人们就会想起王维的千古绝句和牵动人的思乡及相思之情。红豆服装正是借助"红豆"这一富蕴中国传统文化内涵、情意浓重的品牌"红"起来的。

(4)避免雷同,超越时空。在我国,由于企业的品牌意识还比较淡薄,品牌运营的经验还比较少,品牌雷同的现象非常严重。据统计,我国以"熊猫"为品牌名称的有311家,"海燕"和"天鹅"两个品牌分别有193家和175家同时使用。除重名以外,还有品名极其相似的品牌。

品牌运营的最终目标是通过不断提高品牌竞争力,超越竞争对手。如果品牌的设计与竞争对手雷同,那么将永远居于人后,达不到最终超越的目的。因而,品牌设计的雷同,是实施品牌运营的大忌。

超越空间的限制是指品牌要超越地理文化边界的限制。由于世界各国的历史文化传统、语言文字、风俗习惯、价值观念和审美情趣不同,对于一个品牌的认知会有很大差异。

若将"Sprite"直译成"妖精",又有多少中国人乐于认购呢?而译成符合中国文化特征的"雪碧",就比较准确地揭示了品牌标定产品的"凉""爽"等属性。

美国通用汽车公司,曾因其一个叫"诺瓦"(Nova)的品牌在西班牙语中含有"不走"或"走不动"的意思而在西班牙语系的国家销售受阻,后改为拉美人比较喜欢的"加勒比",结果很快打开市场。

2. 品牌命名主要方法

(1)效用命名。以产品的主要性能和效用命名,使消费者迅速理解商品功效,便于联想和记忆(感冒清、太太口服液等)。

(2)产地命名。用商品的产地命名,可反映商品传统特色和优越性能(茅台、鄂尔多斯等)。

(3)人物命名。以历史人物、传奇人物、制造者以及对产品有特殊偏好的名人姓名命名,衬托和说明产品品质,提高产品身价(李宁、奔驰、吉列等)。

(4)制法命名。多用于具有独特制造工艺或有纪念意义的研制过程的商品,表示制作精良以提高产品威望(北京烤鸭、北京二锅头等)。

(5)好兆命名。以吉利的词句、良好的祝愿命名,既暗示商品优良性能,又迎合消费者的美好愿望(草原兴发、红双喜等)。

(6)译名命名。指国外进口商品的商标译名,以及模仿国外商标译名而制作的中文品牌。有音译、意译和音意兼顾三种。

音译:纯粹音译的品牌有限(Sony—索尼、Olympus—奥林巴斯等)。

意译:意译的外国商标较少(Crown—皇冠、GoldQueen—金皇后等)。

音意兼顾:品牌译名中最为常见(Pepsi-Cola—百事可乐等)。

(7)夸张命名。用艺术夸张的词句命名,以显示商品的独特功效(永久、飞鸽等)。

(8)企业命名。可直接说明商品的来源,有利于借助企业声誉推出新产品(伊利、蒙牛等)。

(9)形象命名。用动物形象或抽象图案为商品命名,以增强感染力(雪花、天鹅等)。

(10)数字命名。用阿拉伯数字命名,有两种情况:一是数字本身无任何含义,只是简单易记、活泼(555、999等);二是数字的谐音暗含一定的意义(3388、888、520等)。

3. 新创企业品牌质量决策

(1)决定品牌的最初质量水平:低质量、一般质量、中上质量、高质量。

每一种质量水平都有其市场,都有与之相适应的顾客。决定品牌最初质量水平应该和选择目标市场及产品定位结合进行。

欧米茄手表的历史源远流长,它决定品牌的最初质量就是高质量,力求造型高雅、性能精确,在制表业独占鳌头。

(2)管理品牌质量有三种可供选择的策略:一是提高品牌质量,在研究开发上不断投入资金、改进产品质量,以取得最高的投资收益率和市场占有率(如宝洁公司);二是保持品牌质量;三是逐渐降低品牌质量,如产品进入衰退期,淘汰已成定局时,此外,因产品价格下跌或原材料价格上涨而改用廉价材料替代或为多得利润而偷工减料、掺假等均会降低质量,当然这样做必然要败坏品牌声誉,损害其长期盈利的能力。

4. 新创企业品牌统分决策

制造商决定使用自己的品牌,但各产品分别使用不同的品牌还是使用一个统一的品牌或几个品牌?可供选择的策略有:

(1)个别品牌,即企业各种不同的产品分别使用不同的品牌。其好处是有利于企业扩充高、中、低档各类产品,以适应市场不同需求;产品各自发展,在市场竞争中加大了安全感。

宝洁公司生产的各种日化产品,分别使用汰渍、奥妙、碧浪等不同品牌;并创造了飘柔、海飞丝、潘婷、沙宣、润妍等不同洗发水品牌。从1988年进入中国以来,成为一个难以企及的神话。

(2)统一品牌,即企业所有产品统一使用一个品牌,也称为整体的家族品牌。其优点是节省品牌设计和广告费用,有利于为新产品打开销路。

我国上海益民食品公司的所有产品都是"光明牌";美国通用电气公司的所有产品都统一使用"GE"这个品牌名称。

(3)分类品牌,包括两种情况,一是各产品线分别使用不同品牌,避免发生混淆;二是生产或销售同类型的产品,但质量水平有较大差异也使用不同品牌以便于识别。

西尔斯公司所经营的器具类产品、妇女服装类产品、主要家庭设备类产品分别使用不同的品牌名称;美国斯维夫特公司同时生产火腿和化肥两种截然不同的产品,分别使用普利姆和肥高洛的品牌名称;巴盟河套酒业公司生产的白酒,一等品的品牌名称是河套王,以下依次是:河套老窖、河套人家等300多个名称。

(4)企业名称加个别品牌,即在产品的品牌名称前冠以企业名称,可使产品正统化,既享有企业已有的信誉,又可使产品各具特色,这是统一品牌与个别品牌同时并行的一种方式。

美国通用汽车公司(GM)所生产的各种小轿车分别使用不同的品牌:卡迪拉克、土星、欧宝、别克、奥斯莫比、潘蒂克、雪佛莱等,每个品牌上都另加"GM"两个字母,以表示通用汽车公司的产品。

5. 品牌防御决策

商标是企业的无形资产,驰名商标更是企业的巨大财富。因此企业在品牌与商标经营过程中,要及时注册,防止被他人抢注,还要杜绝"近似商标注册"的事件的发生。而防止近似商标注册的有效方法就是主动进行防御性注册,实施商标防御性策略。

(1)在相同或类似的产品上注册或使用一系列互为关联的商标(联合商标),以保护正在使用的商标或备用商标。

(2)将同一商标在若干不同种类的产品或行业注册,以防止他人将自己的商标运用到不同种类的产品或不同的行业上(防御性商标)。

四、新创企业如何制定包装策略

1. 包装的含义及其构成

包装是指对某一品牌商品设计并制作容器或包扎物的一系列活动。其构成要素有:

(1)商标、品牌。是包装中最主要的构成要素,应占据突出位置。

(2)形状。是包装中必不可少的组合要素,有利于储运、陈列及销售。

(3)色彩。是包装中最具刺激销售作用的构成要素,对顾客有强烈的感召力。

(4)图案。在包装中,其作用如同广告中的画面。

(5)材料。包装材料的选择,影响包装成本,也影响市场竞争力。

(6)标签。含有大量商品信息:印有包装内容和产品所含主要成分、品牌标志、产品质量等级、生产厂家、生产日期、有效期和使用方法等。

2. 包装的种类

(1)运输包装(外包装或大包装)。主要用于保护产品品质安全和数量完整。

(2)销售包装(内包装或小包装)。实际上是零售包装,不仅要保护商品,更重要的是要美化和宣传商品,便于陈列,吸引顾客,方便消费者认识、选购、携带和使用。

3. 包装的作用

(1) 保护商品。保证产品从出厂到消费整个过程中不致损坏、散失、溢出或变质。不仅要保护产品本身,还要注意环境安全保护。

(2) 促进销售。包装具有识别和推销功能。美观大方、漂亮得体的包装不仅能够吸引顾客,而且能够刺激消费者的购买欲望。

据美国杜邦公司研究发现,63%的消费者是根据商品包装做出购买决策的,因此说,包装是"沉默的推销员"。

(3) 增加盈利。优良、美观的包装往往可抬高商品的身价,使顾客愿意付出较高的价格购买。

苏州生产的檀香扇,在香港市场上原价是65元一把,后来改用成本是5元钱的锦盒包装,售价达165元一把,结果销量还大幅度提高。

(4) 便于储运。包装便于商品装卸,节约运力,加速流转,保护质量。

4. 包装的要求

在市场营销中,为适应竞争的需要,包装要考虑不同对象的要求。

(1) 消费者的要求。由于社会文化环境不同,不同的国家和地区对产品的包装要求不同。因此,包装的颜色、图案、形状、大小、语言等要考虑不同国家、地区、民族等的消费者的习惯和要求。

(2) 运输商的要求。运输商考虑的主要因素是商品能否以最少的成本安全到达目的地。所以要求包装必须便于装卸、结实、安全,不至于在到达目的地前就损坏。

(3) 分销商的要求。分销商不仅要求外包装便于装卸、结实、防盗,而且内包装的设计要合理、美观,能有效利用货架,容易拿放,同时能吸引顾客。

(4) 政府要求。随着人们绿色环保意识的加强,要求企业包装材料的选择要符合政府的环保标准,节约资源,减少污染,禁止使用有害包装材料,实施绿色包装战略。同时要求标签符合政府的有关法律和规定。

5. 包装的设计原则

(1) 安全。

(2) 适于运输,便于保管与陈列,便于携带和使用。

(3) 美观大方,突出特色。

(4) 与商品价值和质量水平相匹配。

(5) 尊重消费者的宗教信仰和风俗习惯。

(6) 符合法律规定,兼顾社会利益。

6. 包装策略

(1) 类似包装策略。类似包装策略是指企业生产的各种产品,在包装上采用相同的图案、相近的颜色,体现出共同的特点,也叫产品线包装。它可以节约设计和印刷成本;易树立企业形象,提高企业声誉及促进新产品推销。但某一产品质量下降会影响到类似包装的其他产品的销路。

(2)等级包装策略。等级包装策略有两种：一是不同质量等级的产品分别使用不同包装，表里一致；二是同一商品采用不同等级包装，以适应不同购买力水平或不同顾客的购买心理。

(3)异类包装策略。异类包装策略是指企业各种产品都有自己独特的包装，设计上采用不同风格、不同色调、不同材料。它使企业不致因某一种商品营销失败而影响其他商品的市场声誉，但增加了包装设计费用，新产品进入市场时需更多的销售推广费用。

(4)配套包装策略。配套包装策略是指企业将几种相关的商品组合配套包装在同一包装物内。它方便消费者购买、携带与使用；利于带动多种产品销售及新产品进入市场。

(5)再使用包装策略。再使用包装策略是指包装物内商品用完之后，包装物本身还可用作其他用途。它通过给消费者额外的利益而扩大销售，同时包装物再使用可起到延伸宣传的作用，但这种刺激只能收到短期效果。

(6)附赠品包装策略。附赠品包装策略是指在包装物内附有赠品以诱发消费者重复购买。

(7)更新包装策略。更新包装策略是指企业的包装策略随市场需求的变化而改变的做法。可以改变商品在消费者心目中的地位，进而收到迅速恢复企业声誉之佳效。

【案例阅读】

2.5亿销售额的"雷神"怎么来？

2014年1月15日，雷神游戏本在京东商城刚上市，20分钟内3000台笔记本就被抢购一空。2014年7月24日雷神911上市，单型号10秒钟尽销3000台。无数网友惊呼，"雷神"如此强劲的势头大有重现当年"小米"手机万人抢购的神话。

在这款火爆产品"雷神"上，没有"haier"logo，它的背后是海尔电脑平台上的"雷神小微团队"。而如今这个项目正在海尔内部孵化，开始实现包括品牌在内完全独立运营。

"雷神小微团队"从海尔员工中脱颖而出，也因此在游戏本业界一夜成名。

生于1986年的李宁，原本是海尔笔记本"利共体"电商渠道总监。作为雷神项目的发起人之一，据说他的这次创新来源于2013年7月在京东商城偶得的一组简单数据。

李宁发现，当PC、笔记本电脑销量都在下滑时，唯独游戏本销量却逐月上升，且游戏本领域也尚未出现占据垄断地位的品牌，进入门槛还不太高。

他顿时感到机会来了。李宁拉上了对整个上游环境很熟悉的李艳兵，以及善于跟用户零距离沟通的李欣组成团队，目标是"打造一款明星级产品"。

那么，一款游戏本新品牌该如何切入市场，找到自己的竞争优势？怎么才能真正抓住用户的需求，然后满足他，最终让他成为用户呢？

既然海尔提出"无交互不分享"，让用户需求"倒逼"产品创新，那么就看看用户的需求。他们想到了通过电商渠道中顾客的评价找到突破口。

李宁和李艳兵在电商网站中搜集了关于各类型游戏本的3万余条差评,最后将差评结果归纳为散热慢、易死机、蓝屏、键长短等13条问题。"这就是我们的突破口,用户的抱怨就是做好产品的最大机会。"时至今天,这个团队依然还在为当初的突破而兴奋不已。

当然,雷神首批500台游戏本推出后,同样收到了差评。原因是有客户反映屏幕上偶有亮点(即白色瑕疵点)。这其实本身是符合国家行业标准,且所有品牌都在所难免的,但用户的标准却并非如此。

"这就给我们提出了一个挑战,给你买单的是你的用户,让用户满意的质量标准才是标准。所以我们要做用户的标准,而不是行业的标准。"雷神团队抓住了这一次机会,他们为12个用户免费更换了无亮点的屏,而且承诺以后的产品都没有亮点。

而这次被雷神称为"亮点的救赎"的事件,在业界造成了很大的轰动,影响了更多的用户对雷神品牌的信赖度,凝聚了更强的黏性。消费者与企业已经真正地开始了价值交互。

当然,这仅仅是开始。后来无论是给游戏本起品牌名字,抑或者是建立售后粉丝QQ群,"交互"在雷神这个项目里无处不在。

2014年雷神实现2.5亿销售额和近1300万净利润。现在雷神已是独立运作的实体公司,目前Pre-A轮融资500万投资已经到位。

(资料来源:http://www.haier.net/cn/about_haier/news/mtzjgz/201504/t20150416_266145.shtml)

第四节 新创企业定价策略

定价策略是指企业根据市场中不同变化因素对商品价格的影响程度采用不同的定价方法,制定出适合市场变化的商品价格,进而实现定价目标的企业营销战略。

一、新产品定价策略

新产品的定价是营销策略中一个十分重要的问题。它关系到新产品能否顺利地进入市场,能否站稳脚跟,能否获得较大的经济效益。目前,国内外关于新产品的定价策略,主要有三种,即取脂定价策略、渗透定价策略和满意定价策略。

1. 取脂定价策略

取脂定价策略,又称撇脂定价策略,是指企业在产品寿命周期的投入期或成长期,利用消费者的求新、求奇心理,抓住激烈竞争尚未出现的有利时机,有目的地将价格定得很高,以便在短期内获取尽可能多的利润,尽快地收回投资的一种定价策略。其名称来自从鲜奶中撇取乳脂,含有提取精华之意。

【案例阅读】

柯达如何走进日本

柯达公司生产的彩色胶片在20世纪70年代初突然宣布降价,立刻吸引了众多的消费者,挤垮了其他国家的同行企业,柯达公司甚至垄断了彩色胶片市场的90%。到了80年代中期,日本胶片市场被富士所垄断,富士胶片压倒了柯达胶片。对此,柯达公司进行了细心的研究,发现日本人对商品普遍存在重质而不重价的倾向,于是制定高价政策打响牌子,保护名誉,进而实施与富士竞争的策略。他们在日本发展了贸易合资企业,专门以高出富士1/2的价格推销柯达胶片。经过5年的努力和竞争,柯达终于被日本人接受,走进了日本市场,并成为与富士平起平坐的企业,销售额也直线上升。

2. 渗透定价策略

渗透定价策略,又称薄利多销策略,是指企业在产品上市初期,利用消费者求廉的消费心理,有意将价格定得很低,使新产品以物美价廉的形象,吸引顾客,占领市场,以谋取远期的稳定利润。

3. 满意价格策略

满意价格策略,又称平价销售策略,是介于取脂定价和渗透定价之间的一种定价策略。由于取脂定价法定价过高,对消费者不利,既容易引起竞争,又可能遇到消费者拒绝,具有一定风险;渗透定价法定价过低,对消费者有利,对企业最初收入不利,资金的回收期也较长,若企业实力不强,将很难承受。而满意价格策略采取适中价格,基本上能够做到供求双方都比较满意。

二、差别定价策略

所谓差别定价,也叫价格歧视,就是企业按照两种或两种以上不反映成本费用的比例差异的价格销售某种产品或劳务。差别定价有四种形式:

1. 顾客差别定价

顾客差别定价即企业按照不同的价格把同一种产品或劳务卖给不同的顾客。例如,某汽车经销商按照目标价格把某种型号汽车卖给顾客A,同时按照较低价格把同一种型号汽车卖给顾客B。

2. 产品形式差别定价

产品形式差别定价即企业对不同型号或形式的产品分别制定不同的价格,但是,不同型号或形式产品的价格之间的差额和成本费用之间的差额并不成比例。

3. 产品部位差别定价

产品部位差别定价即企业对于处在不同位置的产品或服务分别制定不同的价格,即使这些产品或服务的成本费用没有任何差异。例如,剧院,虽然不同座位的成本费用都一样,但是不同座位的票价有所不同,这是因为人们对剧院的不同座位的偏好有所不同。

4. 销售时间差别定价

销售时间差别定价即企业对于不同季节、不同时期甚至不同钟点的产品或服务也分别制定不同的价格。

【案例阅读】

蒙玛公司在意大利以无积压商品而闻名,其秘诀之一就是对时装分多段定价。它规定新时装上市,以3天为一轮,凡一套时装以定价卖出,每隔一轮按原价削10%,以此类推,那么到10轮(一个月)之后,蒙玛公司的时装价就削到了只剩35%左右的成本价了。这时的时装,蒙玛公司就以成本价售出。因为时装上市仅一个月,价格已跌到1/3,谁还不来买?所以一卖即空。蒙玛公司最后结算,赚钱比其他时装公司多,又没有积货的损失。国内也有不少类似范例。杭州一家新开张的商店,挂出日价商场的招牌,对店内出售的时装价格每日递减,直到销完。此招一出,门庭若市。

三、心理定价策略

心理定价策略是针对消费者的不同消费心理,制定相应的商品价格,以满足不同类型消费者的需求的策略。心理定价策略一般包括尾数定价、整数定价、习惯定价、声望定价、招徕定价和最小单位定价等具体形式。

1. 尾数定价策略

尾数定价又称零头定价,是指企业针对的是消费者的求廉心理,在商品定价时有意定一个与整数有一定差额的价格。这是一种具有强烈刺激作用的心理定价策略。

心理学家的研究表明,价格尾数的微小差别,能够明显影响消费者的购买行为。一般认为,五元以下的商品,末位数为9最受欢迎;五元以上的商品末位数为95效果最佳;百元以上的商品,末位数为98、99最为畅销。尾数定价法会给消费者一种经过精确计算的、最低价格的心理感觉;有时也可以给消费者一种是原价打了折扣,商品便宜的感觉;同时,顾客在等候找零期间,也可能会发现和选购其他商品。

例如,某品牌的54cm彩电标价998元,给人以便宜的感觉。认为只要几百元就能买一台彩电,其实它比1000元只少了2元。尾数定价策略还给人一种定价精确、值得信赖的感觉。

尾数定价法在欧美及我国常以奇数为尾数,如0.99、9.95等,这主要是因为消费者对奇数有好感,容易产生一种价格低廉、价格向下的概念。但由于8与"发"谐音,在定价中8的采用率也较高。

2. 整数定价策略

整数定价与尾数定价相反,针对的是消费者的求名、求方便心理,将商品价格有意定为整数,由于同类型产品,生产者众多,花色品种各异,在许多交易中,消费者往往只能将价格作为判别产品质量、性能的指示器。同时,在众多尾数定价的商品中,整数能给人一种方便、简洁的印象。

3. 习惯定价策略

某些商品需要经常、重复地购买,因此这类商品的价格在消费者心理上已经定格,成为一种习惯性的价格。

许多商品尤其是家庭生活日常用品,在市场上已经形成了一个习惯价格。消费者已经习惯于消费这种商品时,只愿付出这么大的代价,如买一块肥皂、一瓶洗涤灵等。对这些商品的定价,一般应依照习惯确定,不要随便改变价格,以免引起顾客的反感。善于遵循这一习惯确定产品价格者往往得益匪浅。

4. 声望定价策略

声望定价是指企业利用购买者仰慕其品牌的心理来制定大大高于其他同类商品的价格。采用这种定价策略的前提是产品的品牌知名度和美誉度非常高,消费者更看重的是商品的商标、品牌及价格,购买该产品能否显示他们的身份和地位,目的在于通过消费此类产品获得极大的心理满足。比如名牌工艺品、名牌高级轿车、名牌手机等。

5. 招徕定价策略

招徕定价是指企业利用消费者对低价商品的兴趣,将少数几种商品的价格降到市场价以下,有的甚至低于成本,以招徕顾客,根本目的是增加消费者对其他商品的连带性购买。我们常见的招徕定价有:商品大减价、大拍卖、清仓处理等。采用招徕定价应注意的是:招徕顾客的"特价品"必须是大多数家庭都需要的,而且市场价格为大多数顾客熟悉,能够感知,这样才能招徕到更多的顾客。

6. 最小单位定价策略

最小单位定价是指企业把同种商品按不同的数量包装,以最小包装单位量制定基数价格,销售时,参考最小包装单位的基数价格与所购数量收取款项。比如小包装食品、小包装饮料等,消费者误以为价格很低廉。一般情况下,包装越小,实际的单位数量商品的价格越高;包装越大,实际的单位数量商品的价格越低。

第五节 新创企业市场销售渠道与方式选择

一、选择合理的销售渠道是新创企业实现销售的关键一环

销售渠道是企业最重要的资产之一,同时也是变数最大的资产。它是企业把产品向消费者转移的过程中所经过的路径。这个路径包括企业自己设立的销售机构、代理商、经销商、零售店等。对产品来说,它不对产品本身进行增殖,而是通过服务,增加产品的附加价值;对企业来说,销售渠道起到物流、资金流、信息流、商流的作用,完成厂家很难完成的任务。不同的行业、不同的产品、企业不同的规模和发展阶段,销售渠道的形态都不相同,在市场经济中,销售渠道既是生产者的排水渠,又是消费者的引水渠,通过它连接生产者、经营者和消费者之间的经济关系,真正承担着社会再生产的蓄

水池作用。合理选择分销渠道的实质是合理选择中间商,它对企业生产经营活动和发展市场经济具有十分重要的意义。

(1)合理的销售渠道可能最有效地把各种产品提供给消费者,以满足其需要。专门从事商品流通的中间商最了解供需双方的需求,并根据消费者需求的变化,随时采购各种商品,从而较好地解决商品供求中的总量矛盾、结构矛盾、地区矛盾、时间矛盾,以满足不同的地区、不同层次消费者的各种不同的需要。

(2)合理的销售渠道有利于生产企业降低营销费用,扩大销量,提高供给能力和经济效益。生产企业合理选择中间商,既可以压缩自己常设的销售机构,节约相应的销售费用,减少流动资金的占用,又可以定期定量地将产品出售给中间商,减轻企业储存的负担,加速资金周转,集中有限的人力、物力和财力从事产品的生产。

(3)合理选择销售渠道可以帮助企业掌握市场供求信息,扩大服务项目,提高市场占用率。中间商凭借丰富的销售经验、设备优势以及对生产者和消费者的深入了解,既为生产企业制订计划、改进设计、增加花色品种、提高产品质量提供可靠的信息,又通过为消费者提供各种服务,挖掘市场潜在购买力,提高产品的市场占有率,丰富和繁荣市场。

(4)合理选择销售道可以有效地平衡供求关系,简化流通渠道,方便顾客购买。中间商作为销售渠道的主体一头连接生产者,一头连接消费者,基本功能是在一定的时空范围内,调节供需之间在商品数量、品种、花色、等级、质量等方面的差异,即集中、平衡、扩散三大功能,为加速商品流通,缩短流通渠道,方便顾客购买,实现商品销售的及时性、地区性、扩散性,起着生产企业自销所无法起到的作用。当生产企业不通过中间商,直接向用户销售商品时,假定4个生产企业向10个用户销售,则需要40条销售渠道。而经过中间商,则由中间商集中4家生产企业的产品,经过平衡,再向不同需要或不同层次的消费者扩散,同样的分销作用只用14条销售渠道就可完成,既大大简化了分销路线,又较好地发挥了集中、平衡、扩散三大功能。

二、网络销售在新创企业实现销售的过程中异军突起

根据中国产业信息网数据显示,线上零售经过十五年的快速发展,虽然速度开始放缓,但依然保持在较高水平。截至2018年12月,我国网民规模为8.29亿,全年新增网民5653万,互联网普及率达59.6%,手机网民规模达8.17亿,网络购物用户规模达6.10亿,占网民整体比例达73.6%,网络支付用户规模达6亿。从小事情况看,另一份数据显示,2019年4月实物商品网上零售额同比增长22.2%,网购用户渗透率近年来稳定在68%左右,大部分用户会同时拥有并使用多个购物APP,线上用户争夺日渐白热化,第一季报表显示,淘宝/京东/拼多多年活跃买家数量分别为6.54/3.11/4.43亿人,唯品会季度活跃买家数为3000万人,淘宝/京东/苏宁/唯品会/拼多多营业收入同比增长52%/28%/30%/16%/652%。

电子商务成了企业经营中不可或缺的一个部分,成了新创企业营销渠道的重要组成部分。新创企业可以利用各种B2B、B2C、C2C、团购网站、分类信息网站以及新兴的移动电子商务平台建立网上销售渠道和分销渠道,实现线上线下的协同发展。

网络销售、电话订购和电视购物频道等模式的成熟,必然给渠道变革带来新的启示。同时,消费者的行为习惯也在发生改变,因此,新创企业需要抓住新的机遇,及时调整营销渠道、战略方向,与时俱进、不断创新。

【案例阅读】

"尚蜂寨"通过网络打造恩施土蜂蜜品牌

姚俊的家乡位于湖北唯一用土家俚语命名的乡镇——革勒车镇,意为"凶猛的大河"。在这个名字颇具诗意的小乡镇,姚俊从小便与蜜蜂格外亲近。2008年,姚俊大学毕业后,在浙江找到了一份待遇优厚的工作。在恩施老家养蜂的是表哥文继祥。"表哥总为蜂蜜的销路发愁,我便常常给他在销路方面出谋划策。"姚俊说,他设计了不少广告,在网上发布。一个月时间,姚俊就卖出两百多公斤蜂蜜,差不多是表哥一年销售的总额。

然而,没有形象、没有品牌,仅凭优惠的价格和一句"恩施纯正土蜂蜜"广告语,很难撬开蜂蜜这个巨大的市场。一边帮表哥挑土卖蜜,姚俊一边密切关注蜂蜜的消费市场,收集大量信息。他发现,蜂蜜有巨大的消费群体,市场空间很大。"革勒车就有许多养蜂人。恩施蜂蜜产量大、品质好,但'养在深闺无人识',一个品牌都没有。恩施蜂蜜还有巨大的市场潜力!"

2010年初,姚俊做了一个大胆的决定——辞职养蜂,打造恩施第一个蜂蜜品牌!脱去城市的浮华,姚俊扎根深山,拜师学艺,过着"野人"般的生活。他潜心研究养蜂术,了解生态蜜、土蜂蜜、各类花粉产出的蜂蜜差别,为自己做品牌打基础。

2010年8月24日,姚俊成功注册"尚蜂寨"商标,彻底改变了当地蜂农只卖原料的历史。他还集结周边30余户蜂农,成立尚蜂寨蜜蜂养殖专业合作社,形成养殖、加工、销售一条龙的服务体系。有了品牌蜜好卖,当地蜂农们迎来了春天,带着蜂群,四处追花,彻底解决销路问题,告别了"甜蜜的负担"。

2011年7月,"尚蜂寨"产品成功取得QS(质量标准)认证,产品类别迅速扩张,有蜂蜜、蜂王浆、蜂花粉、蜂蛹、蜂胶等,产品还荣获了中国武汉农业博览会金奖农产品和恩施州知名商标。第二年,凭借敏锐的商业嗅觉,姚俊率先在本地区农民专业合作社中开通了"尚蜂寨"官方网站,涉水电商。"尚蜂寨"在淘宝、天猫专卖店,凭借稳定可靠的产品质量,产品远销广东、江苏、湖北、福建等地。

记者在淘宝店看到,"尚蜂寨"最贵的土蜂蜜卖到600元1斤。"通过古法养殖、原始压缩,一直供不应求。"姚俊自豪地介绍说,同级别的生态蜜没有品牌只能卖10元1斤,而现在能卖40元1斤。

今年,"尚蜂寨"合作社养蜂户已发展到120多户,蜂群超过2000箱,合作社预计蜂蜜产量将达到4万多斤,销售额可达300万元。现在,年仅27岁的姚俊不但成功创立恩施首个蜂蜜品牌"尚蜂寨",还在全省拥有4家专卖店、82家经销商,更敏锐地把吸金的触角伸向电商,拥有自己的网络专营店。

(资料来源:农村新报讯 http://roll.sohu.com/20140422/n398608011.shtml)

第六节　新创企业沟通促销策略

所谓促销策略是企业通过各种形式,将企业与产品的信息向目标对象进行传播,最终促进产品销售。主要包括广告、人员推销、公共关系、营业推广四种基本促销方式,组合成一个策略系统,使企业的全部促销活动互相配合、协调一致,最大限度地发挥整体效果,从而顺利实现企业目标。

一、促销方式

1. 人员推销

人员推销(personal selling)是指企业派出推销人员或委托推销人员,直接与消费者接触,向目标顾客进行产品介绍、推广,促进销售的沟通活动。

2. 广告

广告(advertising)是指企业按照一定的预算方式,支付一定数额的费用,通过不同的媒体对产品进行广泛宣传,促进产品销售的传播活动。

3. 营业推广

营业推广(sales promotion)指企业为刺激消费者购买,由一系列具有短期诱导性的营业方法组成的沟通活动。

4. 公关关系

公关关系(public relation)是指企业通过开展公共关系活动或通过第三方在各种传播媒体上宣传企业形象,促进与内部员工、外部公众建立良好关系的沟通活动。

二、促销组合决策

1. 确认促销对象

通过企业目标市场的研究与市场调研,界定其产品的销售对象是现实购买者还是潜在购买者,是消费者个人、家庭还是社会团体。明确了产品的销售对象,也就确认了促销的目标对象。

2. 确定促销目标

不同时期和不同的市场环境下,企业开展的促销活动都有着特定的促销目标。短期促销目标宜采用广告促销和营业推广相结合的方式。长期促销目标,公关促销具有决定性意义。须注意企业促销目标的选择必须服从企业营销的总体目标。

3. 促销信息的设计

须重点研究信息内容的设计。企业促销要对目标对象所要表达的诉求是什么,并以此刺激其反应。诉求一般分为理性诉求、感性诉求和道德诉求三种方式。

4. 选择沟通渠道

传递促销信息的沟通渠道主要有人员沟通渠道与非人员沟通渠道。人员沟通渠道向目标购买者当面推荐,能得到反馈,可利用良好的"口碑"来扩大企业及产品的知名度与美誉度;非人员沟通渠道主要指大众媒体沟通。大众传播沟通与人员沟通的有机结合能发挥更好的效果。

5. 确定促销的具体组合

根据不同的情况,将人员推销、广告、营业推广和公共关系四种促销方式进行适当搭配,使其发挥整体的促销效果。应考虑的因素有产品的属性、价格、寿命周期、目标市场特点、"推"或"拉"策略。

6. 确定促销预算

企业应从自己的经济实力和宣传期内受干扰程度大小的状况决定促销组合方式。如果企业促销费用宽裕,则可几种促销方式同时使用;反之,则要考虑选择耗资较少的促销方式。

三、促销组合影响因素

公司面临着把总的促销预算分摊到广告、人员推销、营业推广和公共关系上。影响促销组合决策的因素主要有:

1. 促销目标

促销目标是影响促销组合决策的首要因素。每种促销工具——广告、人员推销、销售促进和人员推广都有各自独有的特性和成本,营销人员必须根据具体的促销目标选择合适的促销工具组合。

2. 市场特点

除了考虑促销目标外,市场特点也是影响促销组合决策的重要因素。市场特点受每一地区的文化、风俗习惯、经济政治环境等的影响,促销工具在不同类型的市场上所起作用是不同的,所以应该综合考虑市场和促销工具的特点,选择合适的促销工具,使他们相匹配,以达到最佳促销效果。

3. 产品性质

由于产品性质的不同,消费者及用户具有不同的购买行为和购买习惯,因而企业所采取的促销组合也会有所差异。

4. 产品生命周期

在产品生命周期的不同阶段,促销工作具有不同效益。在导入期,投入较多的资金用于广告和公共宣传,能产生较高的知名度;促销活动也是有效的。在成长期,广告和公共宣传可以继续加强,促销活动可以减少,因为这时所需的刺激较少。在成熟期,相对广告而言,销售促进又逐渐起着重要作用。购买者已经知道这一品牌,仅需要起提醒作用的广告。在衰退期,广告仍保持在提醒作用的水平,公共宣传已经消退,销售人员对这一产品仅给予最低限度的关注,然而销售促进要继续加强。

5. 促销费用

促销组合较大程度上受公司选择"推动"或"拉引"策略的影响。推动策略要求使用销售队伍和贸易促销,通过销售渠道推出产品;而拉引策略则要求在广告和消费者促销方面投入较多,以建立消费者的需求欲望。

6. 其他营销因素

影响促销组合的因素是复杂的,除上述五种因素外,本公司的营销风格、销售人员素质、整体发展战略、社会和竞争环境等不同程度地影响着促销组合的决策。营销人员应审时度势,全面考虑才能制定出有效的促销组合决策。

第七节 新创企业客户管理

客户是新创企业生存与发展的根本,客户管理不仅是新创企业获得稳定销售收入的保障,而且也是新创企业提高竞争力的有效手段。

销售人员必须根据客户的不同特点对其开展针对性的工作。为此,一般应建立完善的客户档案,对其分类管理,以便确定不同的拜访时间、拜访方式和销售方式,并通过必要的保证措施,实现销售任务。对客户的管理主要集中在了解客户、认识客户并根据客户的要求进行产品销售活动等方面。

一、客户的分类及客户资料的搜集

要对客户进行管理,首先应搞清楚客户到底包括哪些?它们又是如何分类的?客户可以按不同的方法分类,常用的方法主要有以下几种:

(1)按客户的性质分。可以划分为政府机构(以国家采购为主)、特殊公司(如与本公司有特殊业务等)、普通公司、顾客个人和商业伙伴等。

(2)按交易过程分。可以分为曾经有过交易业务的客户、正在进行交易的客户和即将进行交易的客户。

(3)按时间序列分。可分为老客户、新客户和未来客户。

(4)按交易数量和市场地位分。可分为主力客户(交易时间长、交易量大等)、一般客户和零散客户。

客户资料的内容应尽量地完整,归纳起来主要有以下几项:

(1)基础资料。基础资料即客户最基本的原始资料。主要包括客户基本信息(如名称、地址、电话等)所有者、经营管理者、法人代表及他们个人的基本情况(如性格、兴趣、爱好、家庭、学历、年龄、能力等)、创业时间、与本公司交易时间、企业基本情况(如企业组织形式、业种、资产)。这些资料是客户管理的起点和基础,它们主要是通过推销员对客户进行访问时搜集来的。

(2)客户特征。主要包括服务区域、销售能力、发展潜力、经营观念、经营方向、经营政策、企业规模、经营特点等。

(3)业务状况。主要包括销售实绩、经营管理者和业务人员的素质、与其他竞争者的关系、与本公司的业务关系及合作态度等。

(4)交易现状。主要包括客户的销售活动现状、存在的问题、保持的优势、未来的对策,和企业形象、声誉、信用状况、交易条件以及出现的信用问题等方面。

二、客户档案的建立

经过对准客户资格的鉴定,剔除各种不合格的顾客,就可以确定一张准客户名单,以备产品销售时使用。将通过鉴定的各类准客户名单积累起来并装订成册,建立档案,就可以做成各类分析表格供销售人员进行客户分析时使用。

一般,通过长期的档案积累,可以将自己的客户分为三类,即现有客户、过去客户、将来客户,对其进行详尽分析,可取得许多有价值的资料。客户情况分析见表4-1。

表4-1 现有、过去、将来客户情况分析表

现有客户	
哪些人	
向我们买什么	
不可能买什么	
能推荐哪些客户	
名称	
地址	
电话	
采购员	
主管姓名	
产品数量	
子公司	
朋友、亲戚	

(续表)

过去客户	
哪些人	
为什么失去	
如何挽回	
能买什么产品	
名称	
地址	
电话	
采购员	
主管姓名	

将来客户	
哪些人	
怎样才能向我们订货	
他们可能购买什么	
名称	
地址	
电话	
采购员	
主管姓名	
他们需要什么	
能满足他们吗	

在客户分析表的基础上，销售人员还应对每一个经过鉴定的客户制作详细的资料卡，对卡中的有关内容做充分的调查和了解，便于将来在接近客户和面谈时查找，使产品销售工作系统化、表格化，进一步提高产品销售工作的效率。消费者个人或家庭资料卡和客户（组织）资料卡分别见表4-2和表4-3。

表4-2 消费者个人或家庭资料卡

顾客姓名	
性别	
地址	
学历	

（续表）

年龄	
性格特征	
职业	
平均收入	
购买商品	
购买日期	
付款方式	
备注	

表4-3 客户（组织）资料卡

组织名称	
营业地址	
企业性质	
联系电话	
经营规模	
日销金额	
订购商品	
交易日期	
付款方式	
收款日期	
营业状况	
信用等级	
备注	

三、客户资料卡的利用

（1）根据以上的有关资料，销售人员就可以将准客户分为A级、B级、C级、D级，根据不同的级别，确定访问的相应频率，访问计划具体参见表4-4。

表4-4 准客户的四个等级及访问计划

项目等级	具备准客户要求条件的程度	计划访问次数	计划购买产品的时间
A级	具备完整的购买条件	1周访问1~2次	计划当月就购买产品
B级	虽未具备完整的购买产品的条件，但是具有访问价值	隔周须访问1次	2~3个月内购买产品

(续表)

项目等级	具备准客户要求条件的程度	计划访问次数	计划购买产品的时间
C级	尚不具备完整购买产品的条件,偶尔可以访问	应该每月访问1次	半年内购买产品
D级	尚不具备完整购买产品的条件,但从长远看有一定的开拓潜力	顺路访问或电话访问即可	1年内购买产品

(2)根据客户资料卡,销售人员可以随时掌握客户购买本企业产品的情况、订货次数,并通过分析,掌握客户的购买进度以及采购时机,发掘该客户的潜在购买能力;还可以依此分析与每位客户每笔交易所花费的销售费用,了解销售费用占产品总销售额的合理比例,以此衡量以后销售业务的投入水平与产出效益。

(3)销售人员还可以利用客户资料卡定期地对客户进行综合评价,及时发现销售过程中存在的问题,并提出改进措施。表4-5就是一则利用客户资料卡编制的客户综合评价表,对销售人员完成配额任务非常有用。

表4-5 客户情况的综合评价表

客户资料	
评语	
存在的问题	
改进措施	
1. 客户的基本情况	
2. 每次订购产品的数量	
3. 订购产品的次数	
4. 占公司销售总额的比例	
5. 销售费用水平	
6. 贷款费用水平	
7. 客户对本公司的评价	
8. 客户对销售业务的支持程度	
9. 访问计划	
10. 延迟的情况	

四、新创企业开展客户管理的原则

在客户管理的过程中,需要注意以下原则:

(1)动态管理。客户关系建立后,置之不顾,就会失去它的意义。因为客户的情况是在不断地发生变化的,所以客户的资料也要不断地加以调整,剔除过时的或已经变化了的资料,及时补充新的资料,对客户的变化要进行跟踪,使客户管理保持动态性。

（2）突出重点。有关不同类型的客户资料很多，我们要透过这些资料找出重点客户。重点客户不仅要包括现有客户，而且还应包括未来客户或潜在客户。这样可为企业选择新客户，开拓新市场提供资料，为企业进一步发展创造良机。

（3）灵活运用。客户资料的收集管理，目的是在销售过程中加以运用。所以，在建立客户资料卡或客户管理卡后，不能束之高阁，应以灵活的方式及时全面地提供给推销人员及其他有关人员，使他们能进行更详细地分析，使死资料变成活资料，提高客户管理的效率。

（4）专人负责。由于许多客户资料是不宜流出企业的，只能供内部使用。所以，客户管理应确定具体的规定和办法，应由专人负责管理，严格客户情报资料的利用和借阅。

第八节 新创企业不同阶段的营销组合策略

营销组合策略包含有产品策略、价格策略、促销策略、营销渠道策略等四个策略，如何巧妙地将这四个策略密切地组合，以树立企业品牌、达成销售是制定营销组合策略的目的。

营销是一个动态的科学，由于它有太多的变数影响着营销的成效，因此营销组合策略没有既定的最佳方案，最佳的组合方案要视市场现状自己去制订。企业在其不同成长阶段有各自的成长特点，采取不同的营销组合策略，以适应企业成长各阶段的不同要求，达到企业营销战略的目标。

1. 创业期的营销组合策略

创业期如果企业选择建立自己的品牌，那就要在创业一开始就树立极强的品牌意识，对品牌进行全面的规划，在企业的经营、管理、销售、服务、维护等多方面都以创立品牌为目标，不仅仅是依赖传统的战术性的方法，如标志设计和传播、媒体广告、促销等，而是侧重于品牌的长远发展。因此，企业在创业期除了要尽快打响品牌的知名度以外，关键的问题是要确立品牌的核心价值，给顾客提供一个独特的购买理由，并力争通过有效的传播与沟通让顾客知晓。

尽管品牌化是商品市场发展的大趋向，但对于单个企业而言，是否要使用品牌还必须考虑产品的情况和顾客的实际需要，尤其对实力较弱的创业型企业来说，受企业规模、人员、资金、时间的制约，对于在生产过程中无法形成一定特色的产品，或由于产品同质性很高，顾客在购买时不会过多地注意品牌的产品，无品牌化策略不失为一个可选的方法，这样可以节省费用，扩大销售。

2. 成长期的营销组合策略

当新创企业步入成长期时，提高品牌的认知度、强化顾客对品牌核心价值和品牌个性的理解是企业营销努力的重点。其中最重要的途径是加强与顾客的沟通。顾客是通过各种接触方式获得信息的,既有通过各种媒体的广告、产品的包装、商店内的推销活动,也有产品接触、售后服务和邻居朋友的口碑,因此,企业要综合协调地运用各种形式的传播手段,来建立品牌认知,为今后步入成熟期打下良好基础。建立、提高和维护品牌认知是企业争取潜在顾客、提高市场占有率的重要步骤。

成长期的企业由于资源相对于消费需求的多样性和可变性总是有限的,不可能去满足市场上的所有需求,因此企业必须针对某些自己拥有竞争优势的目标市场进行营销。品牌定位是企业为满足特定目标顾客群的,以与产品有关联的独特心理需求为目的,并在同类品牌中建立具有比较优势的品牌策略。通过锁定目标顾客,并在目标顾客心目中确立一个与众不同的差异化竞争优势和位置,连接品牌自身的优势特征与目标顾客的心理需求。在当今这个信息过度膨胀的社会里,只有有效地运用定位这种传播方式和营销策略,才能使品牌在激烈的竞争中脱颖而出。这样,一旦顾客有了相关需求,就会开启大脑的记忆和联想之门,自然而然地想到该品牌,并实施相应的购买行为。

3. 成熟期的营销组合策略

企业进入成熟期,在市场已经站稳了脚跟,但由于竞争者的大量加入和产品的普及,竞争变得尤为激烈。因此,企业应该根据成熟期的市场、产品、竞争特点,提高企业品牌的忠诚度,进行适当的品牌延伸。

企业在成熟期由于竞争者的大量涌入,因此,通过建立品牌组合,实施多品牌战略,能尽可能多地抢占市场,避免风险。实行多品牌,可以使每个品牌在顾客心里占据独特的、适当的位置,迎合不同顾客的口味,吸引更多的顾客,能使企业有机会最大限度地覆盖市场,使得竞争者感到在每一个细分市场的现有品牌都是进入的障碍,从而限制竞争者的扩展机会,有效地保证企业维持较高的市场占有率。但是企业实施多品牌,有可能会面临跟自己竞争的危险,抢自己原有品牌所占的市场份额。因此最有成效的多品牌策略是使新品牌打入市场细分后的各个细分市场中。实施这种策略的前提是市场是可以细分的,一个成功的企业往往会利用市场细分,去为重要的新品牌创造机会。

4. 衰退期(二次创业期)的营销组合策略

在这个阶段,企业应着眼未来,退出衰退期产品的竞争,把精力投入到二次创业上。企业可实施品牌重新定位、品牌创新等策略重新进入市场。

【案例阅读】

华龙集团不同时期的方便面营销组合策略分析

2003年,在中国大陆市场上,位于河北省邢台市隆尧县的华龙集团以超过60亿包的方便面产销量排在方便面行业第二位,仅次于康师傅。同时与"康师傅""统一"形成了三足鼎立的市场格局。"华龙"真正地由一个地方方便面品牌转变为全国性品牌。

作为一个地方性品牌,华龙方便面为什么能够在"康师傅"和"统一"这两个巨头面前取得全国产销量第二的成绩,从而成为中国国内方便面行业又一股强大的势力呢?从市场角度而言,华龙的成功与它的市场定位、通路策略、产品策略、品牌战略、广告策略等都不无关系。

发展初期的产品市场定位:针对农村市场的高中低产品组合

在20世纪90年代初期,大的方便面厂家将其目标市场大多定位于中国的城市市场。1994年,华龙在创业之初便把产品准确定位在8亿农民和3亿工薪阶层的消费群上。同时,华龙依托当地优质的小麦和廉价的劳动力资源,将一袋方便面的零售价定在0.6元以下,比一般名牌低0.8元左右,售价低廉。

2000年以前,主推的大众面如"108""甲一麦""华龙小仔";中档面有"小康家庭""大众三代";高档面有"红红红""煮着吃"。

凭借此正确的目标市场定位策略,华龙一下在北方广大的农村打开市场。

2002年,从销量上看,华龙地市级以上经销商(含地市级)销售量只占总销售量的27%,县城乡镇占73%,农村市场支撑了华龙的发展。

发展中期的区域产品策略:不同区域市场的高中低产品组合

从2001年开始,华龙推行区域品牌战略,针对不同地域的消费者推出不同口味和不同品牌的系列新品。包括:

定位在小康家庭的最高档产品"小康130"系列;

面饼为圆形的"以圆面"系列;

适合少年儿童的A-干脆面系列;

为感谢消费者推出的"甲一麦"系列;

为尊重少数民族推出的"清真"系列;

回报农民兄弟的"农家兄弟"系列;

适合中老年人的"煮着吃"系列;

以上系列产品都有3种以上的口味和6种以上的规格。

案例分析:

华龙方便面是华龙的主要产品线,共有17种产品系列,十几种产品口味,上百种产品规格,产品组合非常丰富,其产品线的长度、深度和密度都达到了比较合理的水平。

这种合理的产品组合,使企业充分利用了现有资源,发掘现有生产潜力,有力地推动了其产品的销售,促进了华龙成为方便面行业老二的地位的形成。

以下对华龙面在产品组合上的成功经验进行分析。

1. 阶段产品策略

根据企业不同的发展阶段,适时地推出适合市场的产品。

(1)在发展初期将目标市场定位于河北省及周边几个省的农村市场。由于农村市场本身受经济发展水平的制约,不可能接受高价位的产品,华龙非常清楚这一点,一开始就推出适合农村市场的"大众面"系列,该系列产品由于其超低的价位,一下子为华龙打开了进入农村市场的门槛,随后"大众面"系列红遍大江南北,抢占了大部分低端市场。

(2)在企业发展几年后,华龙积聚了更大的资本和更足的市场经验,又推出了面向全国其他市场的大众面的中高档系列:如中档的"小康家庭""大众三代",高档的"红红红"等。华龙由此打开了大过北方的农村市场。1999年,华龙产值达到9亿元人民币。

这是华龙根据市场发展需要和企业自身状况而推出的又一阶段性产品策略,同样取得了成功。

(3)从2000年开始,华龙的发展更为迅速,它也开始逐渐丰富自己的产品系列,面向全国不同市场又开发出了十几个产品品种,几十种产品规格。2001年,华龙的销售额猛赠到19亿元。这个时候,华龙主要抢占的仍然是中低档面市场。

(4)2002年起,华龙开始走高档面路线,开发出第一个高档面品牌——"今麦郎"。华龙开始大力开发城市市场中的中高价位市场,此举在如北京、上海等大城市大获成功。

2. 区域产品策略

华龙从2001年开始推行区域品牌战略,针对不同地域的消费者推出不同口味和不同品牌的系列新品。

(1)华龙的产品策略和品牌战略是:不同区域推广不同产品;少做全国品牌,多做区域品牌。

(2)作为一个后起挑战者,华龙在开始时选择了中低端大众市场,考虑到中国市场营销环境的差异性很大,华龙制定了区域产品策略,因地制宜,各个击破,最大限度地分割当地市场。如华龙针对中原河南大省开发出"六丁目"、针对东三省有"东三福"、针对山东大省有"金华龙"等等,与此同时还创作出区域广告诉求。

(3)华龙推行区域产品策略,实际上创建了一条研究区域市场、了解区域文化、推行区域营销、运作区域品牌、创作区域广告的思路。

(4)之后它又开始推行区域品牌战略,针对不同地域的消费者推出不同口味和不同品牌的系列新品。如针对回族的"清真"系列、针对东三省的"可劲造"系列等产品。

3. 市场细分的产品策略

市场细分是企业常用的一种市场方法,其最终目的是确定为企业提供最大潜在利润的消费群体,从而推出相应的产品。华龙十分注重市场细分,且不仅是依靠一种模式。它不断尝试各种不同的细分变量或变量组合,找到了同对手竞争、扩大消费群体、促进销售的新渠道,从而取得了巨大成功。

(1) 华龙根据行政区划推出不同产品,如在河南推出"六丁目",在山东推出"金华龙",在东北推出"可劲造"。

(2) 华龙根据地理属性推出不同档次的产品,如在城市和农村推出的产品有别。

(3) 华龙根据经济发达程度推出不同产品。如在经济发达的北京推广目前最高档的"今麦郎"桶面、碗面。

(4) 华龙根据年龄因素推出适合少年儿童的A-干脆面系列;适合中老年人的"煮着吃"系列;

(5) 华龙为感谢消费者推出的"甲一麦"系列;为回报农民兄弟推出的"农家兄弟"系列。

4. 高中低的产品组合策略

华龙面的产品组合是一个高中低相结合的产品组合形式,而低档面仍占据着其市场销量的大部分份额。

(1) 全国市场整体上的高中低档产品组合策略。既有低档的大众系列,又有中档的"甲一麦",也有高档的"今麦郎"。

(2) 不同区域的高中低档产品策略。如在方便面竞争非常激烈的河南市场一直主推的就是超低价位的"六丁目"系列。"六丁目"主打口号就是"不跪(贵)"。这是华龙为了和河南市场众多方便面竞争而开发出来的一种产品,它的零售价只有0.4元/包(给经销商0.24元/包)。同时,华龙将工厂设在河南许昌,因此让河南很多方便面品牌的日子非常难过。

而在全国其他市场,如东北在继"东三福"之后投放中档的"可劲造"系列,在大城市投放"今麦郎"系列。

(3) 同一区域的高中低档面组合,开发不同消费层次的市场。如在东北、山东等地都推出高、中、低三个不同档次、三种不同价位的产品,以满足不同消费者对产品的需要。

5. 创新产品策略

每一个产品都有其生命发展的周期。华龙是一个新产品开发的专家。它十分注意开发新的产品和发展新的产品系列,从而来满足市场不断变化发展的需要。

(1) 华龙在产品规格和口味上不断进行创新。从50g一直到130g,华龙在10年的时间里总共开发了几十种产品规格。开发出了如翡翠鲜虾、香辣牛肉、烤肉味道等十余种新型口味。

(2) 华龙在产品形状和包装上进行大胆创新。如推出面饼为圆形的"以圆面"系列;"弹得好,弹得妙,弹得味道呱呱叫"弹面系列;封面上体现新潮、时尚、酷的"A小孩"系列等。

(3)产品概念上的创新。如华龙创造出适合中老年人的"煮着吃"的概念,煮着吃就是非油炸方便面,只能煮着吃,非常适合中老年的需要。

6. 产品延伸策略

(1)产品延伸策略是华龙重要的产品策略。每一个系列产品都有其跟进的"后代"产品。如在推出六丁目之后,又推出六丁目108、六丁目120、超级六丁目;在推出金华龙之后,又推出金华龙108、金华龙120;在推出东三福之后,又推出东三福120、东三福130。

(2)不仅有产品本身的延伸,而且有同一市场也注意对产品品牌进行的延伸。如在东北三省推出"东三福"系列之后,又推出"可劲造"系列。

总之,华龙面在不同发展阶段营销组合策略是比较成功的,值得我们认真分析和思考,有些方面也许还值得借鉴、推广和运用。

本 章 要 点

(1)新创企业营销的基本特征、流程和步骤。
(2)新创企业营销运作中的关键成功要素。
(3)目标市场细分与定位的基本方法。
(4)销售渠道选择、定价策略、品牌与包装策略与客户管理方式。
(5)市场营销策略组合的策略及运用方法。
(6)市场营销计划方案设计。

拓 展 阅 读

营销天才史玉柱,当年是如何把脑白金做火的?

近年,略带赌性的"史氏广告"所向披靡,创造了一个又一个中国营销神话。而在这些以恶俗著称的"史氏广告"背后,却是史玉柱洞悉人性、缜密策划,敢于投入、精于执行的系统性广告策略思维。

金融海啸席卷全球,经济寒冬如乌云压顶。在大家都感受到阵阵寒意,纷纷收缩战线,减少投入,锐减广告准备过冬的时候,却来了一位胆大不怕"冷"的。

2008年11月初,在中央一套黄金广告时段,出现了一则似曾相识的广告——"送长辈,黄金酒",其广告策略如同脑白金和黄金搭档的同胞兄弟一样,都是围绕礼品营销的广告情节。

黄金酒,是五粮液携手史玉柱联合打造的保健酒。"史大胆"这次逆"寒"而上,将在中央台投入3个亿,维持3个月高密度投放,豪赌中国保健酒市场。

营销天才史玉柱的广告策略,一直备受争议。人们都骂他的脑白金广告恶俗,连年被评为"中国十大恶俗广告"之首。之后,第二位也被他占据了,是他的另一款保健品——黄金搭档。

有讽刺意味的是,就是这样公认的恶俗广告,却把史玉柱缔造成了身价500亿元的商业奇才。恶俗而实效的"史氏广告"背后,到底藏着什么秘密?让他如此自信。我们通过研究他的大量案例和访谈,提炼出"史玉柱10条广告法则",探索"史氏广告"背后的秘密。

第一条:721法则

"史氏广告"的实效性,来自大量消费者心智研究,以及对消费心理的精准把握。史玉柱主张:花70%的精力关注消费者;投入20%的精力做好终端执行;花10%的精力用来管理经销商。

他曾对"赢在中国"的选手说:"品牌是怎么打造的?我建议你本人到消费者中间去。品牌的唯一老师是消费者。谁消费我的产品,我就把谁研究透,一天不研究透,我就痛苦一天。"

脑白金的成功不是偶然。在试点城市江阴,他亲自走村串镇,挨家挨户地去走访,和老太老头拉家常。"今年过节不收礼,收礼只收脑白金"的广告语就来自于这些无意的"闲聊"。

"征途"的成功也不是偶然。他玩游戏有22年,每天有15个小时充当玩家挑毛病。他的竞争对手陈天桥和丁磊都不玩游戏,这就突显了史玉柱的优势。他曾与2000个玩家聊过天,每人至少2个小时。

网络游戏广告受到法规限制,他就在中央台投放了一个傻笑的"长发女"版的形象广告。如果你不是游戏玩家,很难看懂这个广告到底是什么意思。但只要是玩家,大凡都能体会到游戏中装备升级所带来的这种"只可意会,不可言传"的快乐。

广告战是一场看不见硝烟的战争,战场就在消费者的心智中。只有当把广告策划的重点放在研究消费者的心智时,才能打造出一条能影响市场的广告。"史氏广告"就是这方面的典范。

第二条:测试法则

广告的有效性,只有通过与消费者、竞争对手的真正接触才能判断。通过试销,能给企业带来调整广告策略、营销策略,甚至调整产品形态的机会和时间。史玉柱一向重视试销的作用。

脑白金在江阴和常州,进行了长达一年的试销。期间,尝试各种推广、广告、销售手法。为广告创意提供了足够的依据。"保健礼品营销"的方式和10年不变的广告语就来自这些试销活动。

市场是多变的,没有一个商业将领能保障自己的战略有百分百实效。只有通过实战的检验才能真正测试广告的效应。每条"史氏广告"都不厌其烦、长时间地进行市场测试,可想而知,通过这种"层层历练"的广告的效果威力有多大!

第三条:强势落地法则

高空广告要想起效,必须有终端落地的配合。史玉柱就是"如洪水猛兽一样"地抓终端落地执行与线上广告配合。

脑白金时代,史玉柱在全国的200多个城市设置办事处,3000多个县设置代表处,全国有8000多名销售员。

他要求:脑白金在终端陈列时,出样尽可能大,并排至少3盒以上,且要占据最佳位置。所有的终端宣传品,能上尽量上。宣传品包括:大小招贴、不干胶、吊带包装盒、落地POP、横幅、车贴,《席卷全球》必须做到书随着产品走。

目前,巨人网络公司在全国拥有150多个销售分支机构、1800多个县市办事处和29万个销售点。在"征途"的推广中,他如法炮制了脑白金的落地方式,推广队伍是全行业内最大的,全国有2000多人,目标是铺遍1800多个市、县、乡镇。计划这个队伍要发展到2万人。

黄金酒的营销队伍:全国将拥有14000名销售人员,计划经销商覆盖全国200多个二、三级城市和上千个县。

在信息爆炸的时代,只有围绕消费者,做到立体的整合营销传播,才能将企业的商业信息输送到消费者的心智中。"史氏广告"正是由于这样细致整合的手法,使得人们对他的广告"无处可逃"、印象深刻。

第四条:长效俗法则

史玉柱对产品的命名,可谓俗不可耐,不是白金就是黄金。他对黄金真是情有独钟。这些产品的广告,更是让人大跌眼镜。脑白金的卡通老人的广告系列,如群舞篇、超市篇、孝敬篇、牛仔篇、草裙篇及踢踏舞篇,毫无创意,篇篇雷同。而广告词也高度一致,"孝敬咱爸妈""今年过节不收礼,收礼只收脑白金",到现在整整"折磨"了13亿人民群众近10年之久。

2001年,黄金搭档上市,史玉柱为其准备的广告词几乎和脑白金一样俗气透顶:黄金搭档送长辈,腰好腿好身体好;黄金搭档送女士,细腻红润有光泽;黄金搭档送孩子,个子长高学习好。

即便如此,这两个产品依然在保健品市场上稳健成长,畅销多年。2007年上半年,脑白金的销售额比2006年同期又增长了160%。

在总结为什么俗广告能取得好成绩时,史玉柱说:"不管消费者喜不喜欢这个广告,你首先要做到的是要给人留下深刻的印象。能记住好的广告最好,但是当我们没有这个能力,我们就让观众记住坏的广告。观众看电视时很讨厌这个广告,但买的时候却不见得,消费者站在柜台前,面对那么多保健品,他们的选择基本上是下意识的,就是那些令他们印象深刻的。"

"史氏广告"让城市里的观众难以接受。但这些符合地县级消费者观念的俗广告,恰恰以消费者的认知为基础,深刻地打动、影响了消费者,并进入消费者的心智中,产生了巨大的市场效应。这就是俗的"史氏广告"起效应的深层原因。

另外,虽然广告很俗,但都是原创性的,这个也很关键,因为这样给人深刻的印象。现在我们看到很多模仿脑白金广告形式的广告,大多没有成功的可能。

广告只有经过一段时间的投放,才能看见效果。在消费者的心智中注册一个品牌需要时间。史玉柱打广告,深刻地明白这个道理,所以脑白金的广告一打就是近10年。

史玉柱曾对"赢在中国"的选手说:"品牌是需要时间积累的,不能靠一个月、两个月的狂轰滥炸就想取得多大的成效。中国企业创建品牌常有一个毛病:今年一个策略,明年一个策略,后年又换一个策略,费钱费力,还没落个好。"

第五条：公关先行法则

史玉柱曾提示创业者"在弱小的时候，不要蛮干，要巧干"。这里的"巧干"，指的就是他的公关先行法则：利用软文、事件等软性手法，巧妙地启动传播。

脑白金时期史玉柱就重视软性宣传，注重收集消费案例进行脑白金临床检测报告、典型病例以及科普文章的宣传。为了配合宣传，《巨人报》印数达到了100万份，以夹报和直投方式广为散发，成为当时中国企业印数最大的"内刊"。值得一提的是，当时的三株、太阳神还在农村刷墙体广告。

脑白金上市初期，史玉柱做不起广告，他就出了一本《席卷全球》的书，对人们的健康认识进行颠覆性洗脑。但是书中没有涉及脑白金的产品，而是让消费者了解褪黑素。

《席卷全球》对脑白金的上市推广起到了关键性的作用。为了更深入地用软性的手段灌输脑白金的概念，他又启用了大量的软文。日后，这些软文成为营销界的经典之作，为史玉柱在短短的3年内销售额达到十几个亿，立下了"汗马功劳"。

2008年10月28日，在北京人民大会堂，以"世界第一瓶功能名酒"为噱头的事件营销拉开了黄金酒上市的帷幕，向世界宣告：世界第一瓶具有保健功能的白酒——黄金酒来了！紧接着，就是媒体的争先免费报道。

公关是品牌塑造的工具，更容易让商业信息进入消费者的心智中。公关打造品牌，广告维护品牌。品牌的打造发生在消费者的心智中，而第三方媒介的力量至关重要。史玉柱聪明地把握住了媒介公关在商业传播中的重要作用。

第六条：塔基法则

史玉柱的产品、广告都是瞄准"8亿人的塔基"。史玉柱曾说："中国市场是金字塔型，越往下市场越大。大家都重视北京、上海、广州等一类城市，但一类城市占全国人口的比重就是3%多点，4%不到。省会级城市和一些像无锡这样的地区性中心城市加起来，要远远超过一类城市，再小一些的城市，如各省里的地级市，全国有380多个，这个市场又比省会城市更大，县城和县级市更难以估量。"

和"脑白金""黄金搭档""征途"一样，黄金酒的推广，主要也是瞄准中国白酒消费人群的塔基市场。

中国最大的机遇在塔基。今年，世界金融风暴来袭，跨国集团开始紧盯中国的三、四线城市。而此时，很多本土品牌还在死咬一线城市，紧抓"面子"市场，实则不可取。史玉柱的几个营销神话，都是发生在最宽广、最具潜力的塔基市场，因为这样，他的商业帝国才得以如此稳固和强大。

第七条：公信力法则

脑白金自始至终都在传播它的"美国身份"来增加产品的可信度。为了更有效地借用报纸本身的媒介公信力，史玉柱要求报纸软文字体、字号要与报纸一致，不能加"食宣"字样，加报花，如"专题报道""环球知识""热点透视"等，让消费者认为是新闻报道的一部分，而不是广告。

黄金搭档上市筹备期，史玉柱就为其准备好了公信力元素——国家一级学会：中国营养学会、瑞士罗氏维生素公司联合研发的产品背书。

黄金酒这次做得更极致：和销售250多亿元的中国白酒大王五粮液合作，这是酒品类中最大的公信力元素。黄金酒还引用国家品酒大师、白酒泰斗品尝"黄金酒"的评语"五种粮食，六味中药，古法酿造，开盖清香，入口柔和，饮之大补"直接作为广告语的一部分，增加产品的可信度。

今天的营销，讲求的是可信度，你的品牌、产品是什么不重要，重要的是要考虑消费者为什么要购买你的新产品。它得到了权威专家的认同、推荐是你最好的营销战略，这是目前在"产品乱世"中突围，打造成功品牌的核心驱动因素。史玉柱将这一商业洞察进行了精彩演绎。

第八条：第一法则

史玉柱常说：哈佛大学有一个营销教育案例，说美国人对第一个驾驶飞机飞越大西洋的人记得很清楚，但第二个是谁，一般人都回答不出来。但对第三个飞越的人又记得很清楚，为什么？因为是第一个女性，所以记住了。在营销方面，一定要把你的"第一"找出来。

率先成为消费者心智中的第一品牌，将在营销中获得巨大的势能力量。消费者相信第一胜于后来者。首创品牌也往往最后发展成品类的代名词，史玉柱广告中的产品都有这个因素。

脑白金既是产品名又是品类名，创建了一个新的保健品品类。脑白金采用口服液加胶囊的形式，也是独一无二，并把"礼品营销"发挥到极致。黄金搭档是中国第一款复合维生素里添加矿物质，所以才命名"黄金搭档"。

"征途"避开了与丁磊的撞车，不走卡通路线，不针对十四五岁年龄群的人，针对成年人，顺利避开直接竞争；还第一个打出了"给玩家发工资"的广告，塑造"有工资的网络游戏"新品类。

第九条：沸点法则

"最后一根稻草压断了骆驼的背"，这里都足以证明沸点的重要性。广告的媒介投放亦然。使广告进入消费者的心智，需要足够量的重复，这个过程无法缩减。

史玉柱从不吝啬广告媒介费用的投入。巨人汉卡时期，他把第一桶金2万元全部投入广告。脑白金更是通过数亿元的媒介投放打出来的。"史氏广告"的大额投入，就是在加热水温，试图到达沸点。

脑白金时期，在中央台上投放形象广告，区域媒体选用报纸投放功能广告，三天一期，高密度投放。当时，在华东地区每天的广告费用达到10万元。

现在媒介投放采用脉冲式广告排期：2月至9月初，广告量很小；每年只集中在春节和中秋节两次高潮。广告密度最大的时段是从中秋节倒推10天，从春节倒推20天，加起来一共30天。到了关键销售旺季，沸点也同步达到了。

史玉柱这次黄金酒砸的3个亿，也是试图将广告送到沸点位置。据了解，他正谋划对保健酒市场进行更密集的广告轰炸，力度不亚于脑白金和黄金搭档的广告投放。

第十条：聚焦法则

市场营销中最强大力量来自"聚焦"。市场、渠道、广告都需要聚焦。在收缩战线的时候，会变得更强大。史玉柱极其推崇毛泽东思想："集中全部人力、物力、财力，集中攻一个点，没有把握把一个城市攻下，你就别忙着打第二个城市。"

首先,经营业务的聚焦。史玉柱曾经吃过多元化、拉长战线导致巨人倒塌的亏。"集中资源,集中发力"对史玉柱有更深刻的意义。

其次,产品目标人群的聚焦。脑白金最早聚焦失眠的中老年人;"征途"聚焦刚进入社会的成年人;黄金酒聚焦需要"孝敬长辈"的人群。

最后,广告火力的聚焦。史玉柱在每个省都从最小的城市开始启动市场。他倾尽所有猛砸广告。地方电视台与报纸的宣传相互交错,对消费者进行深度说服。脑白金先从江阴起步,然后打无锡,接着启动南京、常熟、常州、吉林……这就是"星星之火,可以燎原"。随后就顺利启动了全国市场。

集中资源、集中人群、集中市场,会创造局部优势兵力,这是毛泽东战略思想的精髓,现在史玉柱将它用在了商战上。

思考:
概括史玉柱的营销策略。怎样理解"我们是赚有钱人的钱"?

思 考 题

(1)什么是市场细分?什么是目标市场?什么是市场定位?
(2)请谈谈新创企业目标市场细分与定位的方法和技巧。
(3)什么是销售渠道?销售渠道的作用是什么?
(4)新创企业市场营销过程中应如何选择销售渠道?
(5)新创企业产品如何定价?
(6)新创企业如何开展品牌与包装策略?
(7)新创企业销售人员如何通过客户管理来提升企业业绩?
(8)什么是市场营销策略组合?在新创企业发展的不同阶段如何综合运用市场营销策略?

第五章　新创企业基本财务管理

> **学习目标**
>
> （1）了解创业启动资金的概念及分类。
> （2）掌握创业启动资金的预测。
> （3）掌握企业基本财务报表的内容。
> （4）理解初创企业的财务管理。

导入案例　　　　　　　　　　　　创业资金估算

小张是一名财务管理专业的大学应届毕业生，毕业时想利用大学所学专业知识进行创业。为了能在市场中找到生存空间，他进行了一番细致、深入的市场调查。经过调研，他觉得代理记账公司这个行业有很大的市场空间，所以他决定开一家代理记账公司。

为了让公司能顺利开办起来，小张根据前期的市场调研对公司的各项必要支出进行了估算。首先租间能满足办公要求的办公室，每月需要5000元的租金；购置两台电脑，每台5000元；购买一套最基本的财务软件，大约需要3000元；购置两台打印机，一台用来打印会计凭证和账簿，一台打印一般的办公文件，两台打印机大约需要4000元；购置一台传真机需要1000元；购置一台税控机来帮助客户进行纳税申报需要3000元；购置三套办公桌椅需要1800元；购置二个装会计资料的文件柜需2000元；购置一台饮水机需要500元，每月大约需要60元（15×4=60元）的桶装水费用；购置一个月用量的办公用品及耗材需要1000元；每月通讯费包括电话费和宽带网络使用费约需300元；办公用水电费每月需要200元；公司准备每月花1500元来投放广告以开拓市场，提高知名度。小张准备在公司开办起来后招聘一名会计和一名行政人员（如果公司客户超过60家就需要再招聘工作人员），两人的工资每月合计5000元，社会保险费每月合计1500元。

小张准备在一个月之内把公司开户、刻章直至办完整套开业手续，这部分开办费约需1000元。

根据之前的市场调查决定对每家客户每月收取300元的服务费，为每家客户服务每月的基本支出为40元/月。

根据上述情况，小张仔细测算了一下，创办一家代理记账公司初期需要的资金一共要40860元。由于开办公司需要的资金不是很多，而预估的每一户的利润也很可观，加上小张对市场前景和自己的专业知识和能力很有自信,他觉得他这次创业肯定能够成功。

小张在筹集资金的时候因为担心自己没有经验,万一之前有些支出项目没有考虑周全就会出现资金短缺的状况,所以他还准备了一些风险资金,一共筹集了60000元。可是,让他感到意外的是,公司刚刚经营了几个月就出现了严重的资金缺口,甚至连房租都没有钱交了。

讨论:
(1)你能帮助小张分析一下公司资金断裂的原因吗?
(2)请你帮助小张测算一下创业启动资金到底需要多少?
(3)在测算创业启动资金时需要注意哪些事项?

第一节　创业资金预测

任何企业要想从事生产经营,首先必须筹集一定数量的资金。对于初创企业来讲,这是创业者创办企业的最基本前提。企业在筹集资金的过程中,如果筹集不到足够的资金会使企业发展受限甚至让企业资金链断裂,走向破产的边缘;如果筹集的资金过多又会导致资金闲置,资本成本增加,影响企业的整体盈利能力。到底筹措多少资金是合适的,这就需要我们的创业者要对自己所需的创业资金进行科学合理的预测。

创业者究竟如何在创业过程中对所需的创业资金进行科学合理的预测呢? 企业的经营发展离不开资金,纵观企业的整体经营,资金从外部进入企业,通过供应环节、生产环节、销售环节,周而复始地循环和周转,企业价值得以提升。这整个过程说明了任何一个环节都离不开资金,整个过程就是企业资金的投入与占用。资金需要量的确定不是一个简单的财务预测问题,也不单纯是财务人员的工作。创业资金的预测需要结合企业发展规划,全面考察企业的生产经营环境、市场环境、创业计划以及其他外部条件等因素,在财务数据的基础上对财务指标及报表进行预测,然后测算需要对外筹集的资金量。

一、启动资金预测

企业要生产经营,首先就需要有启动资金。启动资金是指创业者进行创业时,前期的资本投入,是项目前期企业必须购买的物资和必要的其他开支,包括店铺租赁、店面装修、采购设备、货品资金、店面展示商品所需资金、开办费用支出、创业者能力提高的就业培训以及数量不等的流动资金。

对启动资金进行科学合理的预测,需要创业者具备充足的企业经营管理经验,如果创业者没有企业经营管理经验,则需要在对市场行情进行充分的调查了解之后再结合自己的发展规划进行测算。在测算时,既要保证资金能够满足企业启动正常需要,又要节约资金减少花费,降低资本成本。启动资金是初创企业最基本的资金,后期要预计收益,资金周转要良性循环。如果是小本创业,则更要控制好成本。

在创业企业测算投资启动资金时,创业者必须首先明白什么是启动资金?启动资金是如何分类的?如何合理估算?为了让创业者在测算时不遗漏项目,我们设计了一个通用启动资金估算表,将投资启动资金项目用表格的形式列举出来,创业者在测算启动资金时,只需要填写表5-1即可,对于表中没有考虑到的项目可以自己另行增加。

表5-1 启动资金估算表

单位:元

行次	项目	数量	金额	行次	项目	数量	金额
1	房屋、建筑物			10	广告费		
2	设备			11	水电费		
3	办公家具			12	电话费		
4	办公用品			13	保险费		
5	员工工资			14	设备维护费		
6	创业者工资			15	营业税费		
7	业务开拓费			16	开办费		
8	房屋租金			17	其他		
9	存货的购置支出				合计		

启动资金的支出通常分成投资和流动资金两大类。投资中包括为企业购买的固定资产以及为开办企业而支出的一次性费用。固定资产指价值高、使用寿命长的资产,比如房屋、建筑物、设备等;一次性费用指开办费,包括开业前市场调查费、培训费、差旅费、印刷费等。流动资金指企业为维持日常运转需要的资金。

在表5-1中,第1~3项属于非流动资金,在计算创业启动资金时,这三项通常也作为一次性费用考虑。其中第1项房屋、建筑物的支出包括厂房的装饰装修费用,如果企业准备租房办公,则将相应的支出填在第8项房屋租金中,填写房屋租金时要考虑房租的支付形式,不同的支付形式和押金支付的多少会影响房屋租金的支出(在引入案例中小张对这部分支出项就没有考虑完整);设备的支出包括机器设备的安装费用。

第4~15项属于流动资金支出,在计算创业启动资金时需要考虑持续性投入问题,这会在下一节估算营运资金时详细介绍。创业者在估算启动资金时,不能忽略自己的工资、业务开拓费、设备维护费等项目。

第16项是新创企业的开办费用。不同行业所需的开办费用不同,开办费用是各类企业无法避免的一项投资支出。

不同行业的资金支出不同,创业者应通过市场调查,将本行业所需的资金支出项目予以补充,填写在第17项及以下相应的表格中,并在最后计算所需要的启动资金的合计数。

创业者在估算启动资金时,既要详尽地考虑所需要的各种支出,充分估算资金需求,又要尽量节省开支,减少资金的支出,不能一味求大而全,应该多做比较,在考虑投入时兼顾到以后的发展。

二、创业企业利润及营运资金预测

在启动资金预测时,我们讲过在表5-1中的第4~15项是流动资金。在财务管理中,营运资金主要就是流动资金,是新创企业从开始经营到达到盈亏平衡前创业者需投入企业的资金。换句话来讲,就是企业开始运营后,在获得销售收入并实现盈利之前,需要多少资金来支撑企业的正常运转。流动资金的测算需要根据企业的销售收入、成本和利润来确定,用财务预测的手段加以实现。

1. 测算初创企业的销售收入和成本费用

销售收入是指企业在从事销售商品,提供劳务和转让资产使用权等日常经营业务过程中所形成的经济利益的总流入。对初创企业销售收入的测算是制订财务计划与编制预计财务报表的基础,也是测算流动资金的第一步。在进行销售收入预测时,创业者应立足于对市场的详细调研和对自身经营状况的分析,并根据其试销经验和市场调查资料,利用推销人员意见、综合专家咨询、时间序列分析等方法,以预测的业务量和市场售价为基础来预测每个会计期间的销售收入,并根据行业的信用政策和新创企业准备采用的信用政策预测企业的现金流入。

除了对销售收入进行预测之外,还要对营业成本费用以及其他费用进行预测。由于新创企业起步阶段市场占有量不大,市场推广成本高,销售收入与推动销售收入增长所付出的成本不可能成比例增加,因此,对于第一年的全部经营费用都要按月估计,每一笔支出都不可遗漏。在预估第二年及第三年的经营成本时,首先应该关注那些长期保持稳定的支出,如果对第二年和第三年销售量的预估比较明确的话,则可以根据销售收入百分比法,即根据预估销售量按固定百分比计算折旧、库存、租金、保险费、利息等项目的数值。在完成上述项目的预估后,就可以按月估算税前利润、税后利润、净利润以及第一年利润表的内容,然后就进入预计财务报表阶段。

2. 编制预测利润表

利润表是用来反映企业在某一会计期间的经营成果的财务报表。该表是根据"收入-费用=利润"的会计等式编制而成的。创业者在编制预计利润表时,应根据测算销售收入时预计的销售量对营业成本进行预测;根据拟采用的营销组合对销售费用进行测算;根据市场调查阶段确定的业务规模和企业战略,对新创企业经营过程中可能发生的管理费用进行测算;根据预计采用的融资渠道和相应的融资成本对财务费用进行测算;根据行业的税费标准对可能发生的营业税费进行测算,以此计算新创企业每个会计期间的预计利润。预计利润表的格式在下一节详细讲解。

由于新创企业在起步阶段销售量不稳定,在市场上占有量不大,销售收入和推动销售收入增长所付出的成本之间一般不成比例变化,所以,对于新创企业初期销售收入、营业成本和各项费用的估算应按月进行,并按期预估企业的利润状况。一般来说在企业实现收支平衡之前,企业的利润表均应按月编制;达到收支平衡之后,可以按季、按半年,或者按年度来进行编制。

三、创业企业基本财务报表预算

财务报表是对企业财务状况、经营成果和现金流量结构性表述的表格。财务报表包括资产负债表、利润表、现金流量表。新创企业的创业者需要初步了解预计资产负债表、预计利润表、预计现金流量表的作用和做法,以便掌握企业的具体资金状况。

新创企业可以采用销售百分比法预测财务报表。销售百分比法的优点是能够比较敏捷地预测相关项目在销售收入中所占的比率,预测相关项目的资本需求量。但是,由于相关项目在销售收入中所占的比率往往会随着市场状况、企业管理等因素发生变化,因此,必须根据实际情况及时调整有关比率,否则会对企业经营造成负面影响。

1. 资产负债表

资产负债表是总括反映企业在某一特定日期全部资产、负债和所有者权益状况的报表。资产负债表是根据"资产=负债+所有者权益"这一会计基本等式,依照流动资产和非流动资产、流动负债和非流动负债大类列示,并按照一定要求编制的,是一张有时点的、静态的会计报表。创业者在编制预计资产负债表时,应根据测算的销售收入金额和企业的信用政策确定在销售收入中回收的货币资金及形成的应收款项;根据材料或产品的进、销、存情况确定存货状况;根据投资资本估算时确定的非流动资金数额和选择采用的折旧政策计算固定资产的期末价值;根据行业状况和企业拟采用的信用政策计算确定应付款项;根据估算的收入和行业税费比例测算应交税费和预计利润表中的利润金额确定每期的所有者权益,并可据此确定需要的外部筹资数额。

预计资产负债表是应用销售百分比法的原理预测外部融资额的一种报表。通过提供预计资产负债表、可预测资产和负债及留用利润有关项目的数额,进而预测企业需要外部融资的数额。预计资产负债表的格式见表5-2。

与预计利润表有相同的道理,一般来说,预计资产负债表在企业实现收支平衡之前也应按月编制,在实现收支平衡之后可以按季、按半年或按年度进行编制。

表5-2 预计资产负债表

项 目	1	2	3	4	5	6	7	……	n
一、流动资产									
货币资金									
存货									
持有待售资产									
其他流动资产									
流动资产合计									
二、非流动资产									
固定资产									
无形资产									

(续表)

项目	1	2	3	4	5	6	7	……	n
非流动资产合计									
资产合计									
三、流动负债									
短期借款									
应付款项									
应交税费									
其他应付款									
持有待售负债									
流动负债合计									
四、非流动负债									
长期借款									
其他非流动负债									
非流动负债合计									
负债合计									
五、所有者权益									
负债和所有者权益合计									
六、外部筹资额									

企业在经营过程中增加留存收益是资金的一种来源方式，属于内部筹资的范畴，当留存收益增加的资金无法满足企业经营发展所需时，需要从外部融集资金。

2. 利润表

利润表是总括反映企业在某一会计期间（如年度、季度、月份）内经营及其分配（或弥补）情况的一种会计报表；预计利润表是应用销售百分比法的原理预测可留用利润的一种报表。通过提供预计利润表，可以预测留用利润这种内部筹资方式的数额。创业企业预测利润表具体形式见表5-3。

表5-3 预测利润表

项目	1	2	3	4	5	6	7	……	n
一、营业收入									
减：营业成本									
税金及附加									
销售费用									

(续表)

项　　目	1	2	3	4	5	6	7	……	n
管理费用									
财务费用									
加：资产处置收益（损失以"-"填列）									
其他收益									
二、营业利润（损失以"-"）填列									
加：营业外收入									
减：营业外支出									
三、利润总额（损失以"-"填列）									
减：所得税费用									
四、净利润（损失以"-"填列）									
（一）持续经营净利润（损失以"-"填列）									
（二）终止经营净利润（损失以"-"填列）									

3. 现金流量表

现金流量表是反映企业在一定会计期间（通常是年度）内资金的来源渠道和运用去向的会计报表，是一张综合反映企业理财过程，以及财务状况变动的原因与结果的报表。现金流量是新创企业面临的主要问题之一。一个本来可以盈利的企业可能会因为现金短缺而破产，因此，对于新创企业来说，逐月预估现金流量是非常重要的。与预估利润表一样，如何精确地计算现金流量表中的项目是一个难题。因此，在编制预计财务报表时需要假设各种情景，如最乐观的估计、最悲观的估计以及现实情况的估计。这样的预测，既有助于潜在投资者更好地了解创业者如何应对不同的环境，也能使创业者熟悉经营的各种因素，防止企业陷入可能的灾难。预计现金流量表形式见表5-4。

表5-4　预计现金流量表

项　　目	行　　次	金　　额
一、经营活动产生的现金流量		
销售商品、提供劳务收到的现金		

(续表)

项 目	行 次	金 额
收到的税费返还		
收到其他与经营活动有关的现金		
现金流入小计		
购买商品、接受劳务支付的现金		
支付给职工以及为职工支付的现金		
支付的增值税款		
支付的所得税款		
支付其他与经营活动有关的现金		
现金流出小计		
经营活动产生的现金流量净额		
二、投资活动产生的现金流量		
收回投资所收到的现金		
分得股利或利润所收到的现金		
处置固定资产、无形资产和其他长期资产而收到的现金净额		
收到其他与投资活动有关的现金		
现金流入小计		
购建固定资产、无形资产和其他长期资产所支付的现金		
权益性投资所支付的现金		
债权性投资所支付的现金		
支付其他与投资活动有关的现金		
现金流出小计		
投资活动产生的现金流量净额		
三、筹资活动产生的现金流量		
吸收权益性投资所收到的现金		
发行债券所收到的现金		
借款所收到的现金		
收到其他与筹资活动有关的现金		
现金流入小计		

(续表)

项 目	行 次	金 额
偿还债务所支付的现金		
发生筹资费用所支付的现金		
分配股利或利润所支付的现金		
偿付利息所支付的现金		
支付与其他筹资活动有关的现金		
现金流出小计		
筹资活动产生的现金流量净额		
四、汇率变动对现金的影响		
五、现金及现金等价物净增加额		
六、期末现金及现金等价物净增加额		

第二节 创业企业常见财务管理问题

很多新创企业因为商业计划书很完美,产品或者服务迎合了市场的需求,往往在融资时非常顺利,但后续的经营却失败了,其原因就有缺乏有效的财务管理控制。具体主要表现在资产管理和经营管理上。企业资产管理主要包括企业的流动资产、原材料、产成品、固定资产、应收应付账款等,在新创企业中,很多企业都不会单独设立仓储和财务管理部门,已设立的部门中也不会有明确的资产管理职责,这就会导致很多资产管理问题出现。企业经营管理中主要是成本和利润控制,企业的各项成本大都发生在各个部门及各个员工中,销售部门掌握着企业的利润,但最终需要财务进行核算,因此财务管理在这个过程中发挥了重要作用。

新创企业要做好有效的财务管理控制就必须树立正确的财务管理观念,知道财务关键点,并且对企业的资金进行有效控制,制定适合企业发展的财务战略。

一、树立科学正确的财务管理理念

对于新创业企业而言,资金需求紧张,需要在市场上通过多种渠道快速融到资金,这就使得企业的资金成本构成多样化,创业者具备不同的财务管理理念会对企业的资金成本产生不同的影响,什么样的财务管理理念会对资金成本的控制及企业的效益产生重大影响呢?

1. 资金时间价值理念

创业者要知道资金是具有时间价值的,一定量的资金在不同时间点上具有不同的经济价值。这种由于资金运动的时间差异而形成的价值差异就是资金时间价值。创业者必须注重资金时间价值在财务决策中的作用,一个看似有利润的项目,如果考虑资金的时间价值,很可能会变成一个得不偿失的项目,尤其是在通货膨胀时期。

2. 效益理念

取得并不断提高经济效益既是市场经济对现代企业的最基本要求,也是创业者投资创业的初衷和终极目标,所以在财务管理中创业者必须确立效益观念。具体来讲就是在筹资时要考虑企业资本成本,在投资时要考虑投资报酬率;在资产管理上不能让资金闲置,在资本管理上要让股东财富保值增值。

3. 风险理念

风险是市场经济的必然产物。风险形成的原因可以归结为公司财务活动本身的复杂性、客观环境的复杂性和人们认识的局限性。从创业者的角度来看,它是公司在组织财务活动过程中,由于不确定因素使公司的实际财务收益与预期财务收益发生偏离,从而使公司有蒙受经济损失的可能性。

二、确立财务关键点

新创企业要对公司的各种支出进行严格控制。创业者必须意识并认识到财务关键控制点且对其做出相应的规定,这能使公司的资金得到有效管理。不同行业和企业的财务关键控制点不同。作为新创企业的创业者,首先要认清企业现状,确定企业财务关键控制点,采取有效方法进行管控。企业财务关键控制点,一般要考虑公司主要收入的来源、主要成本的支出及企业资金需要持续投入的项目,针对具备这些特征的项目进行重点、严格控制。

1. 执行财务控制制度

(1)不相容职务分离制度。这要求新创企业合理设置财务会计及相关工作岗位,明确职责权限,形成相互制衡机制。

(2)授权批准控制制度。这要求新创企业明确规定涉及财务会计及相关工作的授权批准的范围、权限、程序、责任等内容。单位内部的人员必须在授权范围内行使职权和承担责任,经办人员也必须在授权范围内办理业务。

(3)会计系统控制制度。新创企业应依据《中华人民共和国会计法》(简称《会计法》)和国家统一的会计制度,制定适合本单位的会计制度,明确会计工作流程,建立岗位责任制,充分发挥会计的监督职能。

2. 加强现金流量预算与控制

现金流量是评价企业综合素质的重要指标,是企业财务管理的核心内容。企业财务管理应该关注企业现金流量,而不是会计利润。新创企业应该通过现金流量预算管理来做好现金流量控制。对于初创企业来说现金流是非常重要的,要根据年度现金流量预算制定分时段的动态现金流量预算,对日常现金流量进行动态控制。现金流量预算的编制根据"以收定支,与成本费用相匹配"的原则,采用零基预算的编制方法,按收付实现制来反映现金流入流出,经过企业上下反复汇总、平衡,最终形成年度现金流量预算。

现金流的预算与控制是财务控制的一个关键点。因此,无论是为了权益融资或债务融资准备商业计划,还是在做年度或季度预测或预算,都应该分析一下现金流。以现金流量表为依据,将每月实际的现金流与预测或预算相比较,注意各种变化,并要及时采取相应的控制措施。此外,还要研究数字背后的隐藏信息,分析出现现金流波动的原因。

新创企业要严格限制短贷长用,不要将大量的短期债务资金用于大规模的长期资产购建,将风险控制在合理的范围之内。

3. 防范财务风险,建立预警机制

财务风险主要是举债给企业收益带来的不确定性,财务风险预警能及时发现财务管理的问题,提前发出预警信号,警示企业及时分析财务恶化的原因,积极采取措施化解财务风险。处于早期或成长期的公司,需要大量的运营资本来应付快速增长的应收账款和存货,举债经营成为企业发展的途径之一。有效的利用负债可以大大提高企业的收益。当企业经营好、利润高时,高负债会带来企业的高增长。但企业举债经营会对企业自有资金的盈利能力造成影响,由于负债要支付利息,债务人对企业的资产有优先索取的权利。万一公司经营不善,或有其他不利因素,则公司资不抵债、破产倒闭的危险就会加大。新创企业必须正确客观地评估控制财务风险,采取稳步发展的财务策略,建立预警机制,及时发现问题并采取措施化解财务风险。

三、对资金进行有效控制

资金的控制对新创企业十分重要,主要内容有:货币资金控制、销售与收款控制、采购与付款控制、成长费用控制等。

四、制定实施恰当的财务战略

制定与实施财务战略,加强财务战略的执行力,这些都是创业期企业必须提高的能力。所谓财务战略,就是为谋求企业资金均衡、有效的流动和实现企业战略,为加强企业财务竞争优势,在分析企业内、外环境因素影响的基础上,对企业资金流动进行的全局性、长期性和创造性的谋划。特别是对于创业期的企业来说,财务战略是企业总体战略的应用与延伸。

本 章 要 点

(1)创业启动资金的分类。
(2)流动资金的概念和内容。
(3)创业启动资金的预测。
(4)企业基本财务报表的内容。
(5)初创企业应具备的财务管理观念。
(6)初创企业如何进行有效的财务管理。

拓展阅读

一、蒙牛的资本之路

1999年,曾任职伊利集团10年的生产经营副总裁牛根生决定自己创业。凑集启动资金是牛根生遇到的第一道坎,几个人跑遍全国,东拼西凑了900万元,于1999年8月18日注册成立了"内蒙古蒙牛乳业股份有限公司"(以下简称"蒙牛")。包括牛根生在内的10位创业者有5位来自伊利集团,经验丰富。900万元相对创业者心中的宏大目标实在是太寒酸了,但牛根生及其团队对乳品行业的运营规律有着深刻认识和把握,他们拥有广泛的人脉关系和可以利用的市场渠道。蒙牛在第一个年头剩下的3个半月就实现了3730万元的销售收入,之后其销售收入开始以223%的年复合增长率上升,2000年达到2.467亿元,2001年升至7.24亿元,2002年再升至16.687亿元,2003年跃过40亿元,产量由初期的5万t增至2003年的90万t。根据AC尼尔森在中国24个省份的调查,2004年1月蒙牛液态奶的市场份额为20.6%。

有种笑谈为:"资本是狗,你追它追不上,它追你跑不掉。"当初牛根生为了集资900万元历尽了千辛万苦,2002年已驶入快车道的蒙牛对资金仍然十分渴求,资本的注入对其成长至关重要。当时我国国内握有数亿资本的投资人不在少数,但蒙牛却是被顶级国际投资人相中的。今天看来摩根们选择投资目标的功夫令人佩服,他们不愧是最精明的"猎狗"。牛根生当然没有跑,2002年10月和2003年10月,摩根、英联、鼎辉分两次向其注入了约5亿元的资金。

(程宏伟,冯茜颖,刘晓.财务管理案例[M].北京:经济管理出版社,2014)

思考:

(1)什么是启动资金?

(2)该案例给你的启发是什么?

二、常见的五大"小企业病"

本土中小企业的平均寿命不长,大多认为是品牌力难以与强势品牌抗衡使然,但是经过我们对武汉市155家重点中小企业进行全面系统的现场调研之后,更加坚信中小企业内部管理薄弱是中小企业"长不大"的症结所在。尽管这些中小企业因为行业背景以及成长阶段、体制性质不同,其问题也各有不同,但是也存在一些比较共性的问题。总体来说,主要有以下五大问题:

1. 高速成长掩盖了管理缺陷

谈到管理的重要性,中小企业的经营者无不肯定管理的重要性,但是从现实情况来看,其理念与行为却背道而驰。究其原因,主要是企业高速成长掩盖了管理落后的缺陷。

相比大型企业而言,中小企业是最有活力的企业,三位数的成长速度几乎只能在中小企业里听到,这有一定的必然性。大多中小企业在切入市场时,无疑都做了非常慎重地思考和研究,甚至许多中小企业拥有领先国内外的专利技术,其产品概念也大多是颠覆式的,也不乏地地道道的"蓝海"产品。毋庸置疑,在市场方面,也同样具有"惊人"的市场需求,或者潜在需求,经营者一般在立项时,没有这两个硬件,是不会轻易"试水"的。而且,在经营管理上,中小企业因为决策灵活机动,对市场反应快,更容易抓住和把握市场机会,加上企业基数小,常常显示出倍数式增长,也不足为奇。当局者常常会认为市场前景一片大好,不禁踌躇满志,在市场开拓上和队伍扩张上不遗余力,但是在内部管理上有些偏废,甚至认为内部管理无足轻重。譬如,在中小企业,约有七成的企业已经或正在通过ISO质量管理体系认证,但是从实施上来看,许多企业只是通过认证让企业的"名片"更加有分量一些,至于质量体系的贯彻执行,会随着文件锁入保险箱而告一段落。这便是以上论点最有力、最生动的论据。其最主要的原因是,通过企业管理带来的效益很难量化,而且由于行业快速成长等外生性市场因素对企业的拉动力往往会掩盖管理带来的边际效益,而致使经营者在潜意识里认为管理不重要,抑或不是那么迫切;另外一个很重要的原因就是企业在如何通过管理来提升效益方面,确实在一定程度上还不知道切入点在哪里。但不管是哪一种原因,问题不在此,管理水平的提升或达到一种层次是一个长期持续改善和优化过程的结果。企业在优越的市场环境中,忽视管理,无疑是将自己置于"温水煮青蛙"的陷阱当中,一旦外在有利因素消失,企业的处境不言而喻,再恍然大悟管理的重要性也必是为时晚矣。这或许正是中国中小企业逃不出"各领风骚两三年"宿命的症结所在。

2. 管理理论与管理工具不能有效结合

在调研中我们发现,由国有企业转制过来的企业,与其经营层探讨管理问题时,在理念上他们谈得头头是道,而且能够与时俱进,积极吸收新的管理思想与理论;而在与民营企业家的交谈中发现他们在谈吐上稍逊一筹,但是在现场参观考察的时候,我们却发现,从整体管理效果和结果上看,民营企业的管理要比改制企业的管理更细致、更到位。究其原因,民营企业家总是在就事论事地不断思考更有效的管理办法,并开发一些比较"土"但是很实用的管理工具;而改制过来的企业,同样很注重学习管理理论知识,但是对于开发有效的管理工具则有所偏废,以至于管理理念不能应用到实际的管理工作当中,以发挥其经济效益。

在管理上,导致这种现状的根源就是大家对管理理论的运用方法的认识还不够,将管理理论贯彻落实,需要科学的管理工具,毕竟管理理论是抽象性的指导思想,它的意义在于让大家更加透彻地理解管理工具的运用技巧,或指导管理者如何开发实用有效的管理工具,而在由国有企业改制过来的企业缘何难以将管理理论转化为实用的管理工具,大致有三点原因:

(1)不适应变革。因为每一个新的管理工具的导入,意味着新的机制,而变革意味着既得利益的调整,甚至丧失,加上原来国企缺乏变革的企业文化,导致管理变革面临巨大阻力。

(2)偏废管理工具,空读管理理论。毕竟关于管理工具的介绍性书籍在市面上很少能买到,自身又缺乏动手制作管理工具的能力,以致学习效果不明显。

(3)企业内部缺乏鼓励创新的机制。在民营企业内,可以看到一些非常独到和创造性的管理办法和管理思维,甚至让人感觉有几分"挖空心思"的意味。譬如,某印刷厂在管理中,鼓励员工将自己在工作生活中的体悟和感悟,用比较精辟的口号或标语贴在车间的墙面上,与大家共同分享。一方面,活跃了大家积极学习上进的气氛;另一方面,强化了员工关注工作改进和绩效提升。经过长时间的坚持,这种机制固化下来,形成了很强的变革型和学习型的企业文化氛围,企业再不断地导入新的管理工具和管理方法,也就显得顺其自然,阻力自然更小。

尽管在细节上做得非常细致和具体,但是因为缺乏系统的理论体系,以至于企业的管理难以成体系,最明显的就是组织职能的不均衡,大部分企业在某一方面管理特别出色,但是其他方面有所偏废,尤其是在营销方面,营销能力薄弱和营销意识淡漠,这几乎是中小企业的通病。营销在企业的价值链上占据龙头地位,这一环不能处理好,是制约企业做大做强的症结所在。简言之,组织职能的不均衡的隐患就是直接诱发管理短板效应。

另外,企业的管理难以成体系的明显特征就是,在这些企业里,许多规章制度以及管理机制的导入,是在问题发生之后才想到的,或才引起重视,这只是停留在"救火"的层面上,其本质是一种反馈控制,而无法做到系统、全面、动态地进行全盘规划,事先做好各个环节的"防火"工作,可以减少一些不必要的损失。

3. 发展思路缺位

在中小企业,提到企业的发展思路,大部分的中小企业没有明确的战略方向,也几乎没有企业对市场进行研究,如果问及"为什么不进行市场研究"时,应答的理由比较集中,一般会说"我们已经浸淫行业多少多少年,对行业情况非常熟悉,对行业和市场的研究都在脑子里";或者"我们的企业很小,市场空间足够大,哪怕几乎是微小的市场份额,也足够我们发展十年以上"。

听起来,似乎很有道理,但是仔细回味一下,一个企业没有明确的发展方向,且不说是停留在"坐商"的思想意识上,就从形成内部协同效应的角度来看,我们也不禁提出很多质疑,没有方向,怎么来确定和建立自己的核心竞争优势,以确保持续发展?怎么来确定阶段性的战略目标?每个部门的考核以什么为主线?部门间协调的原则怎么确定?一言以蔽之,整个内部管理如何能协同起来,也就是说,企业的管理无法走出混乱的状态。举例而言,假设在发展思路缺位的情况下,企业有三个不同的业务单元,孰轻孰重,只能是以短期的利润指标,抑或财务指标来考量,这也是中小企业最为惯常的考核方式,而这种思路恰恰就是"管理近视症"的症状表征。

4. 制度不重要

在中小企业,制度流程文件不系统、不健全是不争的事实。中小企业在制度建设上有很多先天的不利条件。譬如,中小企业的组织架构因为组织快速地成长而经常调整,以及战略方向因为外在市场不确定因素太多,对企业影响很大而经常调整,以致企业的制度和流程的适用性经常发生变化。加上中小企业缺乏管理制度和流程的人才,也没有专门的部门或职员负责,更加导致制度和流程的适用周期缩短。如此种种,从表象上让当局者感觉中小企业不需要制度和流程。从这个角度来看,相对大型企业而言,制度和流程对于中小企业而言没有带来多大的管理效益。但是,随着企业的成长,当企业管理靠经营者亲力亲为无法实现有效管理的时候,相信经营者会明白制度和流程其实是管理者管理能力的一种延伸。

这还不是问题的根源,制度和流程的集合是体系化的管理框架。没有这个平台,许多新的管理工具和方法就很难应用,很难落实到位。而且先进的管理思想难以在企业沉淀下来,虽然通过经营者的一时说教,可以起到一些即时效果,但是这些宝贵的经验和方法会随着这些人员的流动而流失,不能在企业内传承和发扬,至少会打折扣。缺乏制度管理和流程管理,企业内部的行为因为没有标准而显得混乱,从而降低效率,甚至员工会陷入"推一下才动一下"的无序状态。

5. 缺乏管理优化机制

在中小企业的管理改进和管理提升中,几乎没有企业将它纳入到日常工作的议程当中来,而这恰恰是ISO质量管理体系中最重要的一个环节。其根源,除了一部分企业经营者对管理知识的欠缺,以及缺少专业的管理人才以外,中小企业存在的以上几个共性的问题也是其主要原因。在实地调查中,几乎没有一家企业有专门管理"制度和流程"的制度和流程,这本身就足以能支撑本节的观点。而且,企业发展思路缺位,以及管理体系不健全,本身也说明必要的制度和流程体系都只是停留在"打补丁,防漏洞"的层面上,还谈不上流程与流程之间的无缝对接,当然也无法谈及如何管理"制度和流程"。

当然,也有少数企业通过合理化建议奖励制度来促进管理提升,但是常常只是停留在就事论事的层面,其本质是由下而上来提出建议,很难从系统的角度(由上而下地)来推动整个管理体系上升到一个新台阶,因而只能"治标不治本"。

思考:

(1)该案例中的观点是否正确?

(2)还有哪些因素是影响创业企业初期发展的关键因素?

(3)该案例能给我们一些什么启示?

思 考 题

(1)什么是创业启动资金?创业启动资金包含哪些内容,一般如何进行分类?

(2)什么是流动资金?在测算流动资金时应注意什么?

(3)如何测算创业启动资金?

(4)企业基本财务报表指什么?如何进行预测?

(5)初创企业会遇到哪些财务问题?如何解决这些问题?

第六章　创业型企业可持续发展

学习目标

(1) 熟悉创业型企业品牌建设路径。
(2) 理解创业型企业的扩张方式。
(3) 理解企业国际化的环境及内部因素。
(4) 理解企业文化对员工及企业发展的影响。
(5) 熟悉和识别企业可能遇到的各类风险。

导入案例　　《鸡毛飞上天》还原浙商女企业家的经营之道

由张译、殷桃、陶泽如、张佳宁主演的都市商业剧《鸡毛飞上天》于2017年初春在江苏卫视热播。该剧再现了"中国小商品城"义乌改革开放30多年来曲折又辉煌的历程以及几代浙商的奋斗史。其参照的故事原型是一位女企业家——浙江新光控股集团有限公司董事长周晓光。

浙江新光控股集团由周晓光、虞云新这一对夫妇共同创办于1995年,"新光"商标名称取自夫妇二人名字各一字。新光集团以流行饰品为主业,辅之投资、商贸、地产多元化经营,截至目前拥有21家全资子公司及控股公司,总资产超百亿元。其中浙江新光饰品公司稳居流行饰品行业龙头地位,拥有全球规模最大的流行饰品生产基地。

一、新光家族的发展历程

(1) 1986年起,夫妇二人落脚义乌,创办饰品企业"新光",这也是义乌的第一家饰品企业。

(2) 2003年虞云新牵头成立了新光房地产开发有限公司,并收购浙江万厦、跨界房地产;新光在零售产业、生态农业、度假酒店、物业、装饰材料等领域四处出击,并涉入上海滩零售市场。

(3) 虞江波是家族新生代的大哥,自幼十分了解父母创业的艰辛和家族发展历程,具有极强的使命感和责任感。2008年正值金融危机,企业业绩虽然没有下滑,却已露出种种危险迹象,根据父母的意愿,已获得北京瑞士银行工作机会的虞江波选择回归家族企业,向职业经理人方向靠近。

二、新光传承过程

（1）基层轮岗，深入企业。根据浙商二代接班经历的统计，生产和销售部门是浙商二代接班人们最优先选择轮岗的部门。分析认为，这两个部门属于企业命脉，是了解企业的必经之路。虞江波初回家族企业，做得最多的事情就是跑市场和在企业的每个车间轮岗。

（2）磨合团队，培养默契。领导者在企业中的多项活动，都需要团队执行，因此培养属于二代的团队非常重要。在新光集团承担上海世博会民企馆建设时，第一次负责大型项目的虞江波对项目的要求过于完美，在苛刻的预算和时间等现实问题中，与团队产生了分歧。他很快意识到自己的问题，通过积极沟通获得了成员的理解和信任，团队默契也逐渐磨合出来了。最终，新光策划的两场大型活动都取得不俗的反响。当新光内部对年纪轻轻的他担任总经理不无异议时，他选择调整心态和坦然面对。大刀阔斧改革容易得罪一些元老级人物，母亲周晓光出面斡旋和扶持，他也在大小冲突中，找到与元老级人物的相处之道，"放低自己的身份，尊重元老，向下属学习经验，以情理服人，共同为企业目标制定战略，接纳愿意改变的、闲置不适合企业发展的元老"。

（3）帮助家族企业转型。在进入家族企业两年后，虞江波开始担任新光饰品总经理，并帮助新光从生产型企业向营销型企业转型。

首先，转变生产体系。将生产环节中的一部分业务外包，只控制核心工艺，帮助新光在没有增加员工数量的情况下，增加了40%产能，积极寻找具有核心技术的工厂和公司，与其合作成为战略伙伴，整合生产和订单资源。

其次，借力电子商务。虞江波创办浙江淘趣网络科技有限公司，专注于第三方电商代运营服务，目前淘趣运营的新光饰品，已成为天猫第一品牌，而淘趣运营的新光饰品旗下品牌EVE饰品也成为"淘品牌"，而淘趣也成为通过天猫认证的珠宝配饰类目唯一金牌服务商。在他的带领下，新光饰品的年销量保持35%~40%的增长，这是一直处于平稳发展的新光集团所获得的前所未有的进步。

再次，创新营销网络。新光在构建全新营销网络上花了巨大的成本和代价，一方面将传统批发业务渗透至三、四线城市甚至城镇；另一方面，培养电视购物和连锁合作伙伴，如与多家地市级电视台签订合作意向，定制美邦服饰的所有配饰并在其5000多家全国门店中联合销售，与国际服装连锁巨鳄H＆M和ZARA等建立稳定销售关系。

最后，明确企业定位。虞江波对新光饰品的战略定位十分明晰："我们要从制造商、代工户转变为渠道商、品牌商，成为有国际影响力的综合性时尚集团。"为此，他收购了优秀的设计师团队打造高端银饰品牌"SU"，还请来新加坡、日本的专业人士，推动新光向设计和营销型企业转化。

（4）担任行业协会职务。虞江波回忆母亲的话："只有一个行业发展了，企业才能从中得到发展。"他组织"义乌江东区电子商务协会"并担任首届会长，借助聚合的力量，更好地与快递、IT、服务商、传统企业、媒体进行对接，将个体进行整合，帮助义乌江东街道的饰品"皇冠"卖家们迅速崛起。他理解抱团发展的重要性，积极聚合义乌新生代企业家力量，成为"义乌市新生代企业家协会"的首任主席；参与义乌留学人员和家属联谊会活动、联合二代企业家举办"FBN新一代企业家义乌学习之旅"活动，最大限度地扩展本地新生代企业家的社会影响力。

三、新光传承小结

新光家族的传承现在已经进入第五个年头,传承过程并未完全完成,但现阶段看来相对成功,有很多值得借鉴的地方。

(1)一代企业家信任、放权并扶持。母亲周晓光在传承过程中担任重要角色,她以极大的信任赋予儿子虞江波重任,安排其从基层做起,逐渐将其纳入新光集团的核心领导团队中,并在过程中帮助疏通元老的思想问题,处理疑难问题,进一步树立起新一代企业家的威信和地位。她还凭借自身极高的社会影响力,在很多重大场合宣传并推荐这位新光的新领导人,帮助其成为二代接班的"模范生"。

(2)二代企业家具有极强的家族责任感,并愿意从基层做起。虞江波说过:"子女天经地义要听从父母,家族需要什么,我就需要回馈什么。"他抱着对家族极大的爱和归属感,为企业兢兢业业地工作,这种传统而朴素的"家文化"恰恰是企业传承最为迫切需要的。虞江波在担任企业领导重任前,在基层的生产和销售等重要部门轮岗两年多,积累了丰富的产品知识和市场信息。

(3)企业不断创新寻求转型升级。新光饰品是典型以产定销的生产企业,在劳动力成本大幅提升、外部经济环境不佳的情况下,转型升级势在必行。极具创新精神的新生代企业家带领集团抓住了电子商务和服装配饰等新渠道,创新营销模式,并将非关键性生产任务外包,整合外部资源,帮助企业转型为以营销和设计为主导的时尚集团。

思考:
(1)创业型企业应采取什么样的发展方式?
(2)创业型企业如何进行品牌建设?
(3)创业型企业发展过程中存在什么样的风险,如何防范与控制?

对于创业型企业尤其是大学生创业企业初期来说,建立管理构架、组织生产及服务提供、积极进行业务拓展、进行日常物资与财务管理等占据着主要经营活动内容。随着企业发展,品牌建设、文化建设、企业发展转型扩大、经营风险防范也会越来越多的涉及,因此,我们的学生在创业过程中,要充分地考虑到各种影响企业发展的关键事项和因素,积极发展。

第一节 创业型企业的品牌建设

一、创业型企业品牌建设概述

"品牌"是企业的无形资产,它反映着企业的知名度、凝聚力与扩散力,是企业发展的标志性动力。而企业品牌的建设,包含着诚信、产品质量、产品特色、知名度、美誉度等,它会影响市场占有率和经济效益。品牌建设包括了品牌定位、品牌规划、品牌形象、品牌扩张等等。企业品牌是企业独特气质和特质的体现,创业型企业的品牌建设是通往成功的必经之路。但是我们可以看到,很多创业型企业在进行品牌建设时还是存在以下问题:

（1）创业型企业在品牌建设过程中缺乏科学的市场营销战略。科学、有力的市场营销战略能使品牌建设事半功倍。但是在创业之初，企业市场营销战略的缺失很大程度上制约着品牌的发展。创业型企业在品牌创建过程中很难做到根据自身实力和优势明确企业的市场定位，没有一套规范、系统的市场研究方案，缺乏把握消费者需求的能力。品牌运作模式基本上都是简单粗放型，依赖单一的营销策略。一些创业型企业缺乏协作共赢的思想及资源整合能力。对如何选择下游销售商，如何与上游的原料提供商建立双赢互利的战略伙伴关系等一系列问题缺乏明确的考虑。

（2）创业型企业管理体制不能够随时适应迅速发展及迅速变化的环境，进而影响企业品牌建设。很多创业型企业在发展过程中，创始人往往受制于已有的成功经验，不能及时适应企业发展变化、技术变化、政策变化、市场变化、经济形势变化等诸多变化因素。很多创始人企业家缺乏战略眼光和魄力，他们在重大发展方向的确定上往往处于两种模式：一种是公司重大战略往往由个别领导人凭直觉、智慧和经验而决策；另一种是企业很少考虑长期发展战略甚至3到5年的发展战略和发展思路，有机会主义性质的运作模式。这些状况都制约着企业的发展，影响企业品牌建设。

（3）随着企业迅速扩张，资金紧张、融资渠道有限就会成为制约企业发展的重要因素。创业型企业因债务等问题，导致资金回笼慢、现金流不畅、资金缺乏严重。企业发展的财务及管理问题这时已经成为企业管理的重大问题，品牌建设往往更容易被忽略。

（4）品牌核心竞争力弱，甚至没有核心竞争力。企业核心竞争力，从其具体体现形式分析，可大体分解为十个内容：决策竞争力；组织竞争力；员工竞争力；流程竞争力；文化竞争力；品牌竞争力；渠道竞争力；价格竞争力；合作伙伴竞争力；创新竞争力。有很多创业型企业，随着企业发展，企业内部具有的竞争力优势已经不再成为优势，但是新的品牌竞争力优势还没有正式建立，或者还没有形成大的影响。在这种情况下，品牌建设就成了一项重大挑战。

二、创业型企业品牌建设路径

企业品牌建设的意义表现在以下几个方面：第一，在资本市场中可以直接换算为价值；第二，品牌生命周期越长，核心竞争力越大；第三，品牌忠诚度越高，品牌成功度越大；第四，通过品牌可以赚取附加利益，提高利润率。创业型企业品牌建设可以通过提高产品个性品质、传播能与客户产生共鸣的价值观、提供感情性利益、增加物质性利益、展现独特的产品特性等来进行。

1. 提炼品牌理念，建立个性品质

品牌理念是品牌建设系统构建活动的理念指导，包含品牌核心价值、品牌定位、品牌个性等要素。提炼品牌理念首先要提炼企业文化内涵，找准品牌形象市场定位与个性定位。

一种品牌刚在市场上显露出来时，首先与品牌的产品属性和特性连在一起，而后由属性联想到由此带来的物质利益，如耐用、方便，再是这个品牌的为顾客着想、关心等感情性好处。到这一步品牌已有一定的品牌价值，但仍属于较低层次的品牌。只有当品牌有自己的价值观和个性品质，如真诚、公平、美化生活、优雅、自信等，这时品牌才是一个完整的品牌。

价值观念的多元化,是品牌个性存在的基础,人们需要不同个性的品牌。与这个基础同样重要的是品牌定位的差异性和独特性,品牌定位雷同、缺乏独特的核心诉求的产品在市场永远不会有立足之地。

品牌个性主要体现在差异化上。战略管理专家迈克尔·波特(Michael E. Poter)认为,企业若在提供的产品或服务方面形成在全产业范围内具有独特性的东西,那么通过差异化战略就能实现在产业中的超额利润。差异化的方式有许多,如产品设计或品牌形象的差异化,技术特点、外观特点的差异化,客户服务、营销网络、领导风格或企业文化的差异化。从品牌差异策略来讲,差异化策略可利用客户对品牌的忠诚以及由此产生的对价格的敏感性下降使得公司能避开竞争。它可使企业在获得高价格利润的同时不必追求低成本。客户的忠诚以及其他竞争者要战胜这种"独特性",就需要付出长期巨大的努力,从而就构成了进入壁垒。一旦公司赢得了客户对品牌的忠诚,面对替代品威胁时,其所处的地位比其他的竞争对手更为有利。品牌形象可以通过企业的广告、服务、产品特色或由于第一个进入该产业而获得的商标信誉和顾客忠诚度上的优势而形成。

2. 建立强有力的品牌管理系统

品牌建设是一个系统工程。为了建立真正的名牌和强势品牌,必须为品牌建立一个完整的支持系统。从市场调研、产品开发设计、品牌和产品定位、广告投放等全方位为品牌服务,在品牌产品的营销上要形成内在一致的整合品牌传播。

在品牌建设系统中应包括以下几个子系统:

(1)目标市场研究和产品开发子系统。开发消费者满意的产品,提供最好的服务,建立强势品牌是品牌企业最终的目的。现今的时代是个性时代,人们不只是需要好的产品,而是需要有品位的产品,以及个性化的优质服务。当前,有很多企业开始建立自己专门的行业及市场研究部门,他们不仅仅研究行业的状况,还开始更多地研究消费者的通用需求及个性化需求,采取不同的策略来满足消费者需要,进而促进消费者对品牌的信赖和赞同。

(2)品牌传播和营销网络子系统。品牌传播对产品和服务的公众印象是非常重要的。我们不仅是在经营一个品牌,更是在经营一种文化和信任。创业型企业在品牌建设中,对消费者进行诚信感觉传达非常重要,企业要大力强化自我市场参与主体的文化道德信用意识。我们的创业型企业要重视品牌的传播,不仅仅要扩大自己的知名度,更要重视自己的美誉度。

品牌传播的实施通常有很多是集中在终端来传播体现的。成功品牌通过千变万化的终端传播手段,使得其品牌的外观形象无所不在,这些手段在潜移默化中影响着人们的认知,消费者不管是被动接受还是主动接受都是无所遁形。通过终端的视觉环境、空间环境、展示环境、听觉环境,形成顾客的心理感受、行为感受、视觉感受、听觉感受,组成顾客在终端的完整体验过程,使顾客获得对品牌的瞬间心灵认同和一致性感知,从而建立品牌的独特形象。

(3)品牌基础管理和营销队伍子系统。在国际竞争日益激烈的市场环境下,企业外部环境具有很大的不确定性和复杂性,创业型企业背景不一、成长的时间过短,企业内部管理系统相当不完善,对外的抗风险能力还比较弱,而企业内部存在的多种管理漏洞令企业在国际化的竞争环境中风险重重。因此,企业需要踏踏实实做好品牌管理基础工作。

对创业型企业来说,配备一支良好的营销队伍有利于促进品牌的建设。营销队伍是直接的品牌传递者,他们为消费者提供的服务能使消费者真实地感知企业的品牌内涵,因此,建立一个高质量的营销队伍子系统,这对品牌成长具有重大的战略意义。

(4)品牌营销快速反应子系统。随着社会发展,消费者需求日渐个性化、多样化,这就要求创业型企业提供多品种、小批量、响应迅速的营销体系。这种品牌营销快速反应子系统,应包含信息快速反应模块、生产快速反应模块、管理快速反应模块、营销快速反应模块。

(5)品牌维护和提升子系统。品牌维护是指企业在实施经营战略的过程中,为了加强稳固品牌形象、品牌价值和企业形象所实施的传播经营手段,并对品牌所包含的知识产权、品牌所有人、合法使用人进行资格保护的措施。创业型企业在塑造一个产品的品牌形象时往往需要不断地循环,不断地修正、完善而且还需要通过法律或经营上的武器来进行保护。

品牌提升是指一个企业推出较固有品牌价位和内在品质更高的延伸品牌,以提高企业产品的附加值及含金量,并跻身更高档次产品及服务提供者行列。

在品牌提升的过程中,企业应注意调整和提升企业的管理和营销体制,单是产品上的提升是远远不够的。如果提升的新产品没有很好的销售渠道网络,就不会有很好的效果。同样,在管理上也应体现更高的层次。否则,新产品的附加值就不容易显现出来。

3. 合理采用品牌延伸策略

品牌延伸,即以某一既有品牌为核心,通过对其核心因素的拓展,形成新的品牌线或产品线。前者为主体品牌,后者为延伸品牌或延伸产品线,由此构成一个品牌族。品牌延伸的形式可以是品类的扩展,如海尔冰箱延伸到海尔冰柜;可以是细分市场的跨越,如联想笔记本电脑和联想平板电脑。创业型企业在发展过程中不可避免地会进入通过品牌延伸来扩大企业规模及影响力的阶段,这个时期的企业应采取合适的策略来促进品牌建设。

第二节　创业型企业的扩张

企业扩张就是企业现有业务的扩大以及企业定义的拓宽。创业型企业为了生存和发展的需要,通过增加新产品、开发新市场、提升生产或服务的能力来实现扩张。

一、裂变式扩张

2014年,芬尼克兹创始人宗毅首创的"裂变式创业"模式引发关注。他在公司内部搞创业大赛,有野心、有能力的员工都可参赛,让高管用钱投票,让获胜员工做新公司股东、做总经理带团队。通过裂变式创业,芬尼克兹在短时间内便孵化出了七家新公司,并且每家都赢利。裂变式扩展要注意以下两个关键点:

1. 商业的核心在于人

创新创业背景下,传统雇佣的时代面临着变革,合伙人的时代已经逐步渗透到我们的生活。很多企业开始通过合伙人的形式吸引合作伙伴,迅速扩大企业发展。既然企业创始人需要有人和他一起发展事业,那么什么样的合伙人才是创始人需要的呢?在企业经营过程中,如何分配利润?怎样保证企业能够长期发展呢?

有观点认为,创始人在选择合伙人时首先看重的是信任,其次是能力,最后是格局。选择合伙人有3个最为重要的要素:人品和价值观是核心;能力需要看实践;胸怀和格局要观察。一旦公司创始人与其合伙人彼此取得了信任,就可以放心大胆地委派合伙人去进行裂变式发展,用人不疑,疑人不用。

锐仕方达的高速增长就由于其独创了一套非常人性化的合伙人体制。锐仕方达在全国25个省、直辖市及香港特别行政区、美国旧金山、英国伦敦、日本东京等43个城市设有86家分支机构,2015年锐仕方达获评中国首家AAAA级猎头评级,目前专职猎头团队超过2000人。目前团队规模接近900人,2015年猎头服务费营收1.1亿左右,已成为中国本土猎头行业增长最快的猎头公司。

2. 合伙人体制的缺陷

虽然我们看到很多企业通过合伙人的形式取得了很大发展,但是目前常见的合伙人体制还是存在着一些缺陷。

(1)制度中充斥"软"的难以衡量的标准。例如,按照阿里巴巴合伙人制度的相关规定,阿里巴巴新的合伙人将依据"品德、价值观、对公司的贡献"等产生,"合伙人既是公司的营运者,业务的建设者,又是文化的传承者,同时又是股东"。锐仕方达在选择合伙人时,也要求其价值观一致且人品被股东们认可。然而,上述"软"的标准无法在法律上证实,甚至不可观察的标准和规定很难在实际执行过程中形成共识,势必影响实际执行效果。这将为合伙人制度的持续推行带来某种不确定性。

(2)制度实施需要满足声誉良好等先决条件。例如,创业团队在新兴市场是否已经具有类似于阿里巴巴的"业务模式发展引领者"的良好声誉和形成以"与员工、供货商、银行和政府建立长期稳定关系为特征"的巨大社会资本。锐仕方达合伙人体制中,要求合伙人至少在公司工作满1年,年回款80~100万。这使得一些人担心合伙人制度可能并不完全适合所有的新兴产业创业团队,而是具有一定的不可复制性。

二、多元化扩张

多元化从企业产品结构调整角度,给出了企业发展壮大的一种战略选择。创业型企业发展过程中为了扩张规模或扩展领域常常会采用兼并的方式。兼并有纵向兼并和横向兼并之分。纵向兼并是指企业通过兼并,在原产品的基础上向上游或下游行业扩展;横向兼并是指企业为了扩大规模,提高市场占有率而对同类型企业进行兼并。横向兼并往往能够降低产品的单位生产成本,提高产品的市场竞争力,因而可以产生"1+1>2"的协同效应。

共享资源的性质和核心竞争力的强弱是决定企业多元化扩张的两个关键限制因素。创业型企业在采取多元化扩张战略时要注意以下几个方面的问题：

(1)励精图治、主业做强。美国密歇根大学商学院普拉海拉德(C. K. Prahalad)教授和著名企业家哈默(Gary Hamel)把核心竞争力定义为"对企业竞争成功有贡献的学习的杂乱堆积"。相对竞争优势是企业成功的关键，企业经营的指导思想应该是：不求最大，但求最佳。

(2)主业领航、多元扩张。多元化可以通过"一业为主，多业为辅"的战略思路来实现。

(3)合纵连横、借船出海。与资金提供机构、供应商等企业利益共同体合作，实现创业型企业的扩张。资源共享能力是企业多元化经营成功的关键能力。

(4)招贤纳才、横刀夺爱。在企业内部关键岗位实施竞聘制度与在社会上猎聘精英人士，提高创业型企业的综合能力和水平。

(5)高瞻远瞩、统筹规划。通过跨地区低成本的联合兼并，通过以资源孵化产业的扩张等为手段和途径，创业型企业可以扩张为以核心产品或服务为主的产业板块。管理的重点应放在不同业务单位之间的协同。

(6)扼腕瘦身、轻装上阵。创业型企业发展到一定阶段，应逐步退出非主导产业，集中优势资源打造核心竞争力。

(7)返璞归真、专业经营。创业型企业发展在经历了多元化的扩张后，必须重新锁定专业领域，专注于自身核心产品或服务的经营。

三、资本化扩张

资本扩张是指在现有的资本结构下，通过内部积累、追加投资、吸纳外部资源即兼并和收购等方式，使企业实现资本的规模扩大。

(1)兼并收购。兼并收购主要是通过资产或资本市场，企业以产权交易的方式，收购目标企业一定的股份，达到相对或绝对控股的目标。

在美国没有一家公司不是通过某种程度、某种方式的兼并而成长起来的。靠自身利润的积累毕竟是有限的，通过兼并可以实现低成本的迅速扩张。横向兼并可减少竞争对手的数量，纵向兼并可营造一个良好的经营环境，使企业在产业链中处于稳定的地位。如阿里巴巴收购雅虎在中国的全部业务成为互联网上最大的并购案。

并购是企业迅速做大的重要途径之一，但完成并购仅仅是成功的起步，并购后的整合才是是否成功的关键，尤其是不同企业间文化的融合更是难以量化的指标，只能靠经营者去体会。处理不好并购后的融合，就很难实现"1+1>2"的规模效益，甚至会背上沉重的包袱。

(2)合资合作。相比并购来讲，合资是双方共同出资，相互利用对方资源，而不是吃掉对方，因此成功率更高。但是，大多合资企业都存在以下顽症：各怀鬼胎，只顾眼前利益。有的合资外方高价进口母公司原材料，再低价向母公司出口，中方想通过合资增强自身技术实力却一直不能获得核心技术；管理冲突。处于不同文化背景，或者是从不同利益出发，合资双方在管理方式上普遍存在着冲突，甚至形成两套领导班子并行的状况。并行的内部管理机制使得员工和管理人员无所适从。

(3) 风险投资。风险投资（venture capital）在中国是一个约定俗成的具有特定内涵的概念。广义的风险投资泛指一切具有高风险、高潜在收益的投资；狭义的风险投资是指以高新技术为基础，生产与经营技术密集型产品的投资。根据美国全美风险投资协会的定义，风险投资是由职业金融家投入到新兴的、迅速发展的、具有巨大竞争潜力的企业中一种权益资本。

85%的风险投资投向了高科技产业，因此通常我们说的风险投资就是将资金投向蕴藏失败危险的高新科技高成长性公司或项目上，期望获得高收益的投资行为。一是投资标的为高成长性项目，属高科技；二是风险较大，失败可能性较大，技术、管理、市场、政策等风险都非常大，即使在发达国家，投资高技术企业的成功率也只有20%～30%。但一旦成功，收益就相当可观，高昂的成本回报率仍成为众多投资商追逐的热点。

(4) 技术和品牌。市场的竞争日益加剧，强大的研发能力、有效的市场战略是企业保持产品的市场地位的必然选择。但单纯靠技术并不能完全造就一个企业的成就，创业型企业必须重视品牌的力量。品牌是可以积累的无形资产，企业可以利用品牌进行资本扩张。在技术差别越来越小的今天，企业的竞争主要集中在市场营销环节，而销售环节中真正的较量则来自于公司名誉的竞争。品牌的确立强化了产品和服务的定位，最大限度地拉近了企业与消费者之间的距离，带来客户的忠诚度，增加重复购买。因此，品牌是企业最珍贵的资产，利用占据市场优势的品牌进行无形资本扩张，将成为获得市场的最有效的途径。

在资本扩张的实际操作中，除采用收购、兼并、控股、参股、托管等形式外，创业团队还可以大胆探索各种有效的运作方法，进一步加大资本运营的广度和深度，如借壳上市、买壳上市、捆绑上市等。

第三节 创业型企业的国际化

创业型企业的国际化，是企业所掌握的有效资源在配置上的全球化，是一种资源配置方式的国际应用，即充分利用、合理配置国际资源，生产出低成本、高质量的产品或服务。这种资源配置国际化由众多的因素组成，如生产服务国际化、市场国际化、技术国际化、人才国际化、资金来源国际化、品牌国际化等。

一、企业国际化的环境因素

1. 国际贸易体制

国际贸易的格局和体制主要包括：关税和传统的非关税壁垒、新贸易壁垒、汇率等内容。

关税是指进出口商品经过一国关境时，由该国家政府所设置的海关向进出口商所征收的税收。关税在进出口贸易中普遍存在。政府对进出口商品都可征收关税，但进口关税最为重要，是主要的贸易措施。

非关税壁垒是指一国或地区在限制进口方面采取的除关税以外的所有措施。这种措施可以通过国家法律、法令以及各种行政措施的形式来实现。传统上使用最多的非关税壁垒为进口许可证制度和配额制度。

所谓新贸易壁垒,是相对于传统贸易壁垒而言,是指以技术壁垒为核心的包括绿色壁垒和社会壁垒在内的所有阻碍国际商品自由流动的新型非关税壁垒,它将逐步取代传统的贸易壁垒,成为国际贸易壁垒的主体。一旦企业的产品突破了技术壁垒,有可能使没有达到要求的竞争对手的竞争力得到削弱,使产品的出口显著增长。环境壁垒也叫绿色壁垒,是一种非关税贸易壁垒,主要包括国际贸易协议中有关环境的条款、国际环境公约、ISO14000国际环境管理体系和环境标志制度。

汇率对创业型企业进行国际贸易也有很大影响。出口企业经验表明有关汇率变动将导致出口订单下跌,人民币升值将严重影响其业务;若人民币升值2%~3%或以上,企业出口额将开始减少。相反的,人民币汇率贬值,能让出口企业明显受益,人民币对外贬值多少,出口企业已签订的订单利润空间就能增长多少,产品竞争力也会增强。

2. 政治法律环境

企业从事国际化经营活动既要遵守不同东道国法律的制约,又要遵守世界范围内的共同的行为准则。目标国的政治法律环境是否有利于外国商品的进口和投资,各个国家有很大差别。企业要进行国际化经营,需要考虑目标国政治的稳定性、贸易或投资条约和协定、对外国企业和外国商品的态度等等,以便提前做好准备。

3. 经济与技术环境

企业进行国际经营时还必须研究目标国家的经济状况和经济动向,包括该国的经济发展水平、国内生产总值总量及其分布、国际收支、集团贸易及区域经济等问题,以便明确市场规模及发展前景对企业产品的接受程度;还要了解生产技术水平、生产产品的生产要素中知识及科技要素所占比重以及相关规定等。

4. 社会文化和自然环境

通过对气候与地形、自然资源、人口状况、基础设施、教育水平和宗教信仰等方面的调查,来确定对产品的接受程度。

5. 行业竞争环境

进行国际化经营的企业,还需要了解目标国家市场中是否存在着相同的行业、竞争对手和产品,是否存在替代品的竞争,从而确定竞争战略选择。

二、企业国际化的内部因素

1. 产品因素

在科技飞速发展的今天,对创业型企业而言,技术无疑是影响国际化经营的一个重要因素,技术可以创造需求、创造市场,技术还可以通过改变产品性能从而降低成本,增强企业竞争力。创业型企业一般没有品牌,其产品的市场影响力很弱。这些都影响着创业型企业的国际化。

2. 资本管理因素

资本管理,就是通过优化企业所有可资本化的资产结构,对融投资进行有效管理,控制风险,争取资本收益最大化。运营资本管理的核心是流动资产的最佳水平以及在此水平下的短期负债与长期负债的适当组合。创业型企业经营灵活,在资本运营能力优化上占有很大优势,这是创业型企业实现低成本扩张的关键。

3. 人力资源因素

创业型企业人力资源也相对薄弱,主要是因为:创业型企业制定的管理制度可能还存在问题,吸引不来人,也留不住人;创业型企业文化相对较弱,但又极具个性,特别是带有明显的企业家个性,受个人的思想行为影响较大;另外一些创业型企业对人力资源疏于管理。人力资源应该是企业最核心的资源,如何发挥资源的优势非常关键。

4. 组织结构因素

从产权主体看,创业型企业中80%是非公有制的,其产权主体比较清晰,经营者一般又是所有者,非常关注企业资产的增值能力和经营效果;从经营机制来看,创业型企业组织层次少,结构简单灵活,反应迅速,适应性强。但同时又具有制度不规范、过分关注经营效果、资本筹措困难等不利因素。规避结构上的劣势,充分发挥这些结构上的优势,有利于这些创业型企业的国际化。

尽管影响创业型企业国际化的因素有很多,不同企业面临不同因素制约,但创业型企业充分利用有利条件,整合生产要素,可以取得非创业型企业无法获得的比较优势。

三、企业国际化的路径

1. 内向型国际化路径

创业型企业内向型国际化是与其他的外向型国际化相对应的一种路径。该路径是指企业不用到海外经营,而是利用自己在国内市场上相对的优势或有利条件吸引跨国企业投资或者为跨国企业配套产品或服务而实现国际化。

内向型国际化路径是创业型企业国际化的初级阶段,这条路径相对创业型企业而言成本较低,风险较小。创业型企业通过走这条路径,可以了解并利用外商相关产品的国际市场的营销渠道,积累国际化经营相关知识和经验;可以扩大融资渠道,引进先进技术、生产工艺和管理技能等,并使公司加快融入国际市场的生态链中。

这条路径可以适应那些资金有限、国际化信息有限、技术相对落后、国际化人才匮乏的中小企业,等这些企业积累到一定程度,就可以采取更深层次的国际化。

采取这条路径的中小企业必须注意要选择好自己的合作伙伴,避免盲目合作。

2. 低成本扩张路径

低成本扩张路径着眼点在于成本上,创业型企业首先在特定时期利用自己在某个领域以及某个区域具有相对的成本最低优势,成功地实现初步拓展,然后利用自己积累起来的资本继续在国际市场上进行资源配置,或扩大生产规模,或到原材料、劳动力成本更低的地方进行投资,也可以低成本收购一些规模企业。最终实现自己在该领域的领导地位。

这种路径的关键点是企业随着扩张,其成本也在发生变化,如何保持在国际市场上的成本优势。另外走这条道路的企业可能面临着一些国家的倾销调查、制裁以及其他贸易壁垒等,会限制企业进一步发展。很多企业随着扩张,成本优势就消失了,如果没有及时地转型,那么企业将面临巨大的挫折。

3. OEM路径

OEM(original equipment manufacturing),即贴牌生产或委托加工,企业以其比较优势通过OEM加入国际产业分工和协作网络,实际上是企业间价值链的分工合作。通过OEM路径,合作企业可以发挥各自独特的优势,专心做好各自的分工工作。

通过OEM路径,创业型企业可以借助委托方的资金、技术、渠道和管理,增强企业实力,实现国际化。目前,OEM路径在国际上是非常流行的,有国际上知名的跨国公司委托中小企业加工。

由于中国劳动力成本低、素质高以及市场大等因素,所以贴牌生产将会在一段时间内成为创业型企业国际化的有效途径。但是采用OEM路径,企业利润很薄,而且企业基本没有自己的销售渠道,一旦委托方不再下单,将给创业型企业带来致命打击。对此,建议创业型企业在贴牌的同时还不要忘记创牌。

4. 自创品牌路径

创业型企业要走创品牌、建渠道路径,基本上是低成本扩张与OEM结合的方式,坚持自有品牌与贴牌并举路线,这也只能说它们取得了自创品牌的初步胜利,能否继续发展下去,就要看它们能否适应即将变化的环境,例如,贸易壁垒的加强、中国劳动力成本上升、人民币升值等。自创品牌的企业可以借鉴一下中国的华为公司,它们在印度建立研发中心,就是要利用全球智本,强化自己积累起来的相对优势。

5. 收购与兼并路径

在当今的国际市场上,收购与兼并已成为跨国资本流动的最主要的方式。开展海外收购兼并活动是企业国际化经营的较高层次,集中反映了创业型企业的资本运营能力,对创业型企业国际化经营能力要求很高。

选择收购或兼并路径,对创业型企业来说,现金流量是一个非常关键的问题,同时,收购结束后能否及时地消化,这些都将体现出一个企业的综合能力。总体来说,创业型企业收购和兼并海外企业,可以说风险与机会并存。但从历史经验看,创业型企业要想做大做强,必须关注这些,形成在国际市场上的有利格局,格局决定结局。

6. 企业集群路径

在当前国际市场上,大型企业拥有大部分资源,在竞争中又占有相对优势,创业型企业进行国际化时,必然要同这些巨头合作或者竞争,而创业型企业在资源、管理、信息等方面都不具有优势,个体相对弱小,理论上很难取胜或实现共赢,但是如果创业型企业团结起来,形成企业群,就可以显示出强大的威力。企业集群可以有不同的层次,可以品牌共享,也可以信息共享,既可以是全面集群,也可以是部分环节集群。

企业集群路径对目前处于国际化初级阶段的创业型企业来说是非常合适的路径,可以通过集群来共同抵御风险,又可以获得市场、技术、管理等方面信息,使企业综合能力得到提升。

7. 海外上市路径

创业型企业发展过程中的资金缺乏是一个发展瓶颈,如果在市场不能同等得到融资,那么就决定了它很难得到平等的国际化竞争机会。创业型企业海外上市,这是优化公司治理结构,不但可以解决公司发展资金问题,也是国际化的一种比较高级的形式。中国国内市场对创业型企业上市或融资的条件较高,或者很难满足庞大的企业群体的需求,因此海外上市便成了创业型企业国际化发展一个重要环节。

如果中国的创业型企业直接去美国等发达的资本市场进行融资,其成本非常高昂,其中的成本包括高昂的手续费和等待上市的时间,而因为美国证券法规定证券公司不能包销待上市企业的股票,所以一旦失利,对于资本规模相对较小的创业型企业来说,可能意味着巨大的风险,甚至威胁到企业的生存。因此,选择合适的路径是非常重要的。

创业型企业在国外融资的一种方案:买壳快速上市—以高市盈率实现首期融资—短期内升至主板—异地再上市—多次增发融资。通过这条路径,创业型企业可以实现海外上市,在国际化的进程中实现一次飞跃。但是,这条国际化路径并不完善,创业型企业选择时应全面衡量。

所有国际化路径中,内向型国际化路径是相对容易操作的,创业型企业可以采用低成本路径或OEM路径。低成本扩张路径与OEM路径一般都是搭配采用,但是两者是有区别的,低成本扩张的目的就是让自己的品牌市场占有率扩大,在竞争中打击、削弱竞争对手,是公司整体战略的体现,而OEM是消化过剩的产能或争夺竞争对手市场的一种手段,一般是经营层面的,但是将两者灵活地结合起来既有利于企业短期生存,也有利于企业长期的市场争夺,中小企业采用比较合适。集群路径现在发展较快,适合企业实力相差不大的、产品差异性也不大的传统产业。而自创品牌、建渠道路径一般适合科技含量高、研发能力强的企业,很多创业型企业把这条路径又与OEM路径搭配,既可以解决眼前生存问题,也可以谋图长远的发展。

一般地,创业型企业具有灵活的特点,它们在国际化的发展过程中采取的路径也不是单一的,有的是不断变换,有的是采取复合路径,也就是几条路径有机叠加,这样能充分发挥不同路径的优势。创业型企业国际化路径没有最优的,只有最合适的。

第四节 创业型企业的文化建设

企业文化建设是精神文明建设,符合国家精神建设的要求,同时更是企业科学化、人性化管理必不可少的一个环节。目前,我国的创业型业在企业文化建设上还不够重视,虽然很多企业已经意识到了企业文化建设的优点,但是在执行上仍然有很多不足。

一、创业型企业文化建设的重要性

我国创业型企业文化建设的重要性主要体现在以下两个方面:

1. 企业文化对员工的影响

(1)规范员工的行为。按照企业文化的规定,将整个企业的制度规范化,让员工在这个制度下做该做的事,拒绝不该做的事。从制度建立初期的强制约束和规范,到员工认同之后的自我控制,员工的行为自发地符合企业的价值观,这样的规范性更持久、更深刻、更强大。

(2)激励员工的士气。企业的文化建设基础是以"人"为本,没有好的人,就很难有好的企业。在企业内,有人是不够的,一定要有正面、积极的人。优秀的企业文化是对人的一种精神激励,让员工在企业内获得尊重,实现自我价值,让员工懂得他的存在对企业、对社会的意义,从而激发员工内心的使命感和荣誉感,让他们自发地为社会、为企业、为自己努力,调动员工所有的积极性和潜力,为企业带来更大的力量。

(3)为员工创造良好的工作环境和氛围。企业的工作氛围和环境是员工在择业时考虑的重要因素之一。优秀的企业文化,人际关系积极向上,工作氛围和谐统一,员工身在其中,能够感受到这一氛围,在同事的肯定、赞赏,团队的鼓励、帮助下可以拥有良好正面的工作热情,取得更大的事业成就,同时也促进企业的发展。

(4)增强员工的归属感。员工对企业的要求不仅在于物质方面,更多时候在于企业是否给予他们精神层面的东西,企业文化可以激励员工,也能给员工带来归属感。员工有归属感,就不会以过客的心态来工作,更不会这山看着那山高,不踏实工作,只想跳槽,他们会用建设家庭的观念,脚踏实地地工作,即使出现更高薪酬的公司,也没有办法吸引他们跳槽。归属感强,稳定度高,企业的长久发展和繁荣指日可待。

(5)为企业吸引更多的人才。企业不仅要让现有的员工找到归属,更要吸纳新的人才。人才竞争是企业竞争的重要层面,优秀的企业文化在人才招聘上占有优势,筑好巢才能吸引更多的金凤凰,很多优秀人才因为企业文化而选择该公司。

2. 企业文化对企业自身的影响

(1)有助于加强企业的凝聚力。企业发展的基础是企业的凝聚力,再多的员工如果像一盘散沙,各自为政,都不可能有很好的发展。员工的思想、目标统一,团队整体性强,大家在企业文化的指导下,为企业出谋划策,共同解决困难,共同分享收益,不管多少员工,都是统一的一个团队,一个声音对外说话,那么企业的发展潜力是非常强大的。所以有凝聚力的企业才有更大的发展空间。

(2)为企业指明了发展方向,树立良好的企业形象。讲究文化建设的企业追求的不仅仅是物质利益,更大的是一种精神,优秀的企业文化从公司到个人都可以散发出企业文化的影响,企业的社会责任感更强,企业的发展方向也更受社会认同。同时,良好的企业文化,也会通过对外表现,树立良好的形象,给企业带来更大的无形资产,从而为企业带来更大的竞争优势。

二、X创业型企业文化建设的实施案例

1. X公司文化建设的基本思路

X公司文化建设的基本思路是员工共同建立企业文化。X公司文化的建设要发动员工的共同参与,坚持"员工共同建立企业文化"的基本建设思路,领导带头、管理层带头,全体员工一起参与,同心同德,建设属于全体人员的企业文化。

2. X公司文化建设的核心

X公司以"科学发展观"为思想基础,以"公司发展战略"为主要导向,形成了"理想、价值观、信念、行为规范"核心,主要针对开拓创新和团队协作的培育,提高员工的整体素质,塑造企业的社会形象,通过规范的运行机制,领导强有力的执行,从总体上规划,领导主导,全面推行,将企业文化扎实地注入企业的各项工作中,从而推动企业的全面系统化发展。公司的企业文化发展体系,以人为本,推行企业的核心价值观,通过各种管理手段、激励机制,提高员工的整体素质和归属感,并逐步向科学化管理转变。

3. X公司文化建设的方针

X公司遵循三大企业文化建设的方针:①循序渐进;②开放融合;③引导使用。X公司认识到企业文化建设是一个长期的过程,不能操之过急,以免引起员工的反感,阻碍了企业文化的建设。而且公司的历史原因存在,更不能一步推翻昨天的种种,在文化建设的时候要认识到这一关键点,正确对昨天的价值观、文化进行引导,并放开企业的眼界,融合更多有益的性质。

从X公司的文化建设来看,X公司的三大方针执行得还是相当不错的。X公司认识到了文化的建设不能一激而就,因此X公司推行的循序渐进的方针是适合公司当前的状况的,再好的文化变革都是一个比较痛苦的过程,价值观的统一会受到很多方面的阻碍。企业文化的建设要有成效,必须经历前期规划,中期执行、监控、调整,后期要延续,这样长期的一个过程,绝对不能因为阻碍而停下来,更不可以过分强势推广而造成员工的不满,所以,循序渐进的基础是充分了解企业的现有文化,明确企业文化建设的目标,分阶段确定重点,步步为营,最终实现。

企业文化建设不能太铁腕,X公司有着十几年的发展历史,人员相对稳定,因为X公司起步不高,所以很多人员的素质不高,这也加大了企业文化建设的难度,虽然这样,但是企业文化还是要推进的,X公司提出的引导使用方针是很好的执行思想,结合现在的情况,通过不断地宣传让员工认识和接收到企业文化和企业认可的价值观,再通过奖励、树立榜样,为员工找到实际的目标,进而采取激励引导、活动组织等形式让员工慢慢从心底里认同企业文化,自觉维护。这一切的基础还是以人为本,尊重每一个员工,公平公正。

X公司的企业文化建设并不是关起大门来做,X公司提出开放融合的策略,就是打开大门,让内外增进交流,通过外界的交流沟通,吸收先进的管理思想,提高管理水平,形成独具X公司特色的企业文化。

4. X公司文化建设的原则

X公司文化建设的原则有四个:以人为本、重在领导、讲求实效、系统运作。企业文化的建设基础是以人为本,尊重员工,让员工自发地认同公司的企业文化,找到归属感,找到努力工作为之奋斗的目标,这样企业才能够健康发展。虽然企业文化是管理的一部分,但是它不是硬性的管理手段,它是让员工信服X公司的价值观,将员工这样一个个体有机融入公司中。而且企业的员工并不是简单的认同和拥护者,他们还是企业文化的创造者。企业文化为他们提供了一个平台,激发他们的热情和潜能,他们齐心协力,与企业领导共同创造了企业的文化。

企业文化的建设与领导者密不可分,X公司认识到了这一点,提出了重在领导的原则,在管理中有一个思想:什么样的领导有什么样的兵。因此,为了让全体员工都参与到企业文化建设中来,领导者必须身先士卒。从另外一个层面来看,企业文化的基础是企业家的思想精髓,企业家将认同、坚持、倡导的价值观和文化理念推出来,再慢慢转化为企业的共同理念,这是企业文化建设的实质,但是企业文化不等同于企业家文化,企业文化是一个企业的共性文化,不是个性文化。所以企业领导者在企业文化推进的时候也要注意到这一点。总体来说,企业家是企业文化建设的推动者,各级领导是企业文化建设的共同推动者,从上到下,一起以企业文化为工作和生活的规范,以企业文化的价值观为价值观,这样才可以调动全体员工的积极性和智慧。

企业文化不是纸上谈兵,实效最重要。X公司的企业文化建设以追求实效、不搞各种形式主义,以企业文化建设的总体目标为方向,制订执行计划、规范监控制度,并根据情况建立激励机制,分步骤推进,逐层落实,并在实施中努力与外界融合,与国际接轨,与市场环境接轨,在全体员工上下一心的前提下,共同完成企业文化的建设,并将之运用到实际工作中,为实际的经营管理提供动力。

X公司围绕确定的文化建设理念做了相应的文化建设规划,在企业文化的领导人支持、战略设计、时间规划等方面都做了明确的要求。

5. X公司文化建设的宣传和传播

企业文化建设的宣传和传播是企业文化推广最重要的环节。在企业的文化推广实施时,公司按照下面的步骤进行:

(1)营造适合企业文化的氛围。营造氛围包括软硬两个环节,即软着陆环节和硬着陆环节。软着陆环节:通过两本手册的资料设计、印刷、发放,组织全体员工进行学习、研讨、总结,从精神层面深刻认识企业的文化;硬着陆环节:通过企业的局域网、宣传栏、宣传口号、条幅、厂旗、厂服等渠道,进行企业文化的强势推广。

(2)进行全员考核。文化宣传了,员工是否能接受、能收入到员工的脑子里去,员工是否支持,可以通过"考核"的方式进行了解,从下到上的考核方式比较适合X公司的现状。通过负责机构对公司内部各层人员的宣讲后,组织员工进行两方面的考核:一是真正意义上的考试——笔试;二是用活动来替代的考试,如知识竞赛、唱歌比赛、诗歌朗诵等方式,让员工接受X公司推广的价值观。

(3)深入地宣传企业文化。组织宣传月的活动、设计企业文化的研讨会、以企业文化价值观为主题的演讲比赛、反应价值观的故事征集、对体现企业文化价值观的典型的奖励、宣传和演讲回报等,通过这些深入的宣传,将企业的文化更深入地带给员工,从而让员工可以更深切地体会到 X 公司的企业文化,进而认同,在文化中找到自我价值的体现和自我发展的意义。

(4)长期推广和宣传企业文化。通过一系列的文化活动,让员工了解、认同和支持公司的价值观,在此基础上,要帮助和监督员工以此价值观来作为工作、生活的理念,制定行为规范、记录典型事迹、拍摄宣传照片和宣传视频,通过企业的网站、宣传栏、宣传电视进行滚动播放,并定期进行评比交流,同时加强对新员工的文化宣传,在企业内部不断、持续推进企业文化。

6. X 公司文化建设的实施要点

(1)领导带头,全员参与。企业文化建设的首要保障条件是高层领导的大力支持和推动。企业生产经营活动的主体是员工,所有员工的理念和价值取向的相互作用及融合,形成了公司的企业文化。因此企业文化建设必须是全员参与。

(2)X 公司全体部门同心协力。企业文化建设不是某一个部门、某一群人的工作,是整个公司共同努力的结果,X 公司的企业文化建设也是如此。要达到预期的企业文化建设目标,必须发动公司内各部门的力量,企业文化推动了员工的积极性,让员工自发参与进来,各职能部门在员工的推动下也不能各自为政,必须要投入到企业文化的建设中来,人力资源部门重点在企业文化的培训、宣传、执行考核、评估、奖励等工作上,营销部门和生产部门在生产经营和销售活动中提倡企业文化,按照企业文化制定的配套制度行事,并随时督促员工向企业文化要求靠拢,总之,部门间的通力合作是企业文化建设的关键之一。

(3)高层为先,身先士卒。X 公司是创业型企业,高层领导的地位十分重要,为了推进企业文化,高层领导必须成为企业文化的传教士,从自己的言行举止,再到工作上对各部门、各员工的要求,都要以企业文化为指导,这是企业文化建设的保障。

(4)及时实现奖惩。很多企业对员工的奖励会拖很长时间,久而久之让员工对企业的奖励制度没有兴趣。X 公司在企业文化建设的时候就要注意到这一点,制定的奖惩机制,必须按时兑现,如果有承诺,没兑现就是空头支票,会降低公司在员工心目中的形象。在激励制度的运用上,关键要做到奖惩分明,公司意识明确,对于表现优秀的员工,给予表扬、奖励、宣传、推广、树立典型;对于表现不好的员工根据制度进行教育、惩罚,如屡教不改则直接开除,并树立反面典型,以正视听。

(5)搭建企业内部的沟通平台。沟通是管理的基础工作,百分之百的制度在执行中也需要良好的沟通。在 X 公司企业文化建设的时候已经注意到了四个沟通:

①平等沟通:沟通的前提是双方互相平等,即便是高层领导和基层员工沟通也必须平等交流,真正做到以人为本。

②上下级沟通:上级以关心、培养为主,给下级员工充分的授权,并帮助下级成长,及时给予激励。

③下上级沟通:下级员工一方面要服从上级的安排和调配,同时对于不合理或者违反企业文化的地方也要坦率指出,并给予合理建议。

④平级沟通:双方以协调合作为主,以工作重点为主要目标,齐心协力,共同找方法,积极配合。

在企业文化建设的过程中有很多方法可以参考,可以寻找专业顾问来指导公司的企业文化建设,也可以采用数据事实法、社会标准法,在企业执行的时候可以参考细节制胜法、及时广播法等等方法,有机结合实现公司的企业文化建设。

第五节　企业发展风险防范与控制

创业型企业在扩张过程中,融资和再融资是其发展瓶颈。在融资过程中,对风险因素的识别、风险因素的评估、风险因素的防范与控制能力显得特别重要。

一、经营风险因素识别

创业型企业的经营活动会受到国家政策和经营环境的影响。

1. 国家经济政策风险

政策风险主要是由于政局的突变或政府宏观调控政策的调整等而直接造成影响。创业型企业在融资过程中,会遇到融资租赁公司,这种公司没有实际的生产主体,对需要创业融资的企业来说它是债权人,而在融资的过程中它又是债务人,这种双重身份,现在还没有得到国家政策相关文件的保护,国家对融资租赁公司在税收折旧等方面虽然有相应的优惠措施,但没有对其经营主体实行相应的认可和保护性政策。所以,创业型企业在融资过程中,要严格把控融资机构本身的资质认证问题,有效控制创业过程中的国家政策风险。

2. 金融政策风险

金融风险属于系统风险,主要是由于一些项目发起人不能控制的金融市场的可能变化而对项目产生负面影响,主要表现为因为金融政策的变化而使得利率和汇率的调整导致的风险。

3. 市场竞争风险

创业型企业在发展过程中,市场竞争是时刻存在的,其所处的市场也是瞬息万变的。市场需求、顾客喜好、对营销服务的要求等,无时无刻不在变化。同行在人才、资金、设备、信息等资源上的综合优势,势必对创业型企业的发展带来竞争上的压力与风险。

二、企业内部风险识别

创业型企业内部的经营决策、人员配置以及经营行为和员工的工作能力在企业的发展过程中也同样存在风险。

1. 审计风险

审计是创业型公司对融资项目评估和决策的基础,有效的审计能够成功的预防决策的失误和融资项目的潜在风险。审计风险主要是指公司因为审计工作制度的不健全、审计程序的不完善、审计执行力度不够以及对财务会计报表数据审计的缺陷造成的审计失误或偏差导致的决策和融资项目的潜在风险。

2. 决策风险

决策风险指的是创业型企业因为决策不当或者管理机制等主、客观因素导致的公司的资金或财产风险。其风险来源主要是领导的个人素质,可能会发生在经营过程中不懂融资的人插手业务的现象。

3. 人才流动风险

人才是企业成功的关键,对于创业型企业来说更是如此。专业人才的缺乏,会限制公司的发展,成为一种潜在的风险。

随着创业型企业专业性和技术性程度的提高,企业对员工能力的要求也逐渐提高,因此企业在招聘员工之后都会对员工进行一些培训,员工的频繁跳槽不仅会增加企业的经营成本,还会给同行公司做嫁衣,增强竞争对手的实力。

4. 信用风险

信用风险主要表现为创业型公司的合同履约风险。

融资合同履约风险指的是在融资合同签订以后,合同在实施过程中存在的风险,主要表现为创业型企业不按融资租赁合同规定使用和处置融资租赁标的物,企业不愿或不能按时支付到期租金的义务导致的合同履约风险。

融资合同履约风险又可以分为实质性违约风险和非实质性违约风险。非实质性违约是指企业可以履行而不愿履行融资义务,如企业不按合同约定为合同标的物投保或不按合同约定保养和使用等;实质性违约与非实质性违约相反,是指企业已经没有能力履行合同义务,如企业的经营财务状况恶化,甚至企业宣告破产或被强迫宣告破产等都会导致创业型企业的实质性违约。

三、风险因素评价

1. 审计风险因素评价

审计虽然不会对创业型企业造成直接的损失,但是审计是决策和风险防范与控制的依据,只有审计的正确才会为企业决策的成功提供保障。

2. 决策风险因素评价

决策是在审计的基础上做出的对审计的评定和如何运作审计项目的决定。决策风险指的就是企业因为决策不当或者管理制度出现漏洞等主客观因素致使公司的资金和财产损失的一种风险。主要表现在因为审计机构、审计人才建设的缺陷导致的对融资项目审计的失误或偏差为企业带来的潜在风险。决策的风险是任何企业都承担不起的。

3. 信用风险因素评价

信用风险因素也称违约风险因素,是指创业型企业不按融资合同规定使用和处置融资标的物、不愿或不能按时、按期履行支付合同约定价的义务等导致企业遭受损失。

信用风险是创业型企业直接面对的风险,也是风险的主要表现形式,企业不按融资合同约定履行融资合同义务,企业的经营就无法继续运行,在财务报表上形成呆账、坏账,甚至无法偿付到期债务而不得不宣告破产或被强迫破产。所以,创业型企业必须强抓自身的诚信经营。

4. 金融风险因素评价

金融风险属于系统风险,主要是指由于一些项目融资发起人不能控制的金融市场的可能变化而对项目产生负面影响。

(1)利率风险因素评价。利率风险是作为资金价格的利率的波动对创业型企业的收益产生影响,因为融资项目租金的计算方法是通过对未来租金进行贴现而求出的租金现值,而对未来租金的计算就难免涉及利率的确定问题,利率向有利于企业租金计算的方向调整,就会增加该融资项目的收益,相反,就会是企业融资租赁项目上的收益受到影响,甚至会因为利率的调整而使该融资项目的收益化为乌有,甚至亏损。

(2)汇率风险因素评价。汇率风险因素与利率风险因素的评估基本一致,不同的只是汇率风险因素评估是创业型企业在支付到期租金时采用的约定的支付货币的币种。国外融资进行的融资项目因为人民币的升值无形中就降低了项目的成本或者说增加了该项目的收益。但是,在此期间如果人民币出现贬值,创业型企业就会因此而增加项目的机会成本且结算时需要支付更多的货币。

四、审计风险因素防范与控制

1. 组织结构上的防范

内部审计部门的设置情况应与企业的目标、需要相一致,与企业的具体情况相结合。创业型企业的内部审计组织结构可以分为两个层次。第一个层次,在监事会下设立审计委员会。审计委员会的主要职责为保证内部审计的独立性代表监事会对公司董事会的有关行为进行监督和评价,并为公司董事会做出相关决策服务,制定内部审计的整体规划和政策指导公司内部审计体系的设立与运作,协调公司内部审计监督体系与外部审计之间的关系,建立企业的内部审计质量控制体系,提高内部审计的工作质量等等。第二个层次,在各部门设立各自的审计委员会,受公司审计委员会的领导,专门负责对承租人的监督和控制。

2. 健全审计工作程序

企业应及时收集国家的新审计准则体系,指引企业健全审计工作程序。还要改进提高审计方法和手段,积极推行内控制度评审、风险基础审计等方法,节约审计成本,降低审计风险,提高工作效率和质量。例如,积极采用数理技术和计算机技术,可以加速审计信息传递、收集、处理及反馈的速度,促使审计测试、评估、分析工作的日趋规范和完善。

3. 加强审计执行力度

加强审计执行力度的关键是要配置得力的审计人员。内部审计队伍中不仅要有财务人员对财务状况、管理控制进行检查,而且要有熟悉企业管理的经济师和掌握企业产品生产工艺、工程技术、质量控制的工程师,还要有律师以及懂得计算机软件、懂得收集经济信息进行综合分析的专门人才等。

创业型企业应从引进人才、提高人力资本、合理配置企业内容的人力资源入手,提高内部审计人员素质,对审计人员的知识结构、专业素质、工作能力的要求也将日益突出,审计人员要适应形势发展的要求,要很好地完成日益复杂的审计任务,除掌握较高的专业知识和技能外,必须掌握企业管理的知识,强化综合分析能力,掌握现代内审理论和技术方法,提高运用计算机的水平,努力成为企业内部管理控制专家、计算机技术专家和风险评估专家。另外,要求内部审计人员树立崇高的敬业精神,忠于职守,勤奋工作,廉洁自律,全心全意为公司服务。

4. 弥补会计报表数据审计的缺陷

在继续执行财务会计报表数据审计的基础上,分析具有前瞻性的金融市场的走势,如证券交易市场、期货市场中承租人所处行业的行情走势作为融资项目未来发展趋势的一个参考,弥补财务会计报表数据审计的缺陷,对融资项目做出更全面的评估,以选择优良的融资项目,为融资的实施提供保障。

五、决策风险因素防范与控制

决策风险因素为创业型企业带来的虽然只是一个潜在的经营风险,但是决策的失败却可以大大增加承租人的违约概率和融资租赁标的物的风险概率。所以决策风险因素的防范与控制实质上就是如何完善自身的审计机构建设、提高审计的准确率和减小审计的偏差,对融资项目做出精确的评估和分析,减小甚至杜绝创业型企业的潜在风险。

(1) 风险意识培训,引进专业性人才以防范因为风险意识薄弱导致的风险。加强风险意识培训,引进专业性人才以防范因为风险意识薄弱导致的风险。对于创业型企业内部对风险缺乏足够的评估技术支持的问题,在加强内部风险评估技术培训的同时,在人才的引进上需加大工作力度,引进知识、技术全面的技术性人才,加强企业的风险评估能力。但是由于社会各界对融资仍缺乏足够的认识和重视,同时缺乏专业的融资行业人才培养机构,知识全面的综合性人才不足,专业性人才受我国教育体制和文化传统的影响,知识面过于狭窄,水平不高,很难在短期内发挥所期望的作用,使得创业型企业在招聘人才时可以选择的目标比较少,难以满足公司的即时需求,创业型企业必须做进一步的员工培训,才能满足企业对人才的需求。

(2) 融资相关法律法规知识培训。立法环境作为创业型企业生存和发展的保障,创业型公司必须加强企业内部对融资相关法律法规的学习,在经营决策和经营决策失误实施的弥补措施方面,充分利用现有的融资相关法律法规为指导,以市场为主体,以法律为准绳,避免不必要的人际关系业务,尽可能减小自己的损失。

(3) 企业各部门之间的沟通。企业各部门之间加强沟通,可以有效地防范或杜绝因为公司员工缺乏全面的专业知识支持而导致的经营风险。加强公司内部的有效横向沟通,特别是各部门之间的定期或不定期的横向沟通和交流,对于因为企业内部员工知识面的狭隘而造成的风险能起到一定的防范和控制作用。

(4)在对融资项目财务会计报表审查的基础上,以具有前瞻性的金融市场信息分析作为审计的有效补充,提高决策的精确率。对融资项目财务会计报表审查的基础上,以具有前瞻性的金融市场信息、融资项目所处行业发展信息作为审计的有效补充,如股票市场、汇率市场的价格波动趋势作为评估融资项目在行业的发展趋势,并确定融资项目的发展周期如成长期、成熟期等,对于处在发展低迷周期行业的融资项目可以选择放弃或在资金的设定上追求更安全的资金支付形式,以弥补会计报表审查的缺陷导致的风险,提高决策的准确程度。

六、信用风险因素防范与控制

创业型企业在融资时,要控制信用风险因素就是在合同签订时和融资项目的运行状况已经恶化后,采取什么措施弥补自己的损失或者有效地减少自己的损失,创业型企业可以结合自身经营的特点,制定有效的防范和弥补措施。

在融资项目合同中明文规定合同各方的权利义务。在签订融资项目合同过程中,要明文规定融资项目合同各方的责任义务,合同中明文规定责任义务的目的:一是保证融资项目合同的实际履行;二是在合同不能实际履行时,创业型企业能够依据融资项目合同得到相应的赔偿或补偿,以弥补因为融资项目不能实际履行带来的损失。为了督促融资项目合同的实际履行,合同可以约定为违约方设置高额的违约赔偿责任,甚至签订保证金条款或与融资机构提供创业型企业认可的担保人签订附属担保合同,以弥补因为融资项目确实不能实际履行时带来的经济损失。融资项目合同的签订可以包含以下内容来有效地防范和控制信用风险。

(1)保证金。融资项目合同签订后向融资机构一次性收取融资项目标的物总金额10%~20%的保证金,如果融资机构在实际经营过程中遇到实际困难,不能按时提供资金,可以用保证金冲抵部分资金,缓解融资机构的资金提供压力。另外保证金也可以在融资机构不能实际履行融资项目合同义务时,适当弥补创业型企业的损失。

(2)融资项目总费用的担保和抵押。融资项目总费用包括融资资产、融资收益、融资标的物的残值、违约补偿和处理违约所发生其他费用。所以充分估计并对这些费用的来源"落实到位",有利于创业型企业积极应对融资机构的违约风险。创业型企业在处理担保和抵押事宜时,除存单、国债及高等级企业债券等有价债券外,第一是物的抵押,第二是有担保物或担保人的担保。

(3)保险。融资保险是保证融资项目正常发展的必备条件,合同约定由融资机构投保融资项目标的物的运输保险、融资项目标的物的财产综合险、防盗等附加险,使用融资项目标的物的第三者责任险,一旦出现自然灾害和意外事故,也可保障创业型企业资金的安全。

(4)违约赔偿责任。租赁合同须明确约定如果融资机构延期支付资金,按略高于银行逾期加罚利息的水平加罚利息;如果融资机构单方面终止合同,将承担高比例的违约赔偿责任可以设定在应付资金总额的以上。这样一方面意在告诫融资机构执行合同的诚意,体现融资项目合同为不可撤销合同特征;另一方面也可以保证创业型企业在确实遇到类似情况时,即使低价变卖融资项目标的物也不会出现太大的损失。

七、金融风险因素防范与控制

1. 利率风险因素防范与控制

（1）利率互换交易。利率互换交易的互换资产是一定量的货币，即本金，互换的本金数量和货币是相同的，保证能相互抵消，而且定期服务费用的支付利息也是同一货币，利率互换的目的首先是降低融资成本。一般说来，当某一方能以优惠的利率融入资金时，就存在互换的可能性，特别是当一方能获得较优惠的固定利率贷款而希望能得到浮动利率的贷款时或另一方能得到较优惠的浮动利率贷款但希望能得到固定利率贷款时，就可以通过互换交易商进行互换交易。利率互换在融资项目融资中是很有价值的，所以只要利息的差额需要在结算中互换，就可以起到一定的防范利率调整的风险。多数的银行在安排中长期项目融资时只愿意考虑浮动利率，使得创业型企业和项目本身承担了巨大的利率波动风险，创业型企业根据项目现金流量，将部分或者全部的浮动利率转换为固定利率，在一定程度上就可能防范利率风险。

（2）货币互换交易。货币互换是不同计价货币的本金进行的互换，一般是当一方能以较优惠的价格得到某种货币时，货币互换就有必要和可能通过互换交易，多个融资项目都可以低于市场上所能获得的利率得到各自希望的不同币种、不同种类的贷款。可以说，通过货币互换交易，创业型企业可以降低筹资成本，也就在一定程度上降低了利率变动所造成的风险。

（3）利率期货合约的套期保值。无论利率上升或下降，都可能给创业型企业间接或直接地造成成本的上升，当企业准备筹资而未来利率有可能上升或已经筹资而市场利率又出现下调时，对融资项目的运营将产生不利影响。创业型企业所面临的这些利率风险可以通过利率期货进行套期保值而转移。通过利率期货进行套期保值，是指在期货市场上进行与现货市场品种类似、数量相等，但方向相反的利率期货合约买卖，也就是在现货市场为空头的时候，在期货市场上保持多头，当现货市场为多头时，在期货市场上拥有空头，以利用两个市场利率变动相反而使盈利和亏损互补，互相提供一个保护屏障，以避免利率风险，只要遵循均等而相对零的原则，在套期保值两个公理作用下，利率风险即使不能完全避免，但至少可以把它限制在较低的限度。

（4）期权交易。期权交易比较适合于创业型企业项目融资的风险管理，在互换、期货及长期投资等风险管理工具中，投资银行在安排这些交易时都承担着一定的客户信用风险，如果交易中的任何一方不能按期履约，投资银行作为交易的中介机构都需要承担起相应的责任。因此，投资银行在安排这些交易时对客户的信用都有较严格的要求，根据不同客户的信用状况，给予一定的信用额度，客户只能在信用额度范围内安排交易，这对于采用项目融资的项目而言，难度相应增大了。而期权交易没有这一缺陷，不受这一条件的限制，因为，创业型企业对此已支付了一定费率的期权费，如果创业型企业不履约，投资银行也能收到一笔期权费，并不承担客户违约风险。所以，在项目融资的金融风险管理中，期权交易使用的情况比较多。在项目融资中，利用期权交易进行风险管理必须灵活，对于利率期权而言，由于项目融资的长期性，简单的短期利率期权基本上是没有市场的，在项目融资中使用的多数是较为复杂的中期利率期权形式，期限可达一年，其特点如下：可安排的贷款利率风险管理期限较长，在风险管理期内，不是使用一个固定的利率作为期权价格即利率上限,而是使用一系列逐步升高的利率作为不同时期的期权价格。对于大多数项目,在项目前期,由于项目还未带来任何现金流入,却要发生大量债务,因此,保证项目有较低的利息负担是至关重要的。随着时间的推移,项目债务逐步减少,现金流量逐步增加,债务承受能力也不断增强,这时候利率在一定范围内可逐步增加。所以,一般通过逐步递增的利率上限来充分利用项目现金流的特点,最大限度地降低风险,提高项目投资收益率。

2. 汇率风险因素防范与控制

(1)分析汇率走势避免汇率风险。选择货币汇率风险主要是由于货币比价的变化所带来的在由外币折算成本币时数额的增加或减少,表现为成本的增加或盈利的减少或亏损,所以做好相关国家货币未来走势的预测,然后选择对自己相对有利的货币作为计价货币是回避汇率风险最有效方法。预测汇率未来趋势,所用方法既可采用基本分析,也可采用技术分析。基本分析法预测汇率的未来趋势,需要分析的因素很多,和股市的基本面分析时所牵涉的因素大致相同,一般来说,和汇率变动联系最紧密的经济变量主要有:国际收支、国内通货膨胀程度、利率水平、经济增长率、国家干涉等,其他一些因素,如政治形势、军事情况、汇率政策、外汇管制措施、心理预期等也对汇率变动产生影响。对这些因素收集整理,进行系统分析,可以对未来汇率走势有一个大致把握。运用技术分析来预测汇率走势所使用的原理、方法及具体工具和基本分析法基本都是一样的,利用技术分析既可以预测汇率的长期趋势又可以预测汇率的短期变化,所以技术分析在分析汇率走势时是一个很好的工具,在选择最有利的货币时,一般遵循以下原则:创业型企业在进口设备时,应争取用趋于贬值的软货币付款;在收取国外租金时,应尽力采用趋于升值的硬货币收费,也可以软、硬货币搭配使用;分化风险还可以采用一揽子货币,其中包括特别提款权和欧洲货币单位以及多种货币按照一定的权数计算出来的其他复合货币,按照这些原则选择的货币,理论上可以很好地规避汇率风险。

(2)合同中规定外汇保值条款。在签订进出口设备合同和融资租赁合同时,就把汇率固定下来,租期届满时或每次交纳租金时仍用此汇率,以避免汇率波动导致的风险。

(3)买卖远期外汇转移汇率风险。运用远期外汇买卖即创业型企业与银行签订一份远期外汇买卖合同,约定在某一时间按某一固定利率买卖外汇。这样,创业型企业在支付进口设备货款需求外汇时或它在收取国外租金出售外汇时就可按与银行事先约定好的汇率进行买卖,以免再承担汇率变动导致的风险。

(4)利用外汇期货交易转移汇率风险。利用外汇期货交易进行套期保值是西方发达国家利用最广泛、交易形式最简单、所需成本较少的规避外汇风险的方法,目前尚没有人民币外汇期货交易,但创业型企业可以通过一个中介货币进行套期保值,从而转移汇率风险。方法是选择一种和人民币比价比较稳定的货币,利用该货币和其他相关外币的外汇贷款做套期保值,然后将该货币兑换成人民币或者用人民币兑换成该货币。

总之,创业型企业在进行融资项目以解决融资问题时,如果能洞察金融市场变化,采取有效管理,规避负面影响,迅速把握时机,就能获得较好收益;相反,如果不能把握金融市场的动态,不能根据金融市场的变化制定或调整政策,就可能陷于被动,蒙受损失。

本章要点

（1）创业型企业品牌建设。
（2）创业型企业的扩张发展。
（3）创业型企业的国际化发展。
（4）创业型企业的企业文化建设。
（5）创业型企业的风险识别及规避。

本章介绍了创业型企业品牌建设的路径，重点阐述了创业型企业的扩张方式：裂变式扩张；多元化扩张；资本化扩张。在此基础上论述了创业型企业国际化路径：内向型国际化路径；低成本扩张路径；OEM路径；自创品牌路径；收购与兼并路径；企业集群路径；海外上市路径。阐述了创业型企业的文化建设，并通过X创业型企业文化建设的实施案例，介绍了企业文化建设的方法。在企业发展的同时，阐述了企业发展风险防范与控制，重点介绍了审计风险因素防范与控制、决策风险因素防范与控制、信用风险因素防范与控制和金融风险因素防范与控制。通过本章的介绍，创业型企业能够较好地处理好发展中遇到的问题。

拓展阅读

一、如何在失败中成长

1992年，某大学数学专业的高才生陈实南下深圳。像千千万万个创业者一样，十年中，他当过搬运工、炒过楼花、干过影视、做过金融，现在，他正经营着一家资产逾百万的酒瓶盖厂。

他几经沉浮，经常晃荡到只剩下几块钱。

面对记者，他说得最多的却是五个字："做事即做人。"

"做生意，其实也就是做人。"陈实很健谈，说话始终不紧不慢，让人感到平实和理性，只是他的眼神始终透出生意人的疲惫，可时不时却又闪现出一种机敏与睿智。

1989年，陈实大学毕业，进了一家纺织厂。工作认真，有责任感，很快成了厂里的骨干，可他总觉得缺了点什么。用陈实的话说，"上班下班，中规中矩，一直可以看到自己20年后的样子，日子就像一杯温吞吞的白开水"。这样的日子过了三年，他有些坐不住了：自己到底具不具备另一种能力？陈实在心里挣扎了好久。

1992年5月，陈实来到深圳，经朋友介绍，干起了搬运。三个月后，炒楼花加上干搬运，陈实挣到了他人生的第一桶金——三万零八百块钱。陈实有些飘飘然，觉得赚钱也不难。

有了钱，陈实开始琢磨着要自己当老板。

回忆起这段短暂的打工经历，陈实说："它让我学会了吃苦、忍受、勤勉与实干。"

初次创业，只想揍人

真正的市场只有掌握在自己的手里，你才可能有机会，别人帮你一把可以，帮你两把可以，但不可能永远帮你。

陈实一直对影视行业感兴趣,在贵州时就做过,干的是录像行业,在当地小有名气,也建立起了一定的关系网。陈实当时的想法很简单,爱好是最好的老师,而且自己在这一领域还有些资源可以利用,应该有得做。没有做可行性研究,没有搞市场调查,甚至连个基本的思路都没理清,陈实大腿一拍,决心就定下来了:干。

1993年2月,陈实开始了他的第一次创业之旅。深圳的一家影业公司将部分业务承包给他做,其实也就是同意陈实的公司挂靠这家影业公司,挂牌为其业务部,陈实自己来揽业务,做他们的发行代理人。一开始,陈实对未来很有些踌躇满志,但真正一进入,事实却完全不是那么回事。等到天南海北的一圈下来,一个单也没接着,他才发现,原来的那些人际关系都不顶用了,老关系走的走、升的升,没走没升的日子一长,关系也生疏了,这大大出乎陈实的意料。辛辛苦苦赚的三万块钱,一个半月就折腾完了,还欠了一屁股的债。

其实,陈实在跑发行的同时,也搞实业——在深圳拍电视连续剧。按说,陈实应该是其中的制作人之一,但最后,剧本的主要出资人骗了陈实,把他的名字给抹掉了。当时的心情,陈实说他一辈子都会记着,就是想揍人。说起这次失败,陈实很坦然,"失败让我学会了思索,教会了我要诚以待人"。

过后,陈实对自己的初次创业进行了认真的分析:影视这个行业最需要的是社会资源和人际关系,陈实看似具备进入这一行业的能力,但其实一点都不可靠。仅仅因为有几万块钱,认识某些人,然后就想去做一件事情,这是不现实的。陈实在自己的反思日记中还打了个比方,就像有人说有一帮朋友,就想开个饭馆。他一开始就错了,因为这个饭馆不是开给朋友来吃的,而必须面对众多的消费者。如果你想生意不好的时候,让朋友来吃,这肯定会失败。有的人就找亲戚朋友借几万块钱,说要做个什么事业,说认识谁谁谁,谁谁又会给我什么帮助,这都是不现实的。别人给的这种帮助,绝对不是长久的,真正的市场只有掌握在自己的手里,你才可能有机会。别人帮你一把可以,帮你两把可以,但不可能永远帮你。

时间又过了四年,陈实认真学习,用心工作,在一家金融公司做到了一个比较高的位置,渐渐有了点积蓄。陈实永远是个不安分的人,他又做起了创业的梦。

再次创业,只想揍自己

1997年底,陈实的一个朋友想自己出来做,这个想法和陈实不谋而合,于是就出去考查项目。陈实他们看到一对原来做模具挺成功的贵州老乡夫妇,接了个厂子做白酒瓶盖,当时蛮红火的;而恰好当时又有个白酒瓶盖厂要转让,尽管三个好朋友都从来没接触过这行,但对技术、资金、人力、销售几项一分析,感到可以做,就杀了进去。

三个人合股,陈实和一个朋友各占10%的股份,具体的事就陈实来跑,另一个占80%,负责银行融资等方面。就这样,陈实的酒瓶盖厂摸索着做了起来。

1998年,成都开糖酒春季交易会,陈实简单地印了一些产品介绍传单,带上几盒总经理的名片,就上了成都。没钱打广告,陈实就采取最土的方法——扫楼,在每个宾馆里面发传单。陈实雇了个女孩,还找了一帮成都的朋友帮忙,雇了车一家家酒店跑。就这样发了四天,最后一天到会场又发了一些,这时就有个酒厂说要见陈实。陈实一进去,酒厂厂长被吓了一跳,陈实二十八九岁,挂着总经理的名头,那厂长有点信不过,告诉陈实说:"我们现在不谈生意,再过一个月我要再来成都,你也来,我们再谈这个事。"

一个月后,陈实还真又上了趟成都,接下了第一单,单很大,号称两千万只瓶盖。这极大地鼓励了陈实的信心。为了接这个单,陈实足足喝了一斤半白酒。

酒厂不光给了订单,也给了承诺,说好好干,配合好了,未来他们这里的订单都是陈实的,但有一点,淡季只能是50%的回款。这个承诺着实让陈实惊喜不已,但是同时也为他后来的困境埋下了深深的伏笔。

这之后近一年时间里,照着第一单的模式,陈实开始满世界地跑订单。订单跑回来了不少,而且都是大单,陈实也在心里计划着要大干一番。但好日子过了没多久,问题就接踵而至:临近春节,白酒的销售旺季一到,陈实的厂子就忙得不可开交,订单完不成,开罪了不少客户,也丢掉了不少客户,还为后来一些客户赖账留下了把柄;销售形势一好,厂子就没日没夜地加班干,结果产品质量又出了问题,赔了钱不说,更重要的是又失去了好几家重信用的老客户;而且由于生产单一,淡季一到,酒瓶盖没人要,只好处于半停产状态;更为重要的是,由于白酒行业竞争激烈,洗牌相当快,与陈实合作的几家酒厂,上年还红红火火的一个牌子,年一过就死了,一个旺季销售是冲上去了,可就是结不了款,活钱都变成了死钱,全到账上去了。就这样,陈实的厂子陷入了困境,款回不来,现金流越来越少,资金周转越来越紧张。到1999年8月份,资金链一断,工人的工资也发不出了。最后,工人一闹,合伙人也都没了信心,厂子也走到了尽头。

总结办厂失败的教训时,陈实认识到,自己一是犯了冒进的错误,二是忽略了产品质量和服务,三是忽视了资金回笼,四是忘记了分散风险。

破产清算的时候,陈实直想揍自己,怪自己贪多求大害了朋友。这时,陈实才第一次认识到,做事即做人,做生意,更重要的是要克服人性上的弱点。"无欲者,则刚;无为者,才有为。"陈实经常这样告诉自己。

第三次创业,自我感觉成熟了

经历了两次失败后,陈实再也不想办厂了。但还是有老客户、老朋友找上门来,陈实就炒了几个单。炒单很容易,交点定金,转手就有钱赚,但陈实就是觉得不踏实,因为产品质量他没法控制,后来还失了几个单,更觉得对不住朋友。有时陈实也觉得不甘心,屡败更要屡战,学费交了这么多,我也可以成功。

2000年5月,陈实和一个朋友合资的润东公司开张了,主业还是做白酒瓶盖。吃一堑,长一智,陈实在失败中慢慢地成长了起来;前车之鉴,后车之覆,陈实的公司步入了良性成长期。

理性→考查客户

酒瓶盖业技术含量少,资金要求也不高,门槛很好入,但它是个中游产品,利润最终要到酒厂去体现。而白酒行业的情况是,全国4.7万家酒厂,盈利的不超过50家,并且80%的利润集中在十家左右,每年不断地有酒厂开业,也不断地有酒厂倒闭,因而对客户的选择至关重要。陈实决定理性地选择客户,并总结出三点经验:

一是谈。和酒厂的中高层谈,听他们谈发展计划,谈自身优劣,也听他们的订单要求。有个厂的领导开口闭口就是自己要面向全国、走中高档路线,可实际上他那个酒连中档也算不上,区域市场也没打开,明摆着是让供货商当炮灰。陈实话都没多说,扭头就走。陈实也坚持下到酒厂的基层去谈,这样听到的情况更实际些。

二是看。陈实坚持到酒厂的终端市场去看销售。大酒店、中餐馆、小排档他都去，跟老板聊聊，和食客扯扯，问个四五家，初步的印象就出来了，问上十个店，整体形势也了解了个八九成，能不能做心里也就有了个底。陈实也注意看回款，主要是考查酒厂供应部门的作风。庙好和尚也要念正经，有的酒厂，明明有钱，就是不及时回款，这样的定单宁可不接。

三是要防备客户转移库存。陈实接过一个单，西北的一家酒厂，第一年给了个大单，回款也不错，第二年单更大，但回款越来越慢。陈实感到不对劲，就跑过去看，仓库里没货，到财务一问，说销售比去年增长了126%，市场上一问，酒销得却不好。最后仔细一调查，才知道酒都到了经销商手上，可就是没在消费者手里。陈实果断决定，停止供货，才避免了更大的损失。

务实→慎重接单

贪多求大，什么单大接什么单，陈实是吃过大亏的。现在，陈实接单，也坚持了两点：

一是一般只做现款，不做现款的也就是二、三家信誉非常好的老客户，而且坚持比较高的回款率，保证回收成本金。

二是较大的单，分成几个小单一步一步地来。陈实不是怕生产能力达不到，而是想双方建立起信誉，稳扎稳打、一步一个脚印地来。

诚信→亏本生意也做

做生意，诚信为本。陈实被人骗过，深知被人愚弄的滋味，因此，他坚持以诚待人，亏本生意也做。陈实有他自己的诚信观：我并不能保证我的每一单生意都是赚的，有些肯定会亏，但是亏我也坚持做好，因为现在的经济是一种诚信经济，人家凭什么把钱给你，看中的既是你的生产能力和产品质量，但更重要的是看中你的信誉。而且这种亏损可能在财务上是亏，但在经营上却并不亏。

讨论：

纵观陈实的创业过程和成功创业后的经营管理，请谈谈：

(1) 陈实的酒瓶盖厂是如何进行品牌建设的？
(2) 陈实的酒瓶盖厂有哪些成功的管理？
(3) 陈实的酒瓶盖厂的风险防范与控制是怎样做的？

思 考 题

(1) 创业型公司怎样进行品牌建设？
(2) 创业型公司在发展过程中，可以采取哪些扩张方式？
(3) 创业型公司如何进行国际化？
(4) 创业型公司是否需要进行文化建设？如何推进企业的文化建设？
(5) 创业型公司在发展过程中如何有效防范和控制风险？如何防范控制审计风险？如何防范控制决策风险？如何防范控制信用风险？如何防范控制金融风险？

第七章　大学生创新创业相关扶持政策

学习目标

（1）理解国家创新创业相关扶持政策。
（2）理解地方创新创业相关扶持政策。
（3）理解、掌握并合理利用创新创业相关扶持政策。

导入案例　　　　　　　　创业者如何利用创业政策

上海每天有10人获得政府的开业贷款，每天有50人参加政府补贴的创业培训，每天有5位创业者入驻政府扶持开办的开业园区……创业需要发掘机会，需要制定规划，还需要正确、合理地运用创业政策。在"东方讲坛开业生涯"第四场讲座中，上海市开业指导服务中心副主任杨永华为创业者详细介绍了上海现行的创业政策。

杨永华总结认为，各类创业方面的政策不少，主要依据《中华人民共和国中小企业促进法》《国务院关于鼓励支持个体私营等非公有制经济发展的若干意见》以及《国务院关于加强就业和再就业工作的通知》等。创业者要用好、用足政策，全面了解政策是第一步。现行的创业政策主要集中在以下7大板块，主要包括：融资服务的政策、场地扶持的政策、税费减免的政策、开业专家指导的政策、开业能力提升的政策、鼓励科技创业的政策、非正规就业孵化器的政策等。

思考：
（1）为什么那么多创业者需要创业支持？
（2）你怎么看待国家到地方各种创业支持政策的作用？

创新创业已经成为这个时代的主流，从国家到地方出台了各类政策来支持创业，尤其是大学生创业，在各种政策的影响下，各地创业氛围越来越好。作为一名新时代的大学生，我们应该了解、熟悉这些政策，并很好地运用这些政策，使这些政策真正助力我们的双创事业，在创新创业的道路上得到更多的支持与帮助。

第一节　国家相关鼓励政策

近年来,国家出台了很多创新创业相关支持与鼓励政策,下面就近几年的部分重要文件的核心内容列出来,供大家参考。

一、国办发〔2014〕22号文节选(一)

国办发〔2014〕22号文《国务院办公厅关于做好2014年全国普通高等学校毕业生就业创业工作的通知》(以下简称通知)中关于创业的相关内容及作者总结如下:

1. 高度重视高校毕业生就业创业工作

这里面重点强调了"高校毕业生是国家宝贵的人才资源,各地区、各部门要切实将思想和行动统一到党中央、国务院的决策部署上来,充分认识做好高校毕业生就业创业工作的重要性和紧迫性,聚焦重点难点,继续把高校毕业生就业创业摆在就业工作的首要位置和整个经济社会发展的重要位置。"通知中还要求"要充分发挥市场配置人力资源的决定性作用,着力改革创新,完善政策措施,强化就业创业服务,改善就业创业环境,引导高校毕业生转变就业观念,力争实现高校毕业生就业和创业比例都有所提高,确保高校毕业生就业形势稳定。"从中我们可以看到,虽然本通知还是以保障就业形势稳定为出发点,把创业作为就业的重要补充,不可否认的是已经把创业放在了相当重要的位置。

2. 实施大学生创业引领计划

在本条中要求,"2014年至2017年,在全国范围内实施大学生创业引领计划。通过提供创业服务,落实创业扶持政策,提升创业能力,帮助和扶持更多高校毕业生自主创业,逐步提高高校毕业生创业比例。"从中我们可以看出,政府开始以重要长期项目开展的形式引导毕业生自主创业,以希望借此形成创业氛围。

在这一条中,重点对具体措施也做了要求,要求"各地要采取措施,确保符合条件的高校毕业生都能得到创业指导、创业培训、工商登记、融资服务、税收优惠、场地扶持等各项服务和政策优惠。要求各高校要广泛开展创新创业教育,将创业教育课程纳入学分管理,有关部门要研发适合高校毕业生特点的创业培训课程,根据需求开展创业培训,提升高校毕业生创业意识和创业能力。要求各地公共就业人才服务机构要为自主创业的高校毕业生做好人事代理、档案保管、社会保险办理和接续、职称评定、权益保障等服务。"关于税费减免,"对高校毕业生创办的小型微型企业,按规定落实好减半征收企业所得税、月销售额不超过2万元的暂免征收增值税和营业税等税收优惠政策。对从事个体经营的高校毕业生和毕业年度内的高校毕业生,按规定享受相关税收优惠政策。留学回国的高校毕业生自主创业,符合条件的,可享受现行高校毕业生创业扶持政策。"从中我们可以看到,通知从外在创业的指导、教育培训帮扶一直到创业的整个过程的帮扶,都提出了具体的措施,以保证创业扶持政策可以有效地实施。

金融方面是创业企业经常遇到的难点,在这一点通知提出了"完善抵押、质押、联保、保证和信用贷款等多种方式,多途径为高校毕业生解决反担保难问题,切实落实银行贷款和财政贴息。"这一条虽然从内容上涉及了创业企业融资难题,但是在实施的过程中,还是有操作问题解决不了,如目前担保问题在地方上还是很难解决,由于创业企业失败比例较高,涉及资金风险,高校、政策基金很难为大学生提供担保服务,金融机构也有很严格的要求。对于其他商业投资渠道的资金支持虽然有鼓励,但在实际实施的过程中,还是不可能普遍覆盖,毕竟投资人的逐利性是无法改变的。

二、国办发〔2014〕22号文节选(二)

结合国办发〔2014〕22号文《人力资源社会保障部等九部门关于实施大学生创业引领计划的通知》(人社部发〔2014〕38号),该行动由人力资源社会保障部、国家发展改革委、教育部、科技部、工业和信息化部、财政部、人民银行、工商总局、共青团中央共同决定。通知中的重要内容及作者总结如下:

(1)普及创业教育:要求"各级教育部门要加强对高校创业教育工作的指导和管理,推动高校普及创业教育,实现创业教育科学化、制度化、规范化。各高校要将创业教育融入人才培养体系,贯穿人才培养全过程,面向全体学生广泛、系统开展;积极开发开设创新创业类课程,并纳入学分管理;不断丰富创业教育形式,开展灵活多样的创业实践活动;切实加强师资队伍建设,为普及创业教育提供有力支持。"高校毕业生未来是社会就业和创业的主力军,而高校的创业教育对学生创业观念的养成有着重要作用,但是在高校创业教育的普及过程中存在一个问题,就是不可能所有学生未来都要从事创业,怎么普及呢? 因此,本书认为,高校的创业普及任务更重要的是普及学生的创新创业精神、创新创业意识、创新创业思维、创新创业能力,这些在未来,不管就业还是创业都会对学生起到很大作用。当然学校也有责任针对创业者开展个性化的专门教育,但是一定要与普及教育进行区分。

(2)加强创业培训:要求"各级人社部门要加强与教育部门和高校的衔接,以有创业愿望的大学生为重点,编制专项培训计划,优先安排培训资源,切实抓好组织实施,使每一个有创业愿望和培训需求的大学生都有机会获得创业培训。"我们都知道,无论是高校的创业教育还是基础教育,学生在创业过程中会遇到更多的是实践性的问题,因此,创业培训就成为必须,这里培训将触及学生创业的深层次经营问题,对学生创业过程中的实践困惑加以解决。

(3)提供工商登记和银行开户便利:要求"各级工商部门要按照工商登记制度改革总体部署完善管理制度,落实注册资本认缴登记制,依照有关法律法规规定拓宽企业出资方式,放宽住所(经营场所)登记条件,推行电子营业执照和全程电子化登记管理。要求完善工商登记'绿色通道',简化登记手续,优化业务流程。落实减免行政事业性收费政策。"要求"人民银行各分支机构要积极会同有关部门指导银行业金融机构进一步改进金融服务,为创业大学生办理企业开户手续提供便利和优惠。"这一点在现实生活中政府部门已经在陆续实现,学生创业也开始越来越多地享受到创业扶持政策带来的便利和红利。

(4)提供多渠道资金支持:要求"各地要认真落实小额担保贷款政策,在符合规定前提下,加大对创业大学生的支持力度,简化反担保手续,强化担保基金的独立担保功能,适当延长担保基金的担保责任期限,落实银行贷款和财政贴息,重点支持吸纳大学生较多的初创企业。要充分发挥中小企业发展专项资金的作用,更多支持大学生创业实体。要鼓励企业、行业协会、群团组织、天使投资人等以多种方式向创业大学生提供资金支持,设立重点支持创业大学生的天使投资和创业投资基金。对支持创业早期企业的投资,符合规定条件的,按规定给予所得税优惠或其他政策鼓励。有条件的地区要对现有各类高校毕业生就业创业基金进行整合,完善管理体制和运营机制,向大学生创业实体提供支持。"在这一点上,涉及扶持、减免、简化的内容在实施上是没有问题的,上面我们也讲过,对于金融担保、投资性基金支持还存在很大的实施问题,毕竟商业银行、投资机构、担保机构要承担较大风险。

(5)提供创业经营场所支持:要求"各地要充分利用大学科技园、科技企业孵化器、高新技术开发区、经济技术开发区、工业园、农业产业园、城市配套商业设施、闲置厂房等现有资源,建设大学生创业园、留学人员创业园和创业孵化基地,为创业大学生提供创业经营场所。对建设大学生创业园、留学人员创业园和创业孵化基地的地方和高校,有关部门要积极给予对口支持和业务指导。要将创业实训、创业孵化、创业辅导相结合,创新孵化方式,完善孵化功能,提高创业孵化成功率。要制定并完善创业经营场所租金补贴办法,对符合条件的创业大学生按规定给予经营场所租金补贴。"这一点目前也在如火如荼的实施开展,各种孵化器、创业园在各地如春笋般出现,政府在这方面也投入了大量的资金,虽然在创业园、孵化基地的建设过程中出现了一些需要完善提升的地方,但还是为创业者提供了非常好的支持。

(6)加强创业公共服务:通知要求"各级人社部门要会同协调有关方面针对创业大学生普遍遇到的问题开展创业公共服务,建立健全创业公共服务政府采购机制并加强绩效管理,构建覆盖院校、园区、社会的创业公共服务体系。要对各方面相关优惠政策进行归集梳理,以年轻人喜闻乐见的形式加强宣传解读并提供咨询,帮助符合条件的创业大学生获得相应的税费减免、资金补贴等政策扶持。要建立健全青年创业辅导制度,从拥有丰富行业经验和行业资源的企业家、职业经理人、天使投资人当中选拔一批青年创业导师,为创业大学生提供创业辅导。要采取多种方式搭建青年创业者交流平台,经常举办交流活动,为创业大学生及时了解政策和行业信息、学习积累行业经验、寻找合作伙伴和创业投资人创造条件。要积极引导大学生参加创业竞赛活动,有条件的地区可定期举办青年创业大赛,使之成为凝聚青年创业者、展示创业方案和创业项目的舞台,同时为创业投资机构、天使投资人等选择投资对象提供机会。要拓宽人事和劳动保障事务代理服务范围,将创业大学生作为重要服务对象,提供档案保管、人事代理、职称评定、社保代理等服务。要加强服务创新,积极探索将促进就业创业政策措施向网络创业就业领域延伸拓展的有效方式,为在电子商务网络平台上注册'网店'的创业大学生提供政策支持和服务。要充分发挥留学人员回国服务工作体系的作用,对留学回国创业人员开展针对性服务,帮助他们了解国内信息、熟悉创业环境、交流创业经验、获得政策扶持。"从中我们可以看出,通知在公共服务领域做了大量的具体实施性的要求,而这些具体实施性要求还是落实得不错的,为创业者免除了很多后顾之忧。

第二节 地方相关鼓励政策

国家各方面鼓励政策的出台,也促使地方政府陆续出台了相关的鼓励政策加以配合,各地政策从宏观上来讲大同小异,本书以四川省的部分政策为例进行分析,其他地方创业者也应及时地关注当地的创业鼓励政策。

一、川办发〔2014〕26号文节选(一)

川办发〔2014〕26号文出台了《四川省人民政府办公厅关于加大力度促进高校毕业生就业创业的意见》,关于创业方面的主要内容及作者总结如下:

(1)支持高校建立各种形式的创业园、孵化园、科技园、创新创业俱乐部,开展大学生创新创业训练和项目孵化,对项目提供技术支持和专业辅导,促进项目转化。

"从2014年1月1日起,对在校大学生和毕业5年内的高校毕业生,在高校创业园、孵化园、科技园、创新创业俱乐部等创新创业平台内孵化的创业项目,经学校和有关部门确认,对创业团队或项目给予1万元创业补贴。同一领创主体有多个创业项目的,最高补贴可达到10万元。所需资金由省财政从高校毕业生创业补贴资金中安排。确认程序由人力资源社会保障厅、财政厅、教育厅另文规定。""对在校大学生和毕业5年内的高校毕业生在上述高校创新创业平台内通过工商注册或民政登记的创业主体(含其他依法设立、免于注册或登记的创业主体,如在电子商务网络平台开办'网店'、农业职业经理人等),给予1万元创业补贴。所需资金由省财政从高校毕业生创业补贴资金中安排。在上述高校创新创业平台以外进行工商注册或民政登记的创业主体(含其他依法设立、免于注册或登记的创业主体,如在电子商务网络平台开办'网店'、农业职业经理人等),由所在地市或县级人民政府给予1万元创业补贴,省财政从高校毕业生创业补贴资金中补助地方政府一半。"从中我们可以看到,政府相关部门是给了各类创业者实际的资金支持的,虽然1万块钱很少,但是对于很多大学生创业者来说这是很难得的起步资金。笔者所在单位曾经有个创业学生,正是靠这1万元起步,开始了自己的创业路程,做得还是不错的,我们在问他创业历程时,他提到,如果不是有这1万元不要任何代价的资金,他个人筹集资金起步的可能性是不大的,而且对风向的恐惧也会阻挡他的判断。

(2)鼓励地方各类产业园区、高新技术开发区建立大学生创新创业孵化基地,为大学生创业提供技术指导、金融服务、中介服务和生活等方面服务,鼓励、吸引、支持大学生入园创业。

"从2014年1月1日起,对在校大学生和毕业5年内的高校毕业生,在地方建立的大学生创新创业孵化基地内孵化的创业项目,经有关部门确认,每个项目给予1万元补贴。同一领创主体有多个创业项目的,最高补贴可达到10万元。所需资金由同级政府安排,省财政从高校毕业生创业补贴资金中补助一半。"社会上的孵化园创业补贴和高校类似,他们还有其他更多的政策,在此不再赘述。

(3)将小额担保贷款和贴息对象从毕业年度高校毕业生扩展到在校创业大学生。相关贴息资金,中央属和省属高校,由省财政从高校毕业生创业补贴资金中安排;市(州)属高校,由市(州)财政解决。

贴息减轻了大学生创业者的财务负担,但是在校大学生创业从实施的实际效果来看,并不明显。大学生贷款创业风险本身还是非常大的,贷款难度也非常大,在企业没有进入稳定的运营过程前,是很难贷款的,尤其是担保问题,我们前文已经说了。因此大学生创业的种子基金以家人支持、自己打工积累、创业补贴居多。

(4)鼓励在校大学生参加创业培训,将创业培训补贴对象从毕业学年的在校大学生,扩展到在校大学生。相关补贴资金,中央属和省属高校由省财政从高校毕业生创业补贴资金中安排,市(州)属高校由市(州)财政安排。

目前,在校大学生的创业培训也在如火如荼地开展着,人社部门也给了资金的支持,只是这个培训的覆盖面还是很窄,比例很低。

(5)各高校要全面开展职业发展指导和就业创业教育,将就业创业教育纳入教学计划,建立贯穿整个大学教育期间的职业发展和创业就业指导课程体系。人力资源社会保障、教育等部门和共青团组织、高校要密切配合,加强高校创新创业指导教师业务培训,大力开展青春创业大讲堂、"挑战杯"创新创业大赛、大学生创业成果展(交易会)等活动,营造"以创新带动创业、以创业带动就业"良好氛围。

目前很多高校已经将创业教育纳入了人才培养和学分管理,课程体系的建设也逐步完善,学生参加各类比赛成果也越来越多,从实际效果上来看,科研成果转化也越来越多,还是提升了在校学生的素质素养的。

(6)建立四川省大学生创新创业俱乐部及网络平台,组织创新创业论坛、创业讲座培训、创业规划大赛、创业经验交流、创业项目推介等专题活动;搭建大学生之间及大学生与企业家、创业成功人士、专家学者、创业导师、金融投资经理人、政府部门负责人之间随时沟通、深入交流、学习研讨平台;提供法规政策咨询、创业项目评估预测和投资融资服务;推荐大学生创业项目入驻创业园区(孵化基地)。

上述要求目前实施状况较好,很多高校都建立了创新创业俱乐部,也得到了大量的资金支持,各种论坛、培训、活动也层出不穷,创业导师对大学生的指导也非常多,这些都有力的促进着高校创新创业氛围的提升,可以预见未来一定会有更多的成果产生。

二、川人社发〔2014〕20号文节选(二)

在川办发〔2014〕26号文出台后,四川省人社厅等部门出台了川人社发〔2014〕20号《关于贯彻落实省政府办公厅加大力度促进高校毕业生就业创业意见有关问题的通知》。对一些资金扶持提出了具体的要求,关于创业的主要内容如下:

1. 关于创业补贴

通知对补贴对象是有要求的,具体要求如下:

(1)省内普通高等学校全日制在校大学生(以下简称在校大学生)或毕业5年内、处于失业状态的普通高等学校全日制毕业生(含国家承认学历的留学回国人员,以下简称高校毕业生),在我省高校各类创新创业平台或地方建立的大学生创新创业孵化基地内领办且正在孵化的创业项目。

(2)2014年1月1日后,在校大学生或高校毕业生在我省通过工商注册、民政登记,以及其他依法设立、免于注册或登记等方式创办的实体。农业职业经理人,应经县级及以上人民政府指定部门认定并正常持续经营。开办"网店"的应符合以下条件:

①所开"网店"应依托国家商务部和四川省商务厅公布的电子商务示范企业设立的电子商务平台;

②所开"网店"应进行商品实物交易或开展文化创意、咨询设计等服务,正常持续经营半年以上(在校大学生应持续经营至毕业年度)。申请补贴前半年内商品实物成功交易在1000笔以上,开展文化创意、咨询设计等服务的,销售额度在2万元以上,无违法违规交易行为。

关于申报程序等,同学们可以咨询学校负责部门或其他相关机构,这里需要注意的是在校大学生和高校毕业生只能享受一次创业补贴。

2. 关于小额担保贷款

关于小额担保贷款虽然人社部出台了相关政策,但目前由于没有机构愿意为在校大学生提供担保或反担保,因此目前很难落实。如果大学生的创业公司发展较好,有较好的现金流,是可以通过其他渠道获得贴息贷款的。

3. 关于创业培训补贴

高校对自主创业愿望强、有一定创业潜力和培训需求的在校大学生进行统计,并向所在市(州)人力资源社会保障部门提出培训需求。人力资源社会保障部门根据需求情况,制定年度在校大学生培训计划,并组织有资质的培训机构开展培训。大学生在校期间可享受一次创业培训补贴,补贴标准及办理程序按现行规定执行。

需要注意的是,这类补贴不是发到学生本人手中,而是高校或机构对学生实施培训后,补贴给机构或高校。

三、川委办〔2014〕25号文节选(三)

2014年7月,川委办〔2014〕25号文下发了中共四川省委办公厅、四川省人民政府办公厅《关于改革完善体制机制大力促进大学生和科技人才创新创业的意见》,内容中对"把握促进大学生和科技人才创新创业的重要意义、明确促进大学生和科技人才创新创业的目标任务"做了明确的要求,重点提出了"建立健全促进大学生和科技人才创新创业的工作制度,强化促进大学生和科技人才创新创业的政策扶持",内容如下:

(1)建立以大学生创新创业俱乐部为重点的服务保障制度。

"高等学校要在创新创业俱乐部建设中发挥主导作用,为创新创业俱乐部提供专门场地和经费保障,建立专门机构,配备专职人员,加强引导引领。建立以人才库、项目库、企业库、金融机构库、中介组织库和导师库为支撑的创新创业俱乐部信息系统,为大学生提供信息咨询、项目推介、供需对接、项目孵化等服务。""高等学校要根据院系学科特点、专业优势和学生的创业兴趣志向,打造一批各具特色的创新创业项目,支持院系建立专业创新创业俱乐部,构建各专业创新创业俱乐部之间资源整合、相融联动的工作机制。"

本条要求各高校以创新创业俱乐部为主导作用,打造支撑服务,最终的要求是建立工作机制,可以看到,机制建设未来将会是学校对在校生创业支持的重点,也只有机制良性运作,才能促进更多的成果的产生。

(2)健全以大学生和科技人才创新创业园为终点的孵化培育制度。

"采取园企、校企、校地合作等多种方式,进一步突出创新创业园(孵化基地)的产业特色,完善功能配套,增强吸纳承载能力。支持'51025'重点产业园区联合高等学校、科研院所、企业组建一批产业技术创新联盟,推进技术集成、成果转化和项目孵化。鼓励园区与高等学校合作共建大学生创新创业孵化器,促进在校大学生在校园内创新创业。推动大学生和科技人才创新创业园与大学生创新创业俱乐部联动发展,实现功能互补。"

(3)完善以大学生创新创业大赛为重点的项目征集制度。

"定期开展大学生创新创业大赛,构建省、市(州)、高等学校互联互通,企业和金融机构积极参与的大学生创新创业项目征集平台。重点开展'挑战杯'在校大学生创新创业大赛、'高校毕业生创业大赛',拓展发挥大赛的'创业苗圃'功能,推介大赛优胜项目与金融机构、风险投资机构等对接,形成'萌芽—选拔—挖掘—孵化—培育'工作链条,推动大赛项目向创办企业转化和创业园区转移。"

这里面要注意的是"形成萌芽—选拔—挖掘—孵化—培育工作链条",我们可以看到,政府方面对创新创业的支持逐渐覆盖了整个链条,只有夯实萌芽基础,才能保证培育的有效。

(4)健全以大学生创新创业导师制为重点的辅导培训制度。

"建立大学生创新创业导师队伍,吸纳高等学校优秀教师、科技人才、创新创业领军人物等担任导师,开展创新创业辅导和创新创业培训。鼓励'千人计划''万人计划'入选者等高端人才在高等学校、园区兼职,创办、领办、共办创新创业俱乐部和创新创业园,带领大学生创新创业。高等学校、园区对做出贡献的导师,要在工作量认定、职称评定、待遇报酬等方面给与激励。"

本条是对于创新创业导师的支持,很多高校已经开始实施,职称评定也开始认可这一类贡献,这将更多地激励创业导师为学生创业提供更多的指导。

(5)用好高校毕业生创业资金和创业补贴资金。

"各地、各有关部门要研究制定扶持政策,与《四川省人民政府办公厅关于加大力度促进高校毕业生就业创业的意见》(川办发〔2014〕26号)充分衔接,加大对在校大学生和毕业5年内的高校毕业生创新创业项目的资金扶持力度。"

(6)对创新创业俱乐部给与资金补助。

"对经评审符合条件的创新创业俱乐部,实行分类指导和管理,根据其专业属性、培育人数、浮华规模,给予100万元至300万元的资金补助,用于创新创业培训补贴、项目孵化和设备购置等。对规模较大、成效突出的创新创业俱乐部,可连续给予资金补助。所需补助资金从'天府英才'工程专项资金中列支。"

(7)对创新创业园给与资金补助。

"对经评审符合条件的创新创业园,根据其规模和发展情况,给予100万元至500万元的资金补助,主要用于基础设施建设、孵化平台建设、创新创业团队及项目资助、创新创业辅导培训等。对在'51025'重点产业园区中的创新创业园,所需补助资金从科技厅管理的创新驱动发展专项资金、省经济和信息化为管理的产业园区产业发展引导资金、省发展改革为管理的园区基础设施建设资金中列支,资金安排遵循有关专项资金管理办法的规定;对在其他园区中的创新创业园,由市(州)、县(市、区)政府给与资金补助。"

(8)对大学生从事现代农业创新创业给与资金补助。

"结合发展农业产业园区、扶持种养殖大户等政策,对到农业产业园区(产业化基地)和农村创业、从事适度规模经营的大学生给予适当资金补助。经认定,对大学生领办家庭农场的一次性给予1万元农业设施补助,并对其购置农机具累加补贴至60%。所需补助资金从新型农业生产经营主体培育、农机购置补贴资金中解决。"

(9)对大学生创新创业大赛获奖项目给予资金补助。

"对省级获奖项目给予适当奖励,对进入前期孵化的项目给予5万元至20万元资金补助。所需补助资金从省高校毕业生创业资金中安排。"这一点中,重点关注的是对于前期孵化的项目,已经孵化创业的同学可以关注下。

(10)大力实施"省科技创新苗子工程"。

"在科技厅管理的创新驱动发展专项资金中安排1000万元,用于支持实施'省科技创新苗子工程'。重点支持具有技术先进性的创新苗子项目和团队,对通过评审的重点项目给予10万元资金支持,对处于萌芽的培育项目给予1万元至5万元资金支持。"

从(6)~(10)是关于资金的支持,需要创业者们认真地去研读,结合自己的创业实际去申报。

(11)促进高等学校和科研院所科技成果转化。

"鼓励高等学校、科研院所教师带领学生创新创业,允许高等学校、科研院所科技人员在符合法律法规和政策规定条件下,经所在单位批准从事创业或到企业开展研发、成果转化并取得合法收入。高等学校、科研院所科技人员(包括担任行政领导职务的科技人员)职务科技成果的转化收益,按至少70%的比例划归成果完成人及其团队所有。重视大学生和科技人创新创业成果知识产权保护,其自主研发的科技成果,转化收益100%归研发者及其团队所有。高等学校、科研院所教学科研人员带领大学生创办科技型企业取得突出成效。或在技术转移、科技成果转化中贡献突出的,可破格评聘相应专业技术职称。"

这一点是关于科研成果转化方面的,在很多高校中,科研成果更多的是老师的研究成果,对老师的成果的肯定将会极大地促进高校科研的发展。

(12)强化金融扶持引导措施。

"积极协调引导金融机构为大学生和科技人才创新创业提供量身定做的特色金融产品和服务,将小额担保贷款和贴息对象从毕业年度高校毕业生扩展到在校创业大学生。市(州)、县(市、区)和园区要进一步加大对大学生和科技人才创新创业贷款贴息、风险补偿、担保、再担保和反担保等支持力度,对获得风险投资的大学生和科技人才创新创业项目,给予适当补助。推广'盈创动力'科技金融服务模式,探索建立'政府创业投资引导资金—社会公益基金—风险投资基金—股权投资基金'的接力资金扶持机制,对大学生和科技人才创新创业活动给予全程融资支持。以大学生创新创业示范俱乐部、大学生创新创业示范园为载体,探索建立创新创业大学生信用信息数据库,为金融服务提供更好支撑。"

金融引导是一个难点,未来还有很长的路要走。

(13)降低创业开办成本和经营成本。

"全面落实国家、省关于大学生创业和小微企业税费减免优惠政策。大学生和科技人才创办企业,行政事业性收费按照国家政策规定减免,经营性收费依法实行减免或缓交。对大学生和科技人才在园区内的初创企业,应对其房租等费用实行减免、补贴或缓交。"

(14)强化配套服务支持。

"开设四川省大学生创新创业网,推进信息统计、项目推介、政策发布和绩效评估一体化。各级政务服务中心要设立大学生和科技人才创新创业服务窗口,提供一站式、'一条龙'服务。在川国家重点实验室、国家工程实验室及国家级、省级企业技术中心等,应积极为大学生和科技人才创新创业提供研发平台服务。"

(12)~(14)目前实施状况还是较好的。

四川省委办公厅、省政府办公厅联合发文,提出了四个"所有"的要求:"所有大学生和科技人才都接受创新创业教育培训;所有具备条件的高等学校都建立大学生创新创业俱乐部;所有重点园区都建立大学生和科技人才创新创业园;所有大学生和科技人才创新创业项目都得到辅导服务和政策扶持。"并从把握重要意义、明确目标任务、建立健全工作制度、强化政策扶持、构建联动机制五个大的方面提出了具体工作要求。

从国家部委到省市地方,从企业到学校,从城市到农村,全中国关于如何推进"大众创业、万众创新"的各种通知、办法、指导意见……文件浩如烟海,科技、教育、商务、工信、人社、团委……各个职能部门根据自身特点均在制定相关的政策以推动双创活动的开展,本书所能罗列的资料和政策实在是九牛一毛,只能稍做引导,供同学们研读参考。

本 章 要 点

(1)国家创新创业相关扶持政策。
(2)四川省地方创新创业相关政策。

拓展阅读

为切实做好大学生就业创业工作,四川省就业创业工作联席会议办公室会同省级相关部门(单位),汇总、编辑了《四川省大学生就业创业扶持政策清单(2018年版)》,印发各地、各高校和各成员单位,作为学习宣传和执行政策的参考资料。具体内容如下:

四川省大学生就业创业扶持政策清单(2018年版)

一、就业扶持政策

(一)离校前

1. 求职创业补贴。对学籍在省内高校的城乡低保家庭毕业生、贫困残疾人家庭毕业生、建档立卡贫困家庭毕业生、残疾毕业生、已获得国家助学贷款的毕业生,一次性给予每人1200元的求职创业补贴。同时符合两个及以上条件的,不重复享受。由高校会同校区所在市(州)人社部门和财政部门负责办理。

2. 职业培训和技能鉴定补贴。大学生在校期间参加职业培训和技能鉴定,可以享受一次培训补贴和鉴定补贴。由校区所在地人社部门负责办理。

3. 家庭经济困难和就业困难毕业生帮扶补助。对家庭经济困难和就业困难毕业生,离校前给予一次性就业帮扶补助600元。由高校和教育厅负责办理。

4. 机关考录公务员、事业单位招聘工作人员。应届毕业生毕业学年可报考市(州)及以下机关公务员。国家统一组织的政法体改生专项招考项目单设名额,定向招录应届毕业生。艰苦边远地区基层招录毕业生,可适当放宽学历、专业等条件,降低开考比例,可设置一定数量的职位面向具有本市、县户籍或在本市、县长期生活的毕业生招考。民族地区、艰苦边远地区、贫困县和革命老区县县、乡事业单位考核招聘专业技术人员的学历条件,可结合实际分别放宽到本科、大专。公务员公招考试中,特殊困难家庭毕业生免收公共科目笔试考务费用。

5. 鼓励应征入伍服义务兵役。应征入伍的大学生(含新生),服役期间保留学籍或入学资格,退役后2年内允许复学或入学。入伍时对其在校期间缴纳的学费实行一次性补偿或获得的国家助学贷款实行代偿,退役后自愿复学或入学的,实行学费减免。标准:本、专科(高职)学生每人每年最高不超过8000元,研究生每人每年最高不超过12000元。高职(专科)在校生(含高校新生)入伍经历可作为毕业实习经历和基层工作经历;具有高职(专科)学历的毕业生,退役后免试入读成人本科;荣立三等功以上奖励的高职(专科)在校生(含高校新生),在完成高职(专科)学业后,免试入读普通本科;退役大学生士兵专升本实行招生计划单列,录取比例我省扩大至50%。面向退役大学生士兵硕士研究生实行专项招生;将服兵役情况纳入推免生遴选指标体系;在部队荣立二等功及以上的退役人员,符合研究生报名条件的可免试(指初试)攻读硕士研究生;将考研加分范围扩大至在校生(含新生),在继续实行普通高校应届毕业生退役后按规定享受加分政策的基础上,允许在完成本科学业后3年内参加全国硕士研究生招生考试,初试总分加10分,同等条件下优先录取。放宽退役大学生士兵复学转专业限制,退役后复学,经学校同意并履行相关程序可转入本校其他专业学习。应届毕业生应征服兵役,退役后1年内可同等享受离校未就业毕业生就业扶持政策。

6. 建立大学生实训基地。支持高校实行校企对接,鼓励和支持各类企业接纳大学生实习,建立相对稳定的大学生实习基地。组织开展"逐梦计划"大学生实习活动。拓展就业实习、见习基地的领域和功能,积极培育、认定一批学科门类齐全、基础条件完备且集实习、见习功能于一体的实训基地。相关补贴按现行政策规定执行。由高校创办及高校与企业联办的大学科技园、电商基地,纳入实训基地认定范围。对认定的实训基地实行动态管理。

7. 高校双选会补助。对省内地方属公办高校(不含国有企业办院校)举办毕业生就业双选会给予适当经费补助,由教育厅负责办理。

(二)离校后

8. 就业见习补贴。离校2年内未就业毕业生,可参加3~12个月的就业见习,并享受就业见习补贴和人身意外伤害保险。就业见习补贴标准按当地最低工资标准的80%执行。其中,国家级见习基地补贴标准可上浮20%,省级见习基地补贴标准可上浮10%。对留用的毕业生,见习期应作为工龄计算。

9. 岗位补贴和社保补贴。对离校1年内未就业的毕业生灵活就业后缴纳社会保险费,给予最长不超过2年、标准不超过其实际缴费2/3的社保补贴。小微企业、新型农业经营主体和社会组织新招用毕业年度高校毕业生,签订1年以上劳动合同并为其缴纳社会保险费,给予最长不超过1年的社保补贴(不包括个人应缴纳部分)。用人单位招用认定为就业困难人员的大学生,可给予最长不超过3年的社保补贴(不包括个人应缴纳部分)和岗位补贴(标准不低于当地最低工资标准)。

10. 技能提升补贴。在企业工作,依法参加失业保险3年以上,取得相关职业资格证书或职业技能等级证书的大学生,可申请技能提升补贴。所需资金从失业保险基金中列支。2019年1月1日至2020年12月31日,放宽申领条件,依法参加失业保险1年以上即可。

11. 创业担保贷款及贴息。小微企业当年新招用包括大学生在内的符合创业担保贷款申请条件的人员,数量达到企业现有在职职工人数25%(超过100人的企业达15%)并与其签订1年以上劳动合同的,可申请最高不超过300万元的创业担保贷款。符合创业担保贷款贴息条件的,各级财政按规定及时足额予以贴息。

12. 基层和艰苦边区地区工资待遇激励。到县以下机关事业单位工作的大学生,新录用为公务员的,试用期工资可直接按试用期满后工资确定,试用期满考核合格后的级别工资,在未列入艰苦边远地区或国家扶贫开发工作重点县的地区高定一档,在三类及以下艰苦边远地区或国家扶贫开发工作重点县的高定两档,在四类及以上艰苦边远地区的高定三档;招聘为事业单位正式工作人员的,可提前转正定级,转正定级时的薪级工资,在未列入艰苦边远地区或国家扶贫开发工作重点县的地区高定一级,在三类及以下艰苦边远地区或国家扶贫开发工作重点县的高定两级,在四类及以上艰苦边远地区的高定三级。按规定实行乡镇工作补贴、艰苦边远地区津贴。

13. 专业技术职称评定。到中小企业就业,在职称评定方面,享受国有企事业单位同类人员同等待遇。对在基层工作的高校毕业生,首次申报评审职称可提前1年,对论文、科研、外语和计算机应用能力等不作为统一或硬性要求。

14. 鼓励参加"三支一扶"项目。从年龄不超过30周岁的全日制专科及以上学历的毕业生中,招募到农村基层从事支教、支农、支医和扶贫服务。服务期间,享受工作生活补贴(参照本地乡镇事业单位从高校毕业生中新聘用工作人员试用期满后工资收入水平确定,在艰苦边远地区工作的,发放艰苦边远地区津贴),参加社会保险(在建立补充医疗保险制度的地方,办理补充医疗保险),新招募且服务满6个月以上给予一次性安家补贴2000元;支医人员在乡镇卫生院的服务时间,计算为城市医生在晋升主治医师或副主任医师前到基层累计服务的时间;"三支一扶"服务年限计算为专业技术工作年限,在乡镇工作的,对论文、科研、外语和计算机应用能力等不作为统一或硬性要求。服务期满考核合格,可报名参加服务基层项目人员中定向考录公务员的考试;结合服务县乡镇事业单位岗位空缺情况和岗位基本聘用条件,可通过考核方式直接聘用为乡镇事业单位工作人员(在民族地区、艰苦边远地区和贫困县服务的人员,可招聘到服务所在县(市、区)的县、乡事业单位);报考事业单位工作人员时,在乡镇及以下每服务满1周年,笔试总成绩加2分,最高加6分;进入事业单位工作,不再约定试用期;服务期间考核合格满后3年内报考硕士研究生的,初试总分加10分,同等条件下优先录取;高职(大专)毕业生可免试入读成人高等学历教育专科起点本科;已被录取为研究生的应届高校毕业生参加"三支一扶"计划,学校为其保留学籍;考录为公务员或事业单位工作人员后,其服务期计算工龄;按规定享受学费和助学贷款代偿政策。经服务单位所在县"三支一扶"办同意,按省"三支一扶"办统一安排,可续期服务2年。

15. 鼓励参加"农村义务教育阶段学校教师特设岗位"项目。从具有相应的教师资格条件、年龄在30岁以下、本科及以上或高等师范专科应往届毕业生中,招聘到项目实施县的乡村学校任教。聘期3年,期间执行国家统一的工资制度和标准,其他津补贴由各地根据当地同等条件公办教师年收入水平和中央补助水平综合确定。享受当地相应社会保障待遇。服务期满、每年年度考核合格,且自愿留在本地学校的,在编制和岗位总量内,经县教育部门审核,县人社部门批准,由县教育部门办理事业单位人员聘用手续。期满报考硕士研究生的,3年内享受"初试总分加10分,同等条件下优先录取"的优惠政策。推荐免试攻读教育硕士,三年聘期视同"农村学校教育硕士师资培养计划"要求的3年基层教学实践。

16. 鼓励参加"大学生志愿服务西部计划"。从普通高等院校应届毕业生或在读研究生中选拔招募,实施基础教育、服务三农、医疗卫生、基层青年工作、基层社会管理等专项服务。服务期为1~3年,服务协议1年1签。服务期间,享受生活工作补贴(省项目办每月发放1600元,服务地每月发放不低于800元),艰苦边远地区补贴根据国家政策标准予以发放,在当地参加社会保险,统一为其购买综合保障险。志愿者依实际服务年限计算服务期及工龄;服务期满,可报名参加从服务基层项目大学生中定向考录公务员的考试;服务2年以上且考核合格,服务期满3年内报考硕士研究生的,初试总分加10分,同等条件下优先录取;报考事业单位工作人员时享受相关优惠政策。

17. 公开国有企业招聘应届高校毕业生信息。国有企业要建立公开招聘应届高校毕业生制度,在企业官方网站和四川公共招聘网、四川省人才网上联合发布公开招聘信息。除涉密等不适宜公开招聘的特殊岗位外,坚持公开、平等、竞争、择优的原则,普遍实行公开招聘,扩大选人用人范围,切实做到信息公开、过程公开、结果公开。

18. 基层单位就业学费补偿和国家助学贷款代偿。中央部门所属全日制普通高等学校应届毕业生,自愿到中西部地区和艰苦边远地区县以下基层单位工作、服务期在3年以上(含3年)的,可分年度向就读高校申请学费补偿和国家助学贷款代偿,资助标准为:本专科学生每年最高8000元、研究生每年最高12000元。省级部门所属全日制普通高等学校应届毕业生,到我省艰苦边远地区(国家规定的77个县市区)县以下基层单位,连续不间断服务满3年的,可向就业所在地县(市、区)教育局申请学费奖补。奖补金额按在校期间实际缴纳的学费计算(享受了部分减免的应予以扣除),每学年最高不超过6000元。

19. 鼓励应征入伍服兵役(含义务兵和志愿兵役)。对参军入伍的大学生(包含往届毕业生)发放一次性入伍奖励。入伍时,对其在校期间缴纳的学费实行一次性补偿或获得的国家助学贷款实行代偿。标准:本、专科(高职)学生每人每年最高不超过8000元,研究生每人每年不超过12000元。设立"退役大学生士兵"专项研究生招生计划,专门面向退役大学生士兵招生。应届毕业生应征入伍服义务兵役退役后3年内参加全国硕士研究生招生考试,初试总分加10分,同等条件下优先录取。对报考川内高校和研究生培养单位并通过全国硕士研究生招生考试(指初试)的退役大学生士兵,同等条件下,优先复试和录取。高校毕业生士兵退役后1年内,可视同当年的应届毕业生,凭用人单位录(聘)用手续,向原就读高校再次申请办理就业报到手续,户档随迁(直辖市按照有关规定执行)。入伍经历可作为基层工作经历。国家统一组织的政法体改生专项招考项目中,单设名额定向招录大学生退役士兵。

20. 鼓励继续升学。落实专升本政策。对未就业本科毕业生,鼓励参加各类继续教育。

21. 税收优惠。自2017年1月1日至2019年12月31日,对商贸企业、服务型企业、劳动就业服务企业中的加工型企业和街道社区具有加工性质的小型企业实体,在新增加的岗位中,当年新招用在人力资源社会保障部门公共就业服务机构登记失业半年以上且持《就业创业证》或《就业失业登记证》(注明"企业吸纳税收政策")的高校毕业生等人员,与其签订1年以上期限劳动合同并依法缴纳社会保险费的,在3年内以实际招用人数按每人每年5200元为定额依次扣减增值税、城市维护建设税、教育费附加、地方教育附加和企业所得税。纳税人在2019年12月31日未享受满3年的,可继续享受至3年期满为止。

22. 中小企业补助。招收高校毕业生达到当年新增职工人数20%及以上的中小企业,申报中小企业补助项目时,在符合项目条件情况下,优先考虑安排中小企业发展专项资金予以支持。

23. 鼓励科研项目单位吸纳就业。高校、科研机构和企业,在所承担的民口科技重大专项、"973"计划、"863"计划、科技支撑计划、国家自然科学基金以及省级各类科技计划等重大重点项目实施过程中,通过签订项目聘用合同聘用优秀毕业生为研究助理或辅助人员参与研究工作,聘用毕业生的劳务性费用和有关社会保险费补助可从项目经费中列支。合同期满,根据工作需要可以续聘或到其他岗位就业,就业后工龄与参与研究期间的工作时间合并计算,社会保险缴费年限合并计算。

二、创业扶持政策
(一)扶持创业大学生

24. 扶持对象。省内普通高等学校全日制在校大学生和毕业5年内、处于登记失业状态的普通高等学校全日制毕业生(含国家承认学历的留学回国人员)。服务基层项目的大学生同等享受大学生创业培训补贴和创业补贴。大学生村官、服务期满"三支一扶"人员可按规定享受创业担保贷款政策。

25. 创业培训补贴。大学生可在常住地(在校生可在就读高校)参加创业培训并取得培训合格证的,可享受培训补贴。在校大学生可以利用周末、节假日和晚自习等时间,在40天内完成规定的培训内容。

26. 创业补贴。对大学生创业实体和创业项目,给予1万元补贴。领办多个创业项目,最高不超过10万元。创办家庭农场和农民合作社达到财政项目扶持条件的,优先纳入支持范围。

27. 省级创业大赛获奖项目前期孵化补助。对省级及以上相关部门(单位)组织的创业大赛获奖项目,进入前期孵化,可享受5~20万元的补助。

28. 创业担保贷款贴息。毕业生创业可申请贷款额度最高不超过15万元、贷款期限最长不超过3年的创业担保贷款,贷款利率可在贷款合同签订日贷款基础利率的基础上上浮一定幅度,其中:贫困地区(含国家扶贫开发工作重点县、全国14个集中连片特殊困难地区)上浮不超过3个百分点,其余地区上浮不超过2个百分点(含)。对贫困地区毕业生由各级财政部门在贷款期限内给予全额贴息;对其余地区毕业生由各级财政部门前2年给予全额贴息(贷款期限的第1年,第2年),贷款期限为3年的最后一年,市、县财政可自主给予贴息。领办创业实体的在校生,可向就读高校申请额度不超过10万元、期限不超过2年的创业担保贷款。获得贷款后,由所在县(市、区)人社部门负责贴息。

29. 创业吸纳就业奖励。大学生创业实体吸纳就业并按规定缴纳社会保险费的,可向创业所在地公共就业服务机构申请一次性奖励。招用3人(含3人)以下的按每人2000元给予奖励,招用3人以上的每增加1人给予3000元奖励,总额最高不超过10万元。

30. 青年创业基金贷款。创业大学生可向创业所在地市(州)团委申请额度不超过10万元、期限不超过3年的免息、免担保青年创业基金贷款,并配备一名志愿者导师"一对一"帮扶。在蓉在校大学生创业,可向省大学生创新创业活动中心申请。

31. 创业提升培训。对创办企业或从事个体经营的大学生,以及在大学生创新创业园区(孵化基地)内有创业项目的大学生,每年组织一定数量的人员免费参加全省"我能飞"大学生成功创业者提升培训。

32. 新型职业农民培育。在项目区域内,将符合政策条件的从事农业就业创业的大学生纳入新型职业农民培育计划。

33. 税费减免。2019年12月31日前,对持《就业创业证》(注明"自主创业税收政策"或"毕业年度内自主创业税收政策")或《就业失业登记证》(注明"自主创业税收政策"或附着《高校毕业生自主创业证》)的大学生从事个体经营的,在3年内按每户每年9600元为限额依次扣减其当年实际应缴纳的增值税、城市维护建设税、教育费附加、地方教育附加和个人所得税。纳税人在2019年12月31日未享受满3年的,可继续享受至3年期满为止。

对符合条件的大学生自主创业者,按规定免征文化事业建设费、教育费附加、地方教育附加、残疾人就业保障金、不动产登记费、渔业资源增殖保护费、药品注册费、医疗器械产品注册费。

34. 科技创新苗子补助。科技厅采取"人才+项目"的方式,对大学生创新创业给予支持,其中,重点项目补助10万元/个,培育项目补助2~5万元/个。

(二)扶持创业服务平台和创业指导专家

35. 省级大学生创新创业园区(孵化基地)补贴。对评定为省级大学生创新创业园区(孵化基地)的,由人力资源社会保障厅给予30万元补助;对每年复核合格的省级大学生创新创业园区(孵化基地),由人力资源社会保障厅给予15万元补助。支持民族地区依托"飞地"产业园区建设大学生创新创业园区(孵化基地)。

36. 创业指导补贴。县级以上人社部门认定的创业专家、顾问,为大学生创业提供指导服务的,给予一定补贴。

37. 科技创新苗子基地补助。科技厅重点支持大学生创新创业俱乐部、大学生创新创业示范园、大学生创新创业苗圃、大学生创新创业众创空间等基地或平台建设,补助资金额不超过60万元/个。

(三)扶持创业服务活动

38. 创业活动补贴。县级以上人社部门和省级相关部门为增强大学生创业意识,提高大学生创业能力,举办创业讲座、报告、大赛、表彰、宣传等活动,可给予创业活动补贴。

三、综合扶持政策

39. 取消户籍限制。农村户籍、异地户籍离校未就业高校毕业生,可凭本人居民身份证、毕业证、居住证(暂住证),在常住地公共就业服务机构办理失业登记,领取《就业创业证》,享受相关扶持政策。

40. 享受公共就业创业服务。公共就业人才服务机构为大学生提供免费的就业失业登记、职业指导、职业介绍、就业见习、人事档案管理等公共就业服务,以及项目选择、开业指导、投(融)资等公共创业服务。各地将符合当地住房保障条件的稳定就业创业的大学生纳入住房保障和住房公积金缴存范围,支持使用住房公积金贷款购房。

41. 就业创业指导教师队伍建设。建设职业化、专业化、专家化的就业创业指导工作队伍,建立相关专业教师、创新创业教育专职教师每2年至少2个月到行业企业挂职锻炼制度。高等学校、园区对做出贡献的导师,在工作量认定、职称评定、待遇报酬等方面给与激励,支持就业创业指导教师到机关、企事业单位实践,建立完善符合职业指导教师特点的职称评价标准,同等条件下优先评审职称。专职就业指导教师和专职工作人员,与应届毕业生的比例原则上不低于1∶500。鼓励机关、企事业单位相关人员兼任高校就业创业工作义务辅导员。

42. 学分管理。高校将就业创业课程列入必修课或必选课，纳入学分管理。建立创新创业档案和成绩单，实施弹性学制、保留学籍休学创新创业等具体措施，优先支持参与创新创业的学生转入相关专业学习。设置合理的创新创业学分，建立创新创业学分积累与转换制度，设立创新创业奖学金。

《四川省大学生就业创业扶持政策清单》是一个浓缩版，详细列明了有哪些扶持政策，但通过何种渠道获得这些政策扶持，如何申请办理等具体事宜，则需要查阅专门的相应文件并据此执行，同学们在实践过程中要特别注意，所有的扶持政策都会有相应的实施办法和管理制度，只有满足了相关的条件才能获得扶持。

思 考 题

如果现在启动属于你自己的创业项目，有哪些国家或地方的创业政策是可以帮助你进行创业的？

参 考 文 献

[1]武永红,李清章.市场渗透剖析[J].决策借鉴,2002(2):2-6.

[2]郑志刚,邹宇,崔丽.合伙人制度与创业团队控制权安排模式选择——基于阿里巴巴的案例研究[J].中国工业经济,2016(10):126-143.

[3]张洪明,丁仁源.海信多元化扩张给中小企业的启示[J].金融经济,2006(6):179-180.

[4]山焕,马建明.IT企业的资本扩张路线——以天堂硅谷IT企业为例[J].全国商情(经济理论研究),2008(1):70-71.

[5]孙建萍.大学生创业实践模式分析[J].对外经贸,2012(1):151-153.

[6]徐宪红.初创企业财务管理中存在的若干问题探讨[J].电子测试,2016(5):151-152.

[7]马志超.初创企业应收账款的管理研究[J].会计师,2015(18):15-16.

[8]贾晓玲,陈燕霞.新创企业财务管理存在的问题与对策刍议[J].会计师,2016(11):45-46.

[9]赵政.吴革:从小米案例看"互联网+"模式的落地[N].中国经营报,2015-6-22(18).

[10]彭少华.中小企业国际化路径探析[D].北京:对外经济贸易大学,2006.

[11]刘忠.论我国民营中小企业的文化建设[D].武汉:华中师范大学,2013.

[12]李照林.WSB融资租赁公司经营风险防范与控制研究[D].西安:西安理工大学,2007.

[13]人力资源和社会保障部职业能力建设司组织编写.创办你的企业(大学生版)[M].北京:中国劳动社会保障出版社,2010.

[14]高斌,陶伯刚.快递服务概论[M].北京:人民邮电出版社,2013.

[15][美]菲利普·科特勒.市场营销导论[M].俞利军,译.北京:华夏出版社,2000.

[16]吴健安.市场营销学[M].北京:高等教育出版社,2011.

[17]朱先银.经济法新论[M].北京:北京师范大学出版社,2018.

[18]陈凌,冯晞.2012中国家族企业健康指数报告[M].杭州:浙江大学出版社,2012.

[19]李伟,张世辉,李长智.创新创业教程[M].北京:清华大学出版社,2015.

[20]郎宏文,安宁,郝婷.创业管理——理论、方法与案例[M].北京:人民邮电出版社,2016.

[21]张应辉.大学生创业教育导论[M].北京:清华大学出版社,2016.

[22]李家华,张玉利,雷家骕.创业基础[M].北京:清华大学出版社,2015.

[23]中国就业培训技术指导中心.企业人力资源管理师(三级)[M].北京:中国劳动社会保障出版社,2016.

[24]《中华人民共和国公司法》条文(2018年修正版).

[25]《中华人民共和国合同法》条文(1999年制定).

[26]《中华人民共和国劳动合同法》条文(2012年修正版).

[27]国务院办公厅关于做好2014年全国普通高等学校毕业生就业创业工作的通知(国办发〔2014〕22号).

[28]人力资源社会保障部等九部门关于实施大学生创业引领计划的通知(人社部发〔2014〕38号).

[29]四川省人民政府办公厅关于加大力度促进高校毕业生就业创业的意见(川办发〔2014〕26号).

[30]关于贯彻落实省政府办公厅加大力度促进高校毕业生就业创业意见有关问题的通知(川人社发〔2014〕20号).

[31]中共四川省委办公厅、四川省人民政府办公厅关于改革完善体制机制大力促进大学生和科技人才创新创业的意见(川委办〔2014〕25号).

[32]四川省大学生就业创业扶持政策清单(2018年版).